ついにビットコインの謎が解けた

これからおもしろくなる世界経済

増田悦佐
Etsusuke Masuda

ビジネス社

はじめに

2018年1月中旬、世界中の金融業界関係者を震撼《しんかん》させるニュースが配信されました。「2017年12月の時点で、ビットコインの時価総額がインドルピーを抜いて、主要通貨のなかで5番目に大きくなっていた。ビットコインより流通残高の大きな通貨は、米ドル、ユーロ、人民元、日本円だけだった」というのです。もしビットコインがどこかの国の法定通貨だったとしたら、〝ビットコイン国〟は建国後わずか9年で、アメリカ、中国、日本に次ぐ世界第4位の国民経済を育ててしまったことになります。ユーロを除外したのはどう見ても、ユーロ圏がひとまとまりの国民経済を形成しているとは思えませんから。

もちろん、これは米ドル建てのビットコイン価格が1万9343ドルの大天井をつけたころの話です。ただ、それではこの価格が約8000ドルまで下がった2018年5月半ばになると世界主要通貨の流通残高ランキングに占める地位が大幅に下落したのかというと、そうではありません。インドルピーには抜き返されましたが、まだ世界第6位で、ロシアルーブルや英ポンドより大きな時価総額を維持しているのです。

このランキングに登場する通貨のなかで、ビットコイン以外はすべて各国政府と中央銀行の威信をバックに流通している法定通貨です。ユーロの場合には、この通貨同盟に参加している19か国の政府が、欧州中央銀行（ＥＣＢ）という単一中央銀行の権威を支えているわけです。一方、ビットコインには政府や中央銀行どころか、私企業さえバックについているわけではありません。

おそらくは数人のグループが共同で使っているペンネームと思われる「サトシ・ナカモト」という謎の人物が「こうすれば理想の通貨を作り出すことができる」と主張した、たった1本の論文を生みの親として誕生した通貨なのです。いったいなぜ、このあまりにも人為的に創出された通貨が、ビットコイン論文の公表から10年も経たないうちに、これほど大きな勢力となったのでしょうか。

そこには近年、金融市場が明らかに機能不全に陥っている事実とともに、過去約５００年にわたって世界経済を牽引《けんいん》してきた欧米型資本主義の行き詰まりも見えてきたという事情が介在しているものと思われます。この本では、ビットコインという社会現象の華々しさもさることながら、政府や中央銀行の権威をバックに持たない通貨の登場を待ち望んでいたのはどんな人たちで、彼らの潜在需要はなぜこれほど大きかったのかを探っていこうと考えています。

第1章では、ビットコインを生み出す採掘の仕組みが、基本的にはネット空間やゲームセンターにいくらでも存在する宝探しゲームと変わらないことから説き起こし、その宝探しゲームがこれほど大きな熱狂と巨額の資金を呼び集めた背景を探ります。さらに、現在のビットコインがあまりにも急激に膨らみすぎた期待が生んだバブルの崩壊過程にあるのはたしかですが、このバブル崩壊は決してビットコイン自体の終わりを告げるのではなく、今後の地に足のついた成長への序曲だと主張します。

第2章では、数あるビットコインの特徴のなかでも、私がもっとも重要だと見ているのは、市場取引の無名性を再確立する機能だということをご説明します。市場経済の統制経済に対する優位性は、参加者が他人の眼を気にせず自分の本音でいちばんほしいものを買えることにあります。しかし、現在キャッシュレス化が進んでいる欧米諸国では、他人、もう少し具体的に言えばクレジットカード会社、大手金融機関、そして政府の眼を気にすることなく、自分の好みどおりに正直な買いものをすることさえできなくなってきました。この隘路《あいろ》を突破するための手段として、いかにビットコインの適性が高いかということを検証します。

第3章では、「ビットコインにはなんの物理的な実体もない。だからビットコインにはなんの価値もない」という主張に対する反論を展開します。世界経済全体が、モノよりコトへ、製品よりサービスへ、希少な資源よりありふれた資源を活用する工夫へ、そして資本より労働への価値意識の転換を促しつつあります。そして、デジタル空間に書き込まれた記号に過ぎないビットコインに固有の価値があるという認識は、世界中どこでも高齢世代より若い世代に共感を持って迎えられています。時代がビットコインの隆盛を要求しているのです。

第4章では、とくに欧米諸国で急速に進展しているキャッシュレス化は、国民全体の一挙手一投足にまで大手金融機関や政府が眼を光らせる、悪夢のような監視社会を招く危険をはらんでいることを、具体的な実例を挙げながら指摘していきます。そして、先進諸国のなかでは突出して現金決済比率の高い日本では想像もつかないほど欧米社会はすさんでいて、国民の多くが「政府や大手金融機関にカネの出入りに関する情報を握られるのは不安だが、現金を持ち歩いたり、家に置いておいたりすることの危険性を考えれば仕方がない」という諦《あきら》めの心境にあるのではないかと論じます。さらに、スマホ決済化が急速に進んでいる中国では、政府と金融機関による国民生活の完全監視がいつでも実施可能なスタンバイ状態となっています。それに引きかえ、いまもなお現金決済が不安なく行える上に、ビットコインの普及も見込める日本国民がいかに有利な立場にあるかも、明らかにします。

第5章では、ビットコインなどの暗号通貨を支える基盤であるブロックチェーン（分散台帳）技術は、本来主権者であるはずの国民大衆が政治を政治家の手から取り返す手段として、非常に広い応用範囲を持っている可能性を指摘します。そして、もしブロックチェーン技術を使って、国政をほぼ全面的に国民投票によって決定することができるようになったとすれば、どのような議案が有益だろうかといった点についても、考察します。

とまあ、短い文章にまとめるとなんとも理屈っぽくなってしまいますが、本文はQ&Aのかたちでときどき寄り道や脱線をしながら、肩の凝らない気楽なおしゃべりをしておりますので、最後までお付き合いのほどをよろしくお願いします。

第1章

なぜ、たかが「宝探しゲーム」が、これだけの熱狂と資金を呼び寄せるのか？

第2章 ビットコイン・バブルと経済パラダイムシフトとの関係

第3章

モノからコトへ、資本から労働へ、資源大国から資源小国への経済力移転が始まっている

第4章 迫りくる監視社会の悪夢を阻止できるのは現金と暗号通貨だけ

第5章

大企業や政治家が没落し、真正大衆社会の時代がやってくる

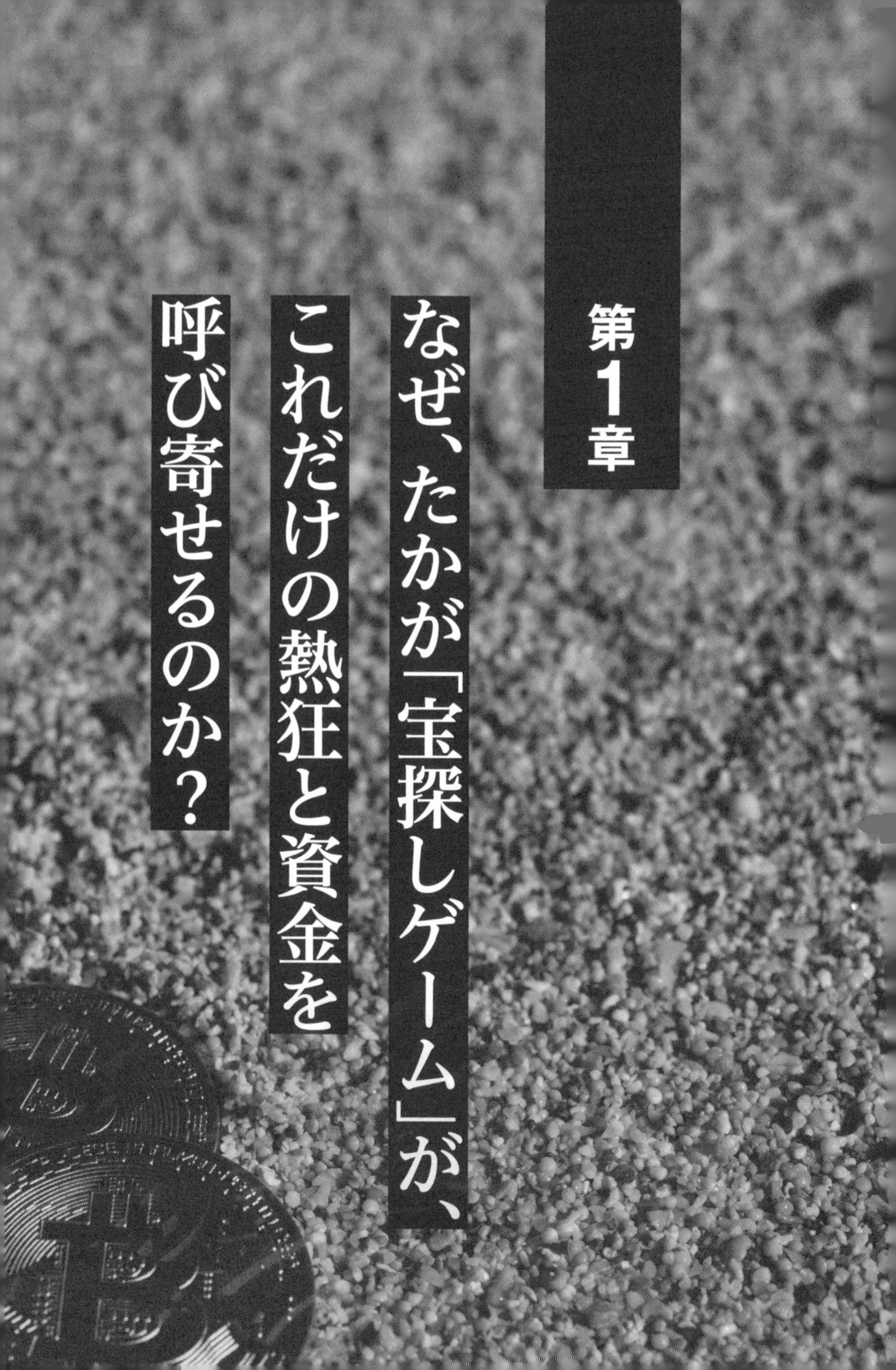

第1章

なぜ、たかが「宝探しゲーム」が、これだけの熱狂と資金を呼び寄せるのか？

仮想通貨でなく暗号通貨と認識すべき

Q　２０１７年12月に２万ドル目前の１万９３４３ドルで最高値を付けて以来、ビットコインの価格が乱高下していて、なにかと話題になっています。このビットコインとは、いったい何なのでしょうか？まずそのあたりから教えてください。

A　ビットコインとは、いままでまったく存在したことのなかった、新しいかたちの通貨のなかで、まっ先に開発されたものです。そして、いまもなお最大のシェアを持っている通貨です。同じ新しいかたちの通貨の仲間には、イーサリアム、リップル、ライトコインといった名前のものがあります。この新しい通貨一般について、日本では仮想通貨と呼ぶことが多いようです。なんだか「仮想」と言ってしまうと、ほんとうは存在しないものを存在すると仮定している印象があります。

こうした通貨は、インターネット空間のなかで暗号化された独自のデジタル記号として存在しています。したがって、仮想通貨というよりは、**「暗号通貨」**と表現したほうがいいと思います。

Q　暗号通貨と聞くと、それだけでスパイごっこでもしているような怪しげな感じがします。

A　その印象の悪さがあるので、日本の暗号通貨関連の解説書は、ほとんど例外なく仮想通貨という呼び方をしているのでしょう。この種の通貨の価値は、0から9まで10個の数字とアルファベットの大文字・小文字計52文字、全部で62個の英数字を数十桁にわたって組み合わせた記号そのものにあります。

現在、世界各国で出回っている銀行券にも、それぞれ1枚にたったひとつの通し番号がついています。けれども、実際には自分の持っているお札にどんな番号がついているか、気にする人などほとんどいません。どこから手に入れたにしても、番号をチェックしてほんものかニセ札かがわかるわけでもないし、使うときにいちいちどの番号の札を使ったかを覚えていて得になることなどまったくありませんからね。

ところが、暗号通貨の場合、この英数字が数十桁並んだ記号そのものが貨幣価値を持っているわけだから、これを読み取られないところに保管しておくことについては、スパイごっこどころではない細心の注意が必要です。

そこまでのお人好しはめったにいないでしょうが、たとえば「ビットコインってどんなものだかわからないから、ちょっと見せてちょうだい」と言われて、スマホの画面にこのデジタル記号を呼び出して見せてあげたら、気がつかないうちにこっそり写メで撮られてしまったとしましょうか。盗み撮りをした人が「ビットコインのお支払い受け付けます」という店で先にこの記号で支払いを済ませていたら、自分で使おうとしたときには、「このビットコインはもう使われています。二重使用はできません」と言われておしまいです。

Q　そのお話をうかがっただけで、「チャンスがあったらちょっと持ってみようかなという軽い気持ちで関わり合ったら危ないな」という気がしてきました。でも、そういうややこしいところのある「暗号通貨」の代表格であるビットコインの価格があれだけ派手に急上昇したということは、この取り扱いがやっかいな通貨に対してそれだけ切実な需要があるということなのでしょうね。

A　ビットコインの単位はＢＴＣといいますが、１ＢＴＣが米ドルに換算するとどの程度の価格からどこまで上昇したのかを確認しておきましょう。17ページの上下2段組グラフは、世界株価指数が２００９年3月初旬の大底から丸9年間でどの程度上昇したのかとの関連で、そのほかの金融資産がそれぞれどの程度上昇したり、下落したりしたのかを示しています。ひと目でおわかりいただけるように、ビットコインだけあまりにも上昇幅が大きいので上段にひとり暮らし、その他大勢はまとめて下段に〝**雑居**〟しています。

ビットコイン価格は２０１７年12月の大天井では約23倍まで上がっていたのですが、２０１８年に入ってから急落しました。それでも国際金融危機で世界の株価が大底を付けてか

金融危機後丸9年で13.3倍になったビットコイン価格 2009～18年

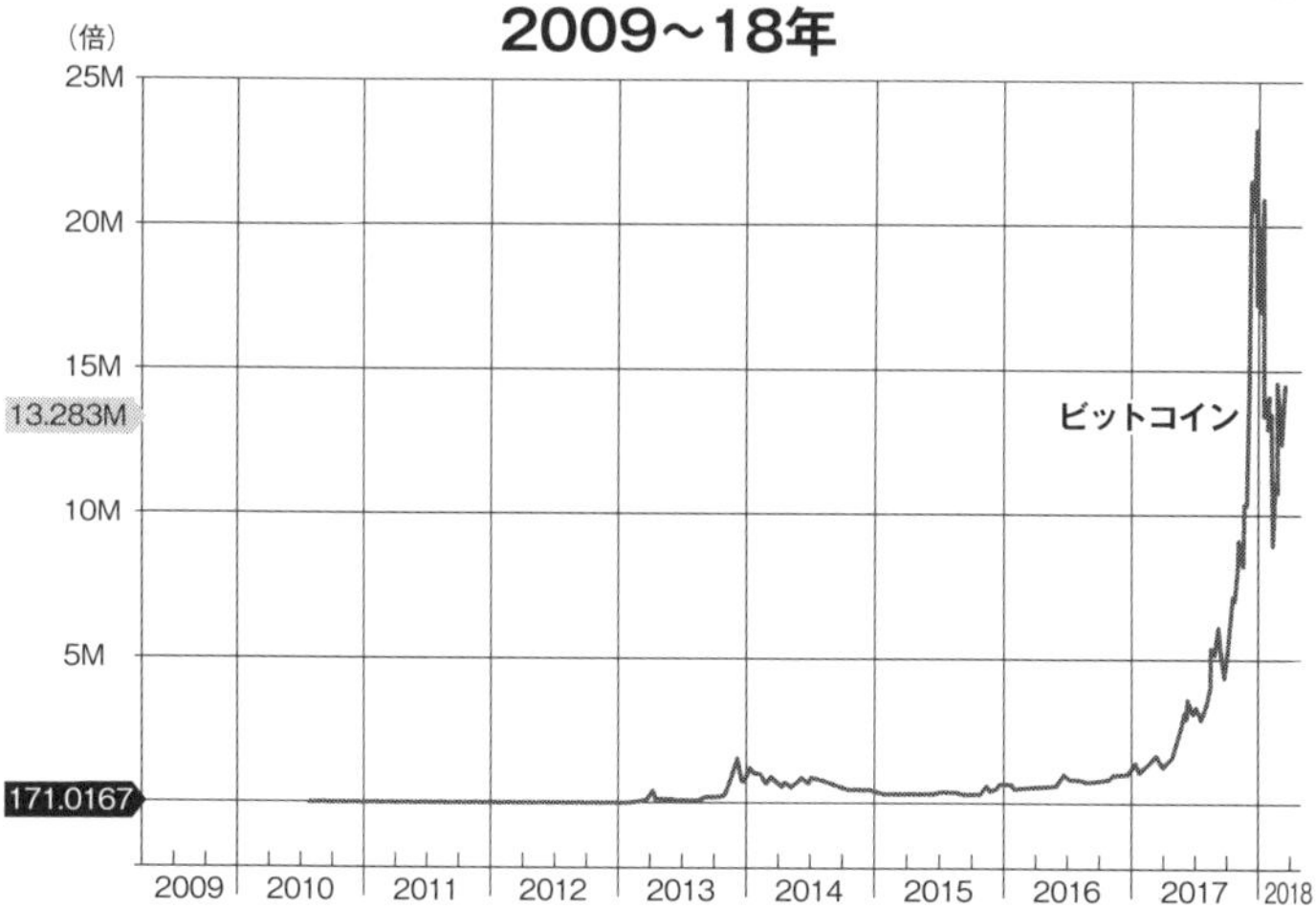

金融危機後丸9年のその他金融資産の価格変動率 2009～18年（2009年を0とする）

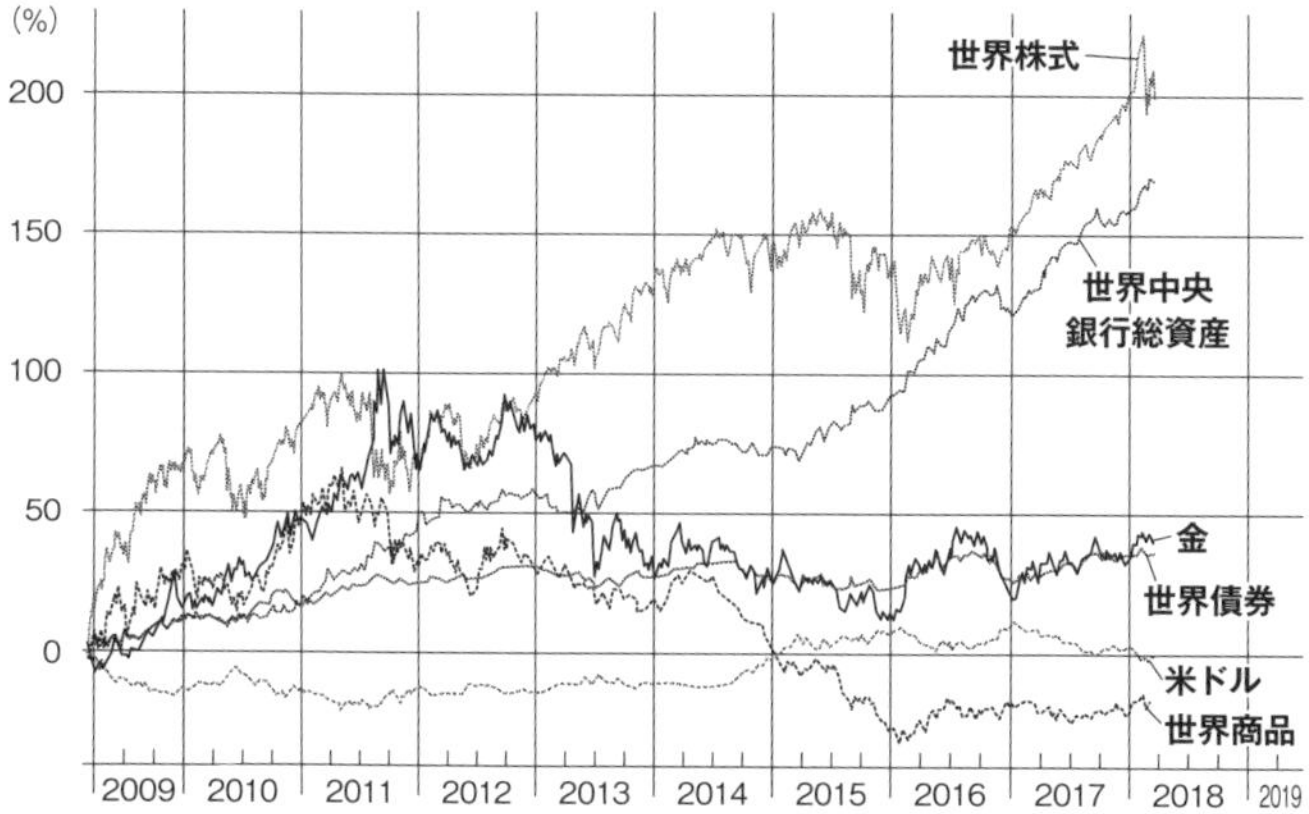

出所：ウェブサイト『Zero Hedge』、2018年3月6日のエントリーより引用

ら丸9周年の記念日に当たる3月6日の価格は13・3倍でした。下段を見ると、そのなかでいちばん値上がり率が高かった世界株価指数でも約200パーセントの上昇、倍率で言えば3倍に過ぎませんから、ビットコインの値上がり率はまさに桁外れに高かったことがわかります。

そのほかの金融資産で目立った上昇をしていたのは、世界中の中央銀行の総資産の合計額が約170パーセント上がっている程度です。あとは、金《ゴールド》価格が42パーセント上昇、世界債券指数が37パーセント上昇しているぐらいです。米ドルはまるで測ったように横ばいですし、世界商品指数にいたっては、9年間で15パーセントの下落となっています。

下段のなかではいちばんパフォーマンスが良かった世界株価指数にしても、年率にすればたかだか13パーセントの上昇ですから、安定性の高さは評価できるとしても、過去の長期ブル相場と比べればかなり見劣りのする実績です。株式評論家のなかには、この年間値上がり率の低いジリ高相場だったという事実をとらえて、「今回のブル相場は決してバブルではない。だから、急落することもない」という主張の根拠にしている人もいるくらいです。

Q　お話の腰を折るようですが、「バブル相場がバブルではない」というのは矛盾していませんか。

A　申し訳ない。金融業界にあまり関心をお持ちでない方にとって、「ブル相場」というのは耳慣れない表現でしたね。急上昇のあと大暴落というバブルの派手な立ち回りとは違って、ブル相場というのは上昇基調が〝持続〟する相場のことです。逆にベア相場というのは、下落基調が持続する相場のことです。ブルは雄牛、ベアは熊のことですから、金融市場は理性的な判断より動物的な衝動がものをいう世界だということを意味しているのかもしれません。

Q　本筋から離れてしまうのかもしれませんが、なぜ上昇相場は雄牛で、下落相場は熊なのですか？

A　スペインでも四国でも闘牛をご覧になった方はおわかりでしょうが、雄牛は敵を攻撃しようとするとき、体全体の重心も、頭の位置もできるだけ下げて、なるべく相手の体の低いところを自分の角で引っかけて、一気に突き上げようとします。だから、上げ基調の相場はブルです。一方、熊は仁王立ちになって両前足をできるだけ高く上げておいて、一撃で敵をたたきつぶそうとします。だから、下げ相場はベアなんです。

Q　話を本筋に戻します。13・3倍というのはたしかにすごい勢いですが、この値上がりでビットコインが世界経済に占める地位はどの程度高まったのでしょうか？

A　たとえば、2017年6月初旬の時点ではビットコインの時価総額は400億ドル強（暗号通貨全体で見てもたかだか1000億ドル）で、地上に存在する金の総重量を時価に換算した8兆2000億ドルの200分の1程度でした。同じく時価総額で見て、アップルの18分の

1、アマゾンの10分の1にすぎなかったのです。

ところが、わずか半年後の12月末にはほぼ8倍の約3250億ドルになっていて、金の時価総額の25分の1にまで差を詰めました。この3250億ドルというのはけっこう意味のある数値です。同時期に銀行としては世界最大の時価総額を誇るJPモルガンが約3700億ドルで、2位のウェルス・ファーゴはほぼぴったり3000億ドルでした。

ですから、もしビットコイン全体を銀行と見立てることができるならば、あの時点でビットコインは時価総額なら世界中で2番目に大きな銀行だったということもできます。まあ、かなり屁理屈に近い議論ですが。

Q たしかにちょっと強引ですね。でも、なぜ銀行株と比較するんでしょうか？

A いまどき、普通預金や当座預金でいくら預けておいても1銭の利息もつきませんからね。毎年、確実にインフレ分だけ目減りしていきます。それなら、ビットコインを買ってそのまま持っていれば、大幅に値下がりすることもあれば、逆に大幅に値上がりすることもある。なくなったら困る資金を投じてはいけないけど、余裕資金を使うならありだろうということです。

誤解されるビットコイン・バブル

Q　ただ、その時点で世界株式、世界中央銀行総資産、金、世界債券までは持続性のあるブル相場だったけど、ビットコインは明らかにいずれ暴落するに決まっているほどの勢いで急上昇してしまって、果たせるかな大暴落したから、バブルだったということになるわけですね。

A　ひとこと補足しますと、「本来自国通貨の価値を守る責務を負っている中央銀行が、不換紙幣を大増刷して世界各国の国債や、大企業の社債や、日銀に至ってはＥＴＦ（上場株式投信）を通じて日本株まで買いあさって総資産を増やすのは、たとえ増加率は控えめでも立派にバブルだ」という説を唱える人もいます。逆に、「世界中の中央銀行があれだけ躍起になって総資産を激増させても、インフレ率を上昇させるどころか、むしろ下落させている。つまり、各国中央銀行はもくろみどおりにインフレ率を加速させられないでいるかぎり、バブルの到来をまぬかれている」という皮肉な見方もあります。

Q　とはいえ、下落不安もあるけど上昇期待もあると言っていたころ、実際にはもうビットコイン・バブルはいつはじけてもおかしくないほど膨らみきっていたわけですよね。いや、困りました。せっかく

ビットコインのことをいろいろうかがおうとしたのに、「あれはバブルだった。チャンチャン」でもうおしまいですか。

A そこが非常に誤解される方の多いところです。たしかに、2017年春から年末までのビットコインの値動きはバブルでした。そして暗号通貨に批判的な方がお書きになったビットコイン本のなかには、「われわれが警告していたとおり、ビットコインはバブルだったことが判明した。一度急上昇した価格が大暴落したら、そこでもうその話は終わりだ。あとはもう、ビットコインが普及する過程で開発された技術のなかから、ほかの分野で使えそうなものを落ち穂拾いするぐらいしか、望みはない」とまで言い切っているものもあります。

どんなモノでもサービスでもいいのですが、バブルで急上昇した価格が、バブル崩壊で暴落したらそれで終わりと決まっているわけではないのです。もちろん、なかには一時の流行で品薄になって急激に値上がりした商品が、供給が追いついてきたとたんに大暴落してそれっきりというケースもあります。

バブルの大部分は、のちに非常に重要な産業分野になるようなモノやサービスが、金融市場特有の「ひとより少しでも早く儲《もう》け話にありつきたい」という熱気で、実態をはるかに超えた「期待価格」で取引され、結局大暴落する……。しかしながら、そういう過剰な期待を持って投機的に動いた人たちが市場から一掃されると、そのあとは地に足のついた堅実な成長を示すということのほうが多いのです。

Q　そうはおっしゃいますが、どうも1989年末に大天井を打った日経平均の大暴落とか、2008～09年のサブプライムローン・バブル崩壊とか、世界史でおぼろげに習った記憶のある「南海の泡沫《ほうまつ》」事件とか、バブルははじけたらそれでおしまいというケースばかりが頭に浮かんできます。健全な成長の露払いを務めたバブルがあるのでしたら、その実例をお教えください。

A　はい。まず1999～2000年に急上昇して、その後2001～03年にかけて大暴落したいわゆる「ハイテク・バブル」を象徴する2銘柄、アマゾンとアップルの株価推移のグラフをご覧ください。24ページです。

また、鉄道株バブルも、イギリスでは1840年代半ば、アメリカでは1850年代半ばに崩壊しました。でも、鉄道営業マイル総延長がもっとも顕著に伸びたのは、イギリスでは1860～70年代、アメリカでは1870～90年代、どちらも鉄道株が低迷していたころのことです。なお、南海の泡沫事件も、皆さんが漠然とした印象を持っていらっしゃるような「はじけてしまえば、あとはおぼろ」というバブルとは正反対の「建設的」なバブルだったのですが、これについてはあとでご説明します。

グラフに戻りますと、アマゾンもアップルも1年未満の短い期間で30～40倍に値上がりして、

ハイテク・バブルのふるい落としを生き延びた2銘柄
アマゾン、アップルの株価推移、1998～2017年

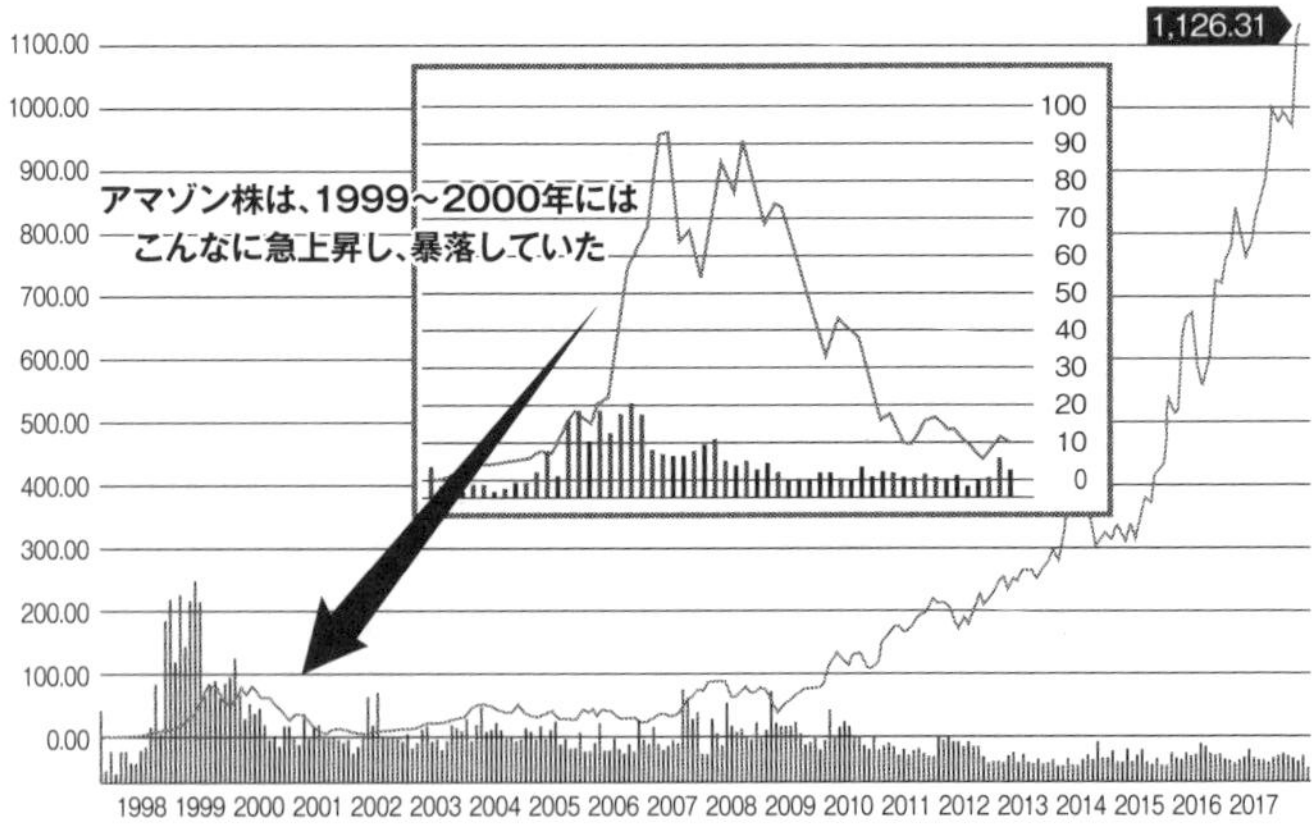

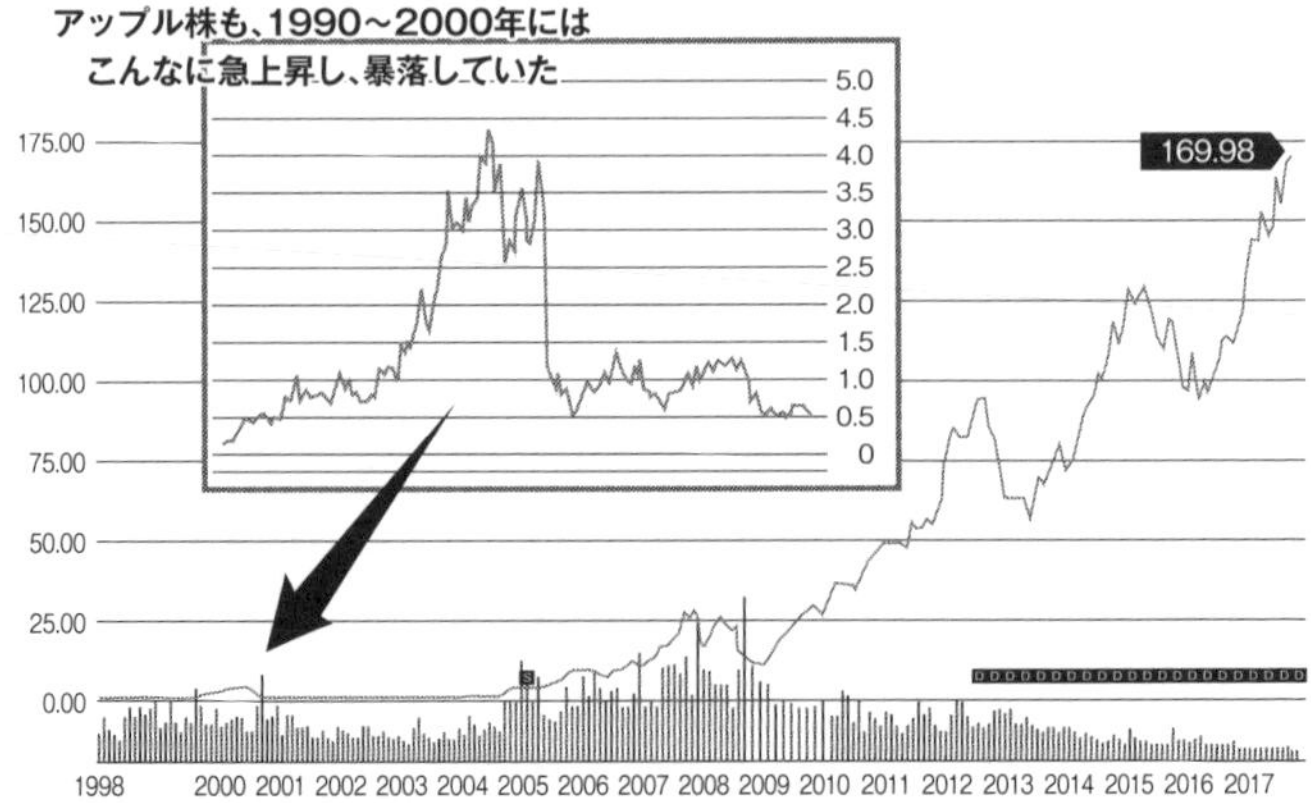

出所：ウェブサイト『Decentralize Today』、2017年12月2日のエントリーより引用

その後1～2年のうちに元の木阿弥《もくあみ》になってしまったわけですから、値上がりがかなり進んでいたころこうした銘柄に全財産をつぎ込んでしまった人たちは、たぶんそれから6～7年続いた低迷期を生き延びるのは大変だったでしょう。

でも、２００９年に大底を打ってからの値動きは、２銘柄ともハイテク・バブルのころとは様変わりの堅実な上昇で、いまでは当時の十数倍から数十倍という高水準で安定的に動いています。

Q　いくら値動きは堅調といっても、こんなに株価水準が高いと、ほんとうに収益がついていっているのだろうか、またしてもバブルになっているのではないかと心配になりますが。

A　アップルのほうは、ｉポッド、ｉパッド、ｉフォーンと次々に画期的な機能を持った新製品を投入し、定期的にモデルチェンジで買替え需要を喚起して、なんとか収益が株価に追いついてきています。株価収益率も約17倍で、アメリカ株全体と比べてもやや高めという程度です。

しかし、そもそもインターネット通販という、どうがんばってもあまり大儲けができるはずのない分野を本業としているアマゾンのほうは万年低収益で、とうてい現在の株価にふさわしい利益は出せていません。現状で株価収益率はじつに２５２倍です。利益が横ばいなら、１株当たりの利益を全部配当に回しても、買ったときの資金を回収するのに２５０年以上かかる計算です。おそらく未来永劫にわたって現在の株価を正当化できるような収益は上げられないでしょう。

そこで非常におもしろいのは、上下の株価上昇カーブを見比べていただくとわかるのですが、最近の株式市場は収益では絶対に株価を正当化できないアマゾンに**好意的**で、そこそこ株価に見合った収益を上げているアップルにはあまり好意的ではないという事実です。

Q　収益で説明することができる株価水準かどうかで判断すれば、アップル株はバブルではないけど、アマゾン株はバブルだということでしょうか？

A　「株式市場とは、将来の収益成長展望を現在の価値に転換するメカニズムだ」という形式論理一本槍で済ませるのなら、そういうことになります。ただ、私は現在のアメリカ株市場全体に個別銘柄のバブルよりもっとはるかに大きな、パラダイム転換と言っても過言ではないバブルが生じているのだと思っています。

具体的には、世界中でアメリカ的な弱肉強食型の資本主義が終わって、市場経済が侵略主義的ではない本来の平和なかたちに戻る。その兆候が、株式市場全体としては経済展望が良ければ低迷し、経済展望が悪ければ活性化するし、個別銘柄についても、業績が良ければ株価は下がり、業績が悪ければ株価は上がるという奇妙な株価推移なのです。

これは「株式市場には経済の先行きを予見する能力がある」という伝統的な見方とは正反対の、まるで株式市場が〝**自殺願望**〟に取り憑《つ》かれているような状態だということです。その意味では、アメリカ株全体には死に至るバブルが起きているけど、業績では買えないアマゾンのほうが業績で買えるアップルより株価が高いのは当然だと思います。

すでに閉店セールに入っているアメリカ株市場

Q　どうも、とっかかりからあまり論理的整合性が感じられないようなことばかり口走っていらっしゃるように聞こえるのですが、大丈夫ですか？

A　はい、大丈夫だと思います。私が、最初に「アメリカ株市場はすでに将来の収益成長展望で株価をはじき出す場所ではなくなり、もう蓄積済みの内部留保を少しでも早く先払いしてくれる企業を高く評価する場になった。その内部留保を吐き出し終わったとき、アメリカ資本主義も死滅する」と主張し始めたときには、私の精神状態について真剣にご心配いただいた方がずいぶんおられました。

でも、なぜそう考えるようになったかという理由と、そう考えなければ納得がいかない数値データを揃えてご説明すると、論理的にものを考える習慣をお持ちの方は徐々に私の意見に賛成していただけるようになってきています。

それで、現在のアメリカ株市場を見ますと、投機筋を大幅に間引いたあとには健全な成長が待っている明るい未来を招き寄せるバブルではなく、崩壊したあとにはぺんぺん草も生えない終末型のバブルと言えます。

バブルのときの値動きについて、「急勾配のエスカレーターで昇っていったものが、高速エレベーターで降りてくる」と表現することがあります。現在進行中のアメリカ資本主義の最後のあだ花バブルは、これまでところどころに踊り場のあるゆるやかなエスカレーターでじりじり昇ってきたので、降りるときもエレベーターではなく、ふつうのエスカレーターでゆっくり降りていくだけなのかもしれません。

Q　ダウ平均でいえば、2018年1月末に2万6600ドル超えで天井を打つまで膨らんで、その後何度か反騰を交えながら下がっているのが、今回のバブルのはじけ方だったということでしょうか?

A　という可能性もあります。ただ、私はもう一度最後の力を振り絞って、東京オリンピックの開催される2020年ごろまでに最後の急上昇を演じて、それから2026~27年あたりまで延々と暴落を続けるのではないか、そのほうがアメリカという何かにつけて派手好みの国には似合った終わり方じゃないかなと思っていますが……。

Q　それにしても、内部留保を早く取り崩した企業ほど株価が上がるという状態が続けば、株式市場全体がジリ貧化するし、機関投資家とか、投資銀行とかのいまをときめく業界にいる人たちも、そのうち無用の長物になってしまうということでしょう？　あんなに頭のいい人たちばかりが集まった業界で、そんな集団自殺みたいなことをほんとうにやってしまうとは思えないのですが。

A　株式市場というのは、投下した資金を増やせたか、減らしてしまったかだけを基準に評価が決まる**〟ドライ〟**な世界です。そして口先では、長期展望を尊重した戦略があって動いているように言いますが、実際には四半期ごとの実績が同業他社より少しでも良ければ勝ちという世界でもあります。正統派の考えに適合しているかいないかは、ほとんど考慮に入っていません。

アメリカの上場企業全体で見ると、2004～05年あたりで、設備投資と研究開発投資の合計額を、配当と自社株買いと買収合併に使う費用の合計額が上回りました。買収合併は個別企業にとっては規模の拡大ですが、経済全体にとっては有形・無形の資産の所有権が別の企業に移転するだけで、規模は変わりません。買収や合併の対象となる企業の株主への解散価値の**〟先払い〟**という見方もできます。「将来の企業成長より、現在の株主への解散価値の先払いを優先せよ」というのは、過去10年以上にわたって一貫して続いている市場の声です。

もう少し具体的に最近の事例をご紹介しますと、2018年第1四半期のアメリカ上場企業の決算は、事前予想を上回った企業の数が20年ぶりぐらいの高水準だったそうです。それなのにこのニュースが報道された日の主要株価指数は軒並み下げていました。一方、満を持してiフォーンXを投入したアップルは、既存機種からの買替え需要が予想外に低迷して業績は低調、在庫は急拡大、でも史上空前の自社株買いを発表したので、株価は上がっていました。

結論を言ってしまえば、アメリカ株市場ではもう将来の業績成長への期待などという、あやふやなものを当てにして株は買わない。むしろ経済が好転したり、企業業績が良かったりすると、また設備投資とか研究開発投資にムダ金を使って、増配や自社株買いに回す資金が減るから、株価を下げる。逆に経済が低迷し、企業業績が悪いと、将来への投資にはあまり資金を回さずに増配や自社株買いを手厚くしてくれるので株価を上げる……そういう相場になっていると思うのです。「将来の利益成長はどうでもいいから、すでに内部留保として確保している解散価値をなるべく早く先払いしてくれ」と催促している相場とも言えます。

Q　アメリカ株市場のように莫大な資金が動いている市場全体が、そこまで経済や企業業績の実態と真逆の動きをしているというのは、ちょっと信じられないのですが。

A　31ページのグラフをご覧ください。シカゴ恐怖指数とも呼ばれる「VIX」は、世界最大

シカゴ恐怖指数の年間平均値は史上最低
1990～2017年

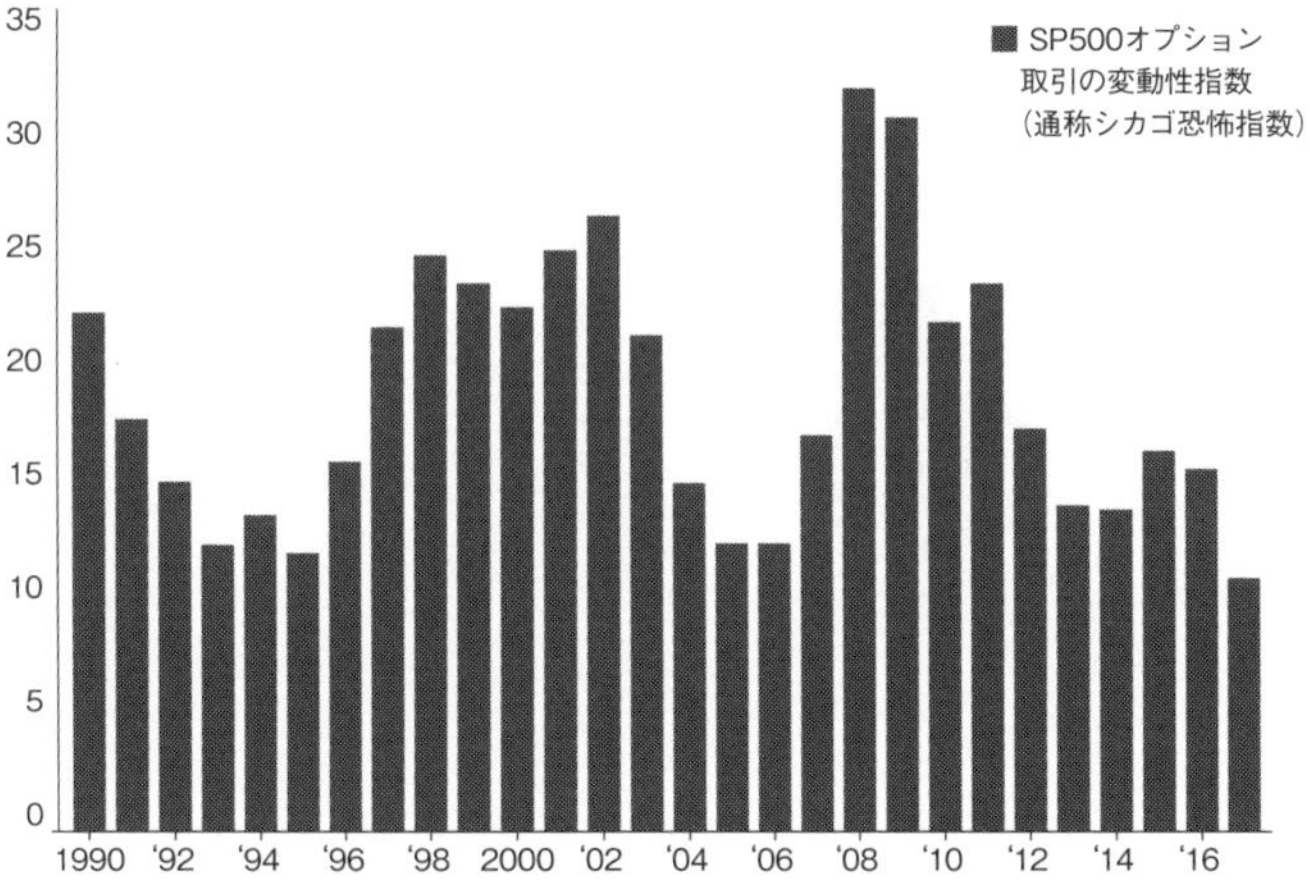

シカゴ恐怖指数の引け値が1桁の日数
1990～2017年

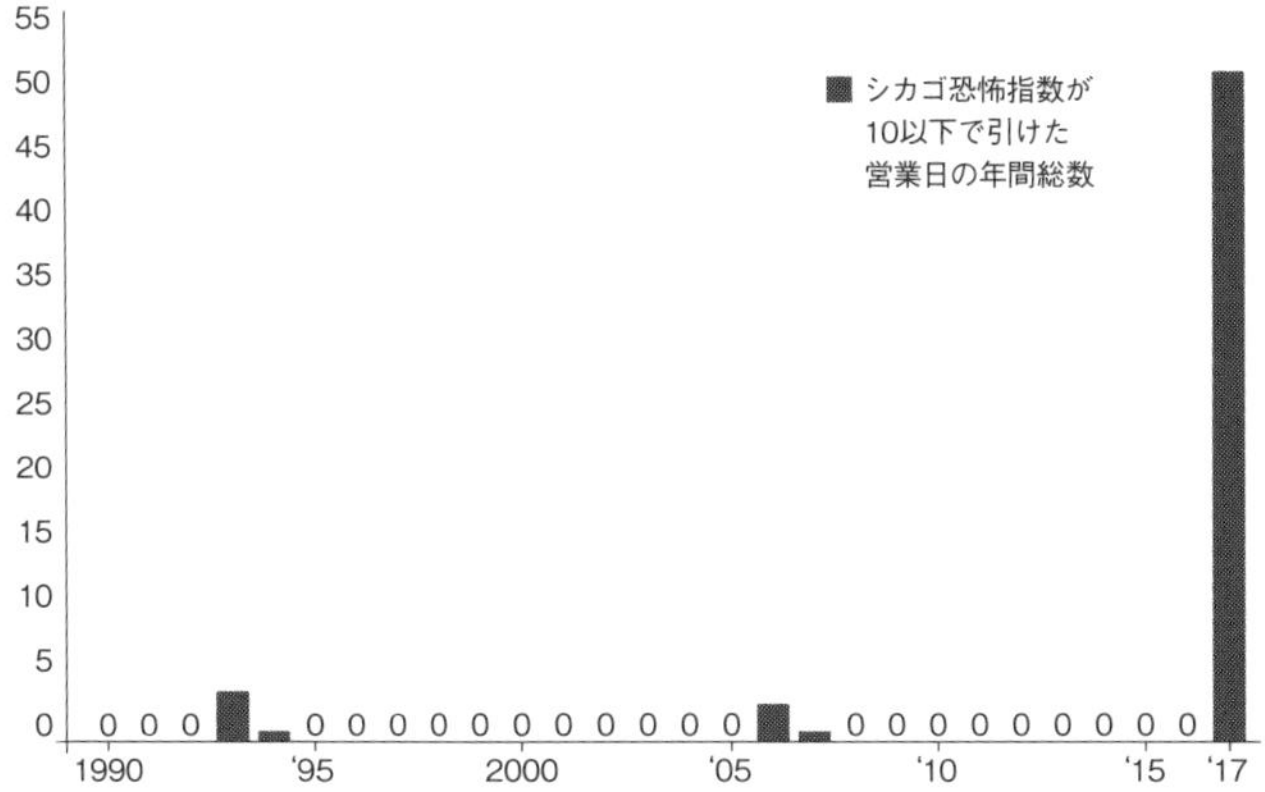

原資料：Fact Set
出所：ウェブサイト『Mish Talk』、2018年1月9日のエントリーより引用

のデリバティブ取引所であるシカゴ・オプション取引所がSP500株価指数の先物の変動性（1日のうちにどれだけの幅で価格が上下するかという数値）自体を指数商品として上場しているものです。この指数が大きいほど株式市場全体が乱高下するので、シカゴ恐怖指数というあだ名がついています。

上段でおわかりのように、2008年の国際金融危機がピークに達した時期には年間平均値が32～33まで上がっていたのですが、2017年にはその3分の1に過ぎない11に下がって、史上最低となりました。もっと驚きなのが、下段です。2016年までは、この指数が10を下回る日というのは年間を通じてゼロか、たまに1日でした。年間に4日とか5日とかになると、金融メディアが大ニュースとして取り上げたものです。それが2017年には、一挙に50日を超えてしまったのです。

恐怖指数が史上最低を記録し、変動性が異常に低い日が50日以上もあったのが、2017年だったという事実が重要です。トランプが正式に大統領に就任してから、TPP（環太平洋パートナーシップ協定）や温暖化に関するパリ協定からの一方的な離脱を宣言したり、突然、中国などからの工業製品の輸入に懲罰的な高関税をかけると言い出したり、北朝鮮のキム・ジョンウンとの抜き打ち首脳会談を設定したり、連邦政府高官が日替わりメニューのようにクビを切られたり、自主的に辞任したり……。アメリカで事業展開をしている企業は、次にいったい何が起きるのか、それによって自社の事業がどんな影響を受けるのか、戦々恐々でしょう。それなのに、株価の動きは極端に小さかったのです。

Q　たしかに異様に値動きの幅の狭い日が多かったのですね。

A　もし、いまもなお株価は将来の収益見通しに応じて上がったり下がったりしているものだとすれば、いくらなんでもこんなに値動きの小さい日ばかりが出てくるものでしょうか。

これはもう、株価は将来の収益見込みなどという不確かなものには左右されずに、すでに蓄積した内部留保の払い出しという**〝確実な〟**要因で動くようになった証拠ではないでしょうか。

そういう意味で、私はアメリカ株市場がすでに閉店セールに入ったと見ています。

Q　「アメリカ株市場はもう閉店セールに入っている」ですか。「お前はもう死んでいる」みたいで、なかなか小気味のいいご意見ですね。

A　そして、ビットコイン・バブルがこれほど壮大な上昇と急落を記録したのも、株式市場の無意味化の底流にある大きなパラダイム転換である、モノからサービスへの経済全体を牽引《けんいん》する要因の変化に対応した動きだったと思います。ただ、話の順番としては、モノからサービスへの大転換は、第3章でじっくりご説明することにして、ビットコイン・バブルのスケールの大きさに話を戻しましょう。

バブルの歴史と教訓

Q ビットコイン・バブルは過去の悪名高いバブルと比べても、ひときわ大きなバブルだったということでしょうか？

A はい、そのとおりです。35ページのグラフではっきりおわかりいただけるでしょう。これまでピーク直前3年間での価格上昇率が最大だったのは、1637年に天井を付けたオランダのチューリップ熱の36〜37倍でした。ところが、ビットコイン・バブルは2017年にピークを打つ直前の3年間だけで55〜56倍に達していたのです。つまりビットコイン・バブルは、約4世紀ぶりにピークまで3年間の値上がり率世界最高記録を更新したわけです。

私は、これがたんなる経済覇権の移転ではなく、モノからコトへの経済パラダイムの大転換が起きることの**前触れ**だと考えています。

Q チューリップ熱というのは、名前からして一時の流行でさっと膨らんでさっとしぼんでしまう、あとには何も残らない終末型バブルの典型バブルだったのですか？

崩壊に転じた史上最大の金融バブル(?)、ビットコインの価格 2009〜18年

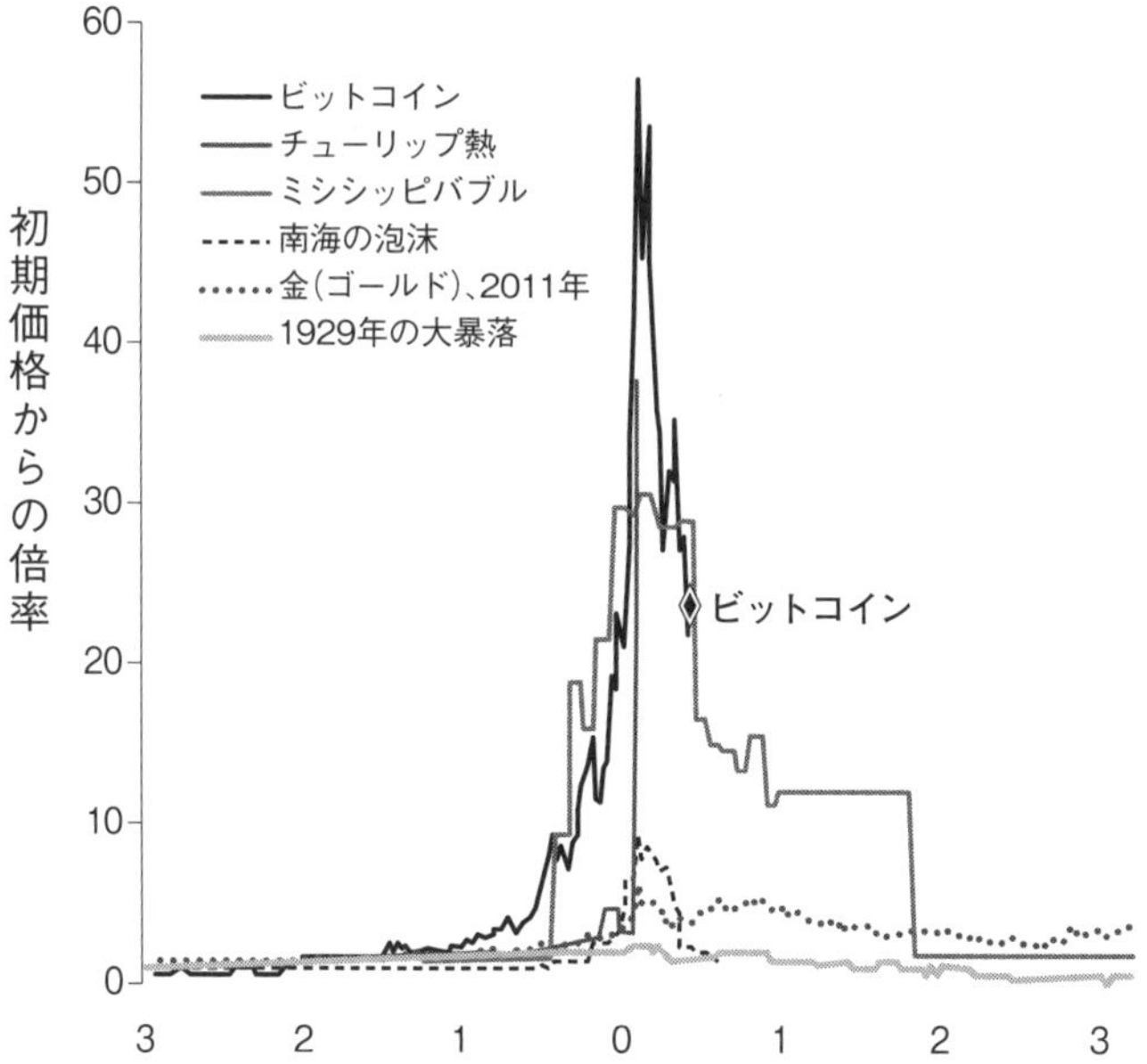

ピークを打った年から前後3年、計7年間の価格推移

3年以内に初期価格の60倍近くまで上昇したケースは、比較的信頼性の高いデータの存在する過去のバブル中にはなかった。また、1929年の株価「大」暴落のおとなしさは、1930年代大不況が金融現象ではなかったことを強く示唆している。

注:初期価格は、正確にピーク時の3年前の価格が判明しているケースではその価格、それ以外は入手しうる最古の価格。
原資料:イェール大学経営学大学院国際金融センター、ピーター・ガーバー、BoAメリルリンチ社グローバル投資戦略部、コンボイ投資顧問社のデータをブルームバーグが作図
出所:ウェブサイト『Hacker Noon』、2018年4月12日のエントリーより引用

A　下げに転じてからの価格推移がこの時間軸では読みとれないほどの急落だったことからも、そういう感じがしますよね。ところが実際には、このバブルはビットコイン・バブルと同じぐらい重要な経済全体の転換の前触れとなるバブルだったのです。

チューリップは中央アジア原産だそうですが、17世紀当時にはオスマントルコ帝国で栽培が盛んになり、新品種の開発なども行われていました。カトリックを信奉するスペイン王国からの独立戦争を戦っていたために、イスラム圏のオスマントルコとも積極的に交易をしていたオランダの商人が、母国に球根を持ち帰りました。色が珍しかったり、ふつうは単色の花びらに模様が入っていたりするものに高い値段を付けて売買するようになったのが、流行のきっかけでした。

当時ヨーロッパの世界植民地化をリードしていたのは、スペインとポルトガルです。スペインなら中南米の貴金属を、ポルトガルなら香料諸島の香料を略奪してきて、ヨーロッパで高く売るだけという先の展望のない略奪経営に躍起になっていました。

オランダは17世紀初頭に、ポルトガルから香料諸島を奪い取っていました。けれども、チューリップ熱の勃発《ぼっぱつ》した1637年ごろには、「異国から珍しい産物を奪い取ってくるだけではダメで、生産過程を掌握しなければ持続的な収益は上がらない」という新たな植民地政策も実行に移していました。こうした発想を象徴するのが、たんにチューリップの球根ならなんでもかんでも高値で取引するのではなく、栽培に成功すればひときわ希少性の高い花が咲く球根を非常に高い値段で取引するというかたちで膨張したバブルだったのです。

Q　で、時代はオランダの主張するとおりに、植民地の略奪経営から、生産過程をしっかり掌握して長期にわたって持続する収益源に育てる方向に変わっていった……。略奪型から生産過程掌握型への植民地経営の転換というのは、たしかに近代経済史上でもまれに見るパラダイム・チェンジだったのですね。

A　そのとおりです。ただ、実際に植民地で大規模経営を実現して成功したのは、サトウキビ、タバコ、綿花といった商品作物であって、チューリップではありませんでした。また、この転換から最大の利益を享受したのも、オランダではなくイギリスでした。

Q　このグラフに出ているほかのバブルのうち、2011年に起きた金価格のバブルはさすがに覚えています。あとは、南海の泡沫とミシシッピ・バブルですね。チューリップ・バブルでずっこけたオランダが近代市場経済で最初の世界覇権を確保し、次に南海の泡沫でこけたイギリスがその覇権を引き継いだというのは、たんなる偶然でしょうか？　それとも理由のあることだったのでしょうか？

A　非常に明快な理由のある話です。南海の泡沫とミシシッピ・バブルはドーバー海峡を隔てたイギリスとフランスで同じ1720年に起きた、どちらも植民地がらみのバブルでした。しかも、英仏両政府の対応がまた対照的だったので、医学の臨床実験を見ているようなおもしろいバブルです。

イギリスでは南海会社、フランスではミシシッピ会社という企業に、王室が南北アメリカ大陸での植民地開拓事業に関する独占権を与えました。両国が世界中で植民地獲得のための陣取り合戦をしていたまっ最中のことです。たぶん世界史の教科書でお読みになったのは、「南北アメリカ大陸とその周辺の豊かな資源を活用するための独占事業を許されたこの2社の株に投機的な人気が集中し、株価は急上昇したけれども、実際には何ひとつ具体的な事業は展開していなかったので、そのあと株価は大暴落、この株を買った人たちは大損害をこうむった」といった記述ではなかったでしょうか。

Q　はい。うろ覚えですが、そんな内容だったと思います。

A　実際には、フランスのミシシッピ会社はそのとおりのバブル企業でしたが、イギリスの南海会社は直前のスペインとの戦争に勝って獲得した南北アメリカ大陸のスペイン植民地に毎年一定の人数の黒人奴隷を納入する権利を独占していました。倫理的にはともかく、収益的には立派に採算の取れる企業だったのです。

Q　このグラフでは、しっかりした収益基盤のあった南海会社株のほうが先に消えてなくなってしまったようですが。

A　たしかにそう見えますね。ただ、これは明らかに間違いです。ミシシッピ会社のほうは、当時のフランス中央銀行だった王立銀行の〝連結対象〟とされていました。株価が下がれば王立銀行がリーブル紙幣を刷って買い支えるというフランス王室の全面的な支援のもとでも結局破綻《はたん》して、それればかりか王立銀行をも巻き添えにして消えていきました。ミシシッピ会社の株券も、王立銀行発行のリーブル紙幣も、紙くずと化しました。

一方、南海会社のほうは、スペイン植民地への黒人奴隷納入権という安定収益源があったことに注目したオランダの富裕な商人たちが大量に買っていました。このため1720～22年ごろの大暴落局面では、オランダから「株価下落の損失を〝補塡《ほてん》〟せよ」という強硬な要求が来ました。自国民だけが相手ならコワモテの政府でも、外交問題がからむと弱腰になるのは世の常です。結局イギリス政府はこの株を2等分して、半分は株のまま、半分は安定した金利収入の入ってくる恒久年金に組み替えてオランダ人株主の不満をなだめたのです。

のちにイギリスが黒人奴隷貿易をやめるころには、南海会社の株も年金もすでに制度として確立されていた大英帝国永久国債に繰り入れられていました。ですから、バブル崩壊直後の安値で南海会社株を買いあさったオランダ人たちは、孫子の代まで優雅に暮らせる安定した金利収入を確保したわけです。

Q　それはまた、なんともおいしい話ですね。

A　そこが経済というもののおもしろいところで、このころから中流階級のオランダ人が自国経済の発展にあまり力を注がなくなりました。結果として、オランダは金利生活者国家に〝転落〟し、世界経済覇権もほとんど戦わずしてイギリスに明け渡してしまったのです。オランダが世界経済覇権を握っていた約80年のあいだに溜め込んでいた余剰資金を株価が大底で低迷していたイギリスの南海会社につぎ込んだので、経済覇権もオランダからイギリスに移ったわけです。

オランダの富裕層がイギリスの南海会社株がらみでおいしい利権にありついたことが、オランダ国民にとって幸せな展開だったかどうかには、大いに疑問が残ります。

Q　結局、株を買うなら安定した収益源を持った企業の株にせよというのが教訓でしょうか？

A　ええ。もうひとつは、「政府が推進した経済政策だからなんとか守り通さないと……」などとがんばって紙幣の大増刷までして潰《つぶ》れるしかない国策企業を守ろうとすると、中央銀行もろとも破綻することもあるということですね。これは、異次元緩和とか量的緩和とかの火遊びをさんざんやってきた現代の各国中央銀行には耳の痛い話でしょう。

Q　南海の泡沫事件のころには、イングランド銀行（イギリスの中央銀行にあたる）は存在していたのでしょうか？

A　はい。1694年創業ですから。

Q　そのイングランド銀行が南海会社の救済に乗り出さなかったのは、いわゆる財政ファイナンス、財政の尻ぬぐいのために紙幣を増刷する手法は禁じ手だという健全な認識がそのころからあったということなのでしょうか？

A　いいえ、そういう高尚な話ではありません。当時のイギリス政財界で、南海会社は王党派の資金調達機関であり、イングランド銀行は議会派の資金調達機関でした。ですから、南海会社の株価が好調だったころには、イングランド銀行も何度かもぐり込もうとしてはねつけられていたのです。

Q　だから、落ち目になったときも助けなかったというだけの話ですか？

A　そこまで言ってしまうと、身も蓋《ふた》もないですが。ちょっと補足しますと、フランスのように権力が絶対君主ひとりに集中していると、その権力が間違った方向に動いたとき、まったく歯止めが利きません。でも、イギリスの王党派と議会派のように権力や権威が分散していると、一方が間違えても国全体がその間違いに引きずり込まれないで済むという利点はあります。

Q　つまり、ミシシッピ・バブルは絶対君主制の衰退を告げる弔鐘であり、南海の泡沫は立憲君主制の興隆の前触れだったということでしょうか？

それにしても、明るい未来の前触れタイプのバブルだけでも、実際にどういう投資行動を取れば恩恵にあずかれるのかは千差万別ですね。チューリップ熱が象徴していた略奪経営から生産過程掌握型経営の変化で実際に儲かったのは、サトウキビ、タバコ、綿花だし……。鉄道株バブルのあとでは、鉄道業は急拡大したけど、鉄道会社の株価は結局戻らなかったし。でも、ハイテク・バブルでたたきのめされたアマゾンやアップルは、その後バブル高値の十数倍、それどころか数十倍という水準まで上がっているし。

結局、ビットコイン・バブルが明るい未来を切り開くタイプのバブルだと認めたとしても、そこからどういう行動を取れば最大の収益を上げられそうかを判断するのは、すごくむずかしいということでしょうか？

A　はい。私は現在ビットコインが経験しているバブル崩壊過程は、本格普及期を前にしてまだ集まっている資金量も小さい予行演習のうちに投機的に参入してきた人たちをふるい落とす、明るい未来を切り開く動きだと確信しています。それでも、将来の価格を予測するのはこれだけむずかしいわけです。

中央集権的な管理者が存在しなくても通貨は機能するという発想

Q　そろそろ、ビットコイン誕生前後の経緯のご説明をお願いします。

A　ふつうこういう技術革新には複雑な歴史的背景があるものですが、ビットコインの誕生は、じつに単純明快な5行の年表にまとめることができます。

1997〜98年：東アジア通貨危機・ロシア国債危機勃発
2000〜02年：ハイテク・バブルの膨張と崩壊
2007〜09年：国際金融危機勃発
2008年：「サトシ・ナカモト」『Bitcoin: A Peer-to-Peer Electronic Cash System』論文公表
2009年：ビットコインの採掘と取引開始

Q　たしかに、ビットコインがいかに金融市場激動の時代に生まれたのかは初めの3行でわかります。最後の2行はもう少していねいにお話しいただきたいです。

A　サトシ・ナカモトをかぎカッコでくくってあるのは、おそらくペンネーム、しかも最低でも金融市場、暗号論、関数論の専門家3人ぐらいが共同で使っているペンネームだろうということを示しています。

日本人としか思えない名前なんで、逆にこのグループは欧米人ばかりだろうという人もいるようです。日本人ではなくとも、少なくとも有力メンバーのひとりは中国人か、韓国人か、香港人か、台湾人、ようするに東アジア漢字文明圏で生まれ育った人であることは間違いないと思います。

Q　どうしてそうお思いなのでしょうか?

A　アメリカの通貨ならドルに当たる、ビットコインの基本単位はBTCです。ただ、この金額が大きくなりすぎることを予想して、アメリカならセントに当たる補助単位も決まっているのですが、このサトシという補助単位が、1BTCの100分の1とか1000分の1ではなくて、なんと小数点以下8桁、1億分の1なんです。

Q　それが、漢字文明圏の人が考えた補助単位だという証拠になるのですか？

A　ええ。欧米で多くの桁をまとめていくときには、必ず3桁ずつで区切ります。3桁終わったあとのthousandで1区切り、6桁終わったあとのmillionでもう1区切り、9桁終わったあとのbillionでもう1区切りという具合です。ところが、漢字文明圏では4桁ごとの区切りになるので、一、万、億、兆と4桁ごとの区切りです。億は漢字文明圏ではとても座りのいい数字ですが、欧米では100millionと書いても、10分の1billionと書いても中途半端で座りの悪い数字です。

Q　なるほど。それで、論文のタイトルのほうですが、ビットコインとはいったいどんなものだと主張しているのでしょうか？

A　いちばん重要なポイントはPeer-to-Peer、そして次に重要なのはCash System、つまりこれは電子化された通貨による現金決済なのであって、キャッシュレス社会化のお先棒を担ぐわけではないということば遣いでしょう。

Peer-to-Peerは、「対等なもの同士での」という意味です。いささか古風な表現でも良ければ、「同輩間の」とでも訳せば簡潔な表現になるのですが、いまどき同輩という単語は時代劇ぐらいでしか聞かないので、違和感を覚える人が多いかもしれません。

でも、中央集権的な管理者が存在しなくても通貨は機能するという主張は、18世紀後半以降の国家が通貨発行権を独占し、やがてその独占権を中央銀行に〝委譲〟して、国の権威を背景に持たない通貨などありえないという常識がまかり通る時代がほぼ250年も続いたなかにあって、とんでもなく斬新《ざんしん》な発想でした。

Q　たしかにそれはわかります。ただ、キャッシュ＝現金ということばへの思い入れはちょっと理解できないところがあります。物理的なかたちを持った紙幣だの硬貨だのを持ち歩く必要性がない利便性の点では、暗号通貨もやっぱりキャッシュレス化の一形態なのではないかと思ってしまうのですが……。

A　それは、現在に至ってもかなり高額の取引を現金で決済しても何ひとつ不自由も不安も感じないで済んでいる日本だからこそ言えることです。欧米で、あらゆる資金の出所を警察や税務署が押さえてしまおうという風潮には抵抗を感じていても、大金を持ち歩いて強盗に襲われたら大変だという不安との板挟みになっている人からすると、すごく贅沢《ぜいたく》なご感想だと思います。ただ、これはかなりこみ入った議論になるので、第4章でじっくりお話しすることにしましょう。

だいぶ前置きが長くなりましたが、そろそろ暗号通貨にはどんな特徴があるのか、さらにそのなかでビットコインとはどんなものなのかに話を進めましょうか。

Q　はい。ぜひお願いします。

A　まず、暗号通貨とは何かということです。これまで世界各地で流通してきた貨幣は、物々交換のなかから、次第に価値の目減りが少なく持ち運びのしやすい硬貨や紙幣に絞りこまれていき、やがて政府が直接発行権を独占するか、あるいは中央銀行に指名した金融業者に独占させるといった経緯で発展してきました。しかしながら、暗号通貨は、かなり様相が違っています。先ほども触れましたが、最大の違いは明確な理念にもとづいて、現在流通している通貨の持つさまざまな問題点を解決すべく、人為的に開発された通貨だということです。

Q　具体的に、現在流通している世界各国の通貨にはどんな問題点があって、暗号通貨はその問題点をどう解決しようとしているのでしょうか？

A　最大の問題点は、通貨を発行する権利が独占されていることでしょう。この件に関しては政治家、高級官僚、各国中央銀行幹部職員の方々は、「だからこそ皆さんが安心して使えるのであって、誰でも好きなように発行できる通貨なんてなんの信用もない」と抗弁するのでしょうが……。

しかし、世界で最初の暗号通貨ビットコインが、なんの資金的裏付けもなく、提唱者の身元さえ明らかではない論文だけを根拠に発行されて、たちまち大きな時価総額を持つ通貨界の一大勢力にのし上がったという事実は、政府や中央銀行による発行権の独占が通貨への信頼をもたらすという議論が**〝おとぎ話〟**に過ぎなかったことを示しています。

私は正反対に、政府や中央銀行が通貨発行権を独占しているからこそ、借金で首が回らなくなって破綻してしまって当然の国家が、インフレによってその借金の元利返済負担を軽減して、のうのうと生き延びていられるのだと思います。そして、それを苦々しく思っていた人たちが暗号通貨という新しい通貨のかたちを大歓迎したのだと見ています。

Q　でも、通貨を発行する権利が1か所に限定されていてもインフレ気味になるのに、誰でも発行できるということになったら、収拾のつかない大量供給でとんでもないインフレになりそうな気がします。

A　なんとなくそんな感じがしますよね。でも、それは誤解です。むしろ、通貨を発行しようとしている銀行すべてに次のふたつの条件を守らせれば、通貨の過剰発行によるインフレはほぼ確実に防げます。

ひとつ、他行の発行している通貨と紛らわしい通貨にしないこと。ひと目でどの銀行が発行した通貨か、わからなければいけない。

ふたつ、客が窓口で自行の通貨を他行の通貨に交換してくれと請求したら、必ず応ずること。

このふたつの条件を守らなければいけないとなれば、自行の発行した通貨の価値が他行の通貨より低くなっているのではないかと疑われるほど大量の通貨を発行するのは自殺行為に等しくなるでしょう。

Q　過剰発行の弊害がそんなにかんたんに防げるものなら、現代社会でもどこかの国で複数の銀行に通貨発行権が開放されていそうな気がしますが？

A　中央銀行にとって自分たちの権限を狭めるような話は大っぴらにしたくないので、知る人ぞ知る事実になっているだけです。アメリカで12地区の連邦準備銀行がそれぞれドル札を発行しているというのは、同じ連邦準備制度という頭の下に12本の手がついているだけですが、もっと本格的に通貨発行権を分散している国もあります。

香港ドル札は、昔からＨＳＢＣ（香港上海銀行）とスタンダード・チャータード銀行の２行が発行していましたし、中国への返還後は中国銀行も発行できるようになりました。また、イギリス本土では、ロイヤル・スコットランド銀行もポンド紙幣の発行権を維持しています。どちらの国でも通貨発行権が分散しているので、インフレが起きやすいという弊害は出ていません。

むしろ各国政府・中央銀行が通貨発行権を開放したがらないほんとうの理由は、「通貨価値の守り手」という表向きのスローガンとは裏腹に、とかく巨額の借金をしょい込みたがる国が、中央銀行に通貨発行権が集中しているからこそ起こしやすいインフレによって元本返済負担を〝**軽減**〟してもらうという手が使えなくなることを、極度に警戒しているからだと思います。

Q 発行者の身元も不明なら、担保となる資産が存在するかどうかもわからない通貨が実際に流通することを証明したビットコインは、その状況に風穴を開けたということでしょうか？

A そのとおりです。誰でも通貨を発行したければ発行できるし、誰が発行した通貨であろうと、出し手と受け手が合意すれば取引手段として流通することが実証されたのは、画期的です。

歴史的に見ると、通貨は主として金や銀などの貴金属準備に対する引換え券か、発行者の借用証というかたちで発行されていました。ですから、それなりの資産の裏付けを持っていない個人や企業が通貨を発行してしまうと、金銀への交換請求や借用証の償還請求が集中したときに大きな財務上の危機に見舞われることになりました。

Q たしかに誰の手に渡るかわからない借用証を大量にばらまくとか、要求次第で金銀に交換する引換え証を発行するというのは、個人どころか、そうとうな大企業にとってもかなり高いハードルですね。

A 実際に、通貨発行権が独占されていなかった西欧中世でも、国家以外で通貨を発行できていたのは、大量の金銀地金のストックを持っていた金銀鉱山所有者、貴金属細工師、大富豪だけだったのです。しかし、国家が特定の銀行を中央銀行に指定して通貨発行権の独占を許すようになると、中央銀行はほかの金融機関との競争のなかで通貨価値の安定を維持するという義務から解放されてしまいます。そして、何かにつけて借金をしたがる国家と利害が共通するので、慢性的に通貨の過剰供給を行うことによってシニョリッジ（通貨発行益）を収得するという濡《ぬ》れ手で粟のボロ儲けをするようになってしまいました。

ところが、暗号通貨は誰の負債（金銀への引換え証や借用証）でもありません。暗号通貨を発行しようとする人間や団体は、何ひとつ資産の裏付けを持っていなくても発行することができるのです。具体的に何をするかというと、宝探しゲームの新しい枠組みをひとつ提供するだけなのです。この宝探しの過程のことを、鉱山業での採掘作業になぞらえて、採掘（マイニング）と呼んでいます。

Q　なるほど、まるでインターネットやゲーセンにいくらでもある宝探しゲームみたいですね。

A　まるでどころではなく、まさに宝探しゲームそのものです。しかも、掘り当ててもかわいい天使や妖精が舞い降りてきて祝ってくれるわけでもなければ、いつまでも掘り当てられないと凶暴な顔の悪漢や怪獣に責め立てられるわけでもありません。ただひたすら、無味乾燥な数字とアルファベットの組み合わせとにらめっこしながら、ハッシュ関数という関数に手当たり次第にありとあらゆる英数字の組み合わせを代入していって、当たれば当たりの数値が獲得したビットコインとして記録されるだけという、なんとも無愛想な宝探しなのです。

しかし、ここにミソと言うべきものがあります。ハッシュ関数には不可逆性という特徴があって、正解がどんなかっこうになるか見当がついていても、その答えのほうから関数を逆算していけば正解になる組み合わせはこういうものになるはずだという予測を立てられないことです。

Q　ちょっとお待ちください。数学が苦手だからこういう質問が出てしまうのかもしれませんが、不可逆的というのはどういう意味なのですか？　関数式がわかっているのなら、解答を出すときと正反対の順番で式が掛け算のところは割り算、足し算のところは引き算というふうに計算していけば、その式に代入するのはどういう組み合わせにすべきか、わかってしまうのではないですか？

A　私も数学の弱さにかけては人後に落ちないので不思議だったのですが、吉田繁治さんのお書きになった『仮想通貨——金融革命の未来透視図』（2018年、ビジネス社）を読んで、この疑問は氷解しました。こう書いてあります。

数字における不可逆の簡単な事例は、素因数分解です。……素数の317と483を掛けると、１５３１１１になります。……しかし、逆に１５３１１１から「３１７×４８３」を探すには、コンピューターに「総当たり」で計算させるしかありません。これが不可逆と言うことの意味です（同書、１２１〜１２２ページ）。

だから、要領のいい人間の抜け駆けを許さず、採掘をしようとする人間や企業は、愚直にシラミ潰しに何度も同じ作業をくり返す労力と電力を必要とします。これがじつは、過剰投資のドツボにはまってしまった現代中国経済にとって救いの神になっていることについては、第３章でゆっくりご説明しましょう。

Q　当たりが出ただけで、その正解となった記号が自動的に通貨として流通するのでしょうか？

A　いいえ。正確に言えば、この時点ではまだ通貨になっていません。同じように採掘作業をしている人たちが次々に同じ記号を掘り当てるので、正解だったと確認されるというだけです。

まっ先に正解を掘り当てたことに対する報償は、50ＢＴＣから出発していて、これもサトシ・ナカモト論文の当初からの構想どおり、４年ごとに半減することになっていて、現在では12・5ＢＴＣです。ただ、ここまではゲーム空間で、**「何万ドル！」**というような威勢のいいランプがともったり、モノポリーゲームで何百ドルとか何千ドルとかのカードを引き当てたりするのと同じで、それ自体に価値はありません。

逆に、この当たり数値自体には何の賞品も賞金もついていないという特徴があるからこそ、暗号通貨を発行しようとする人たちは金銭的負担なしで、いくらでも新しい通貨を考案し、ネット上に公開することができるわけです。２０１７年秋には７００～８００と言われていた暗号通貨の種類は、約３か月のうちに１４００以上に激増しました。

採掘ルールさえ公表すれば資金の裏付けは皆無でも新しい通貨を発行できるわけですから、いろいろなタイプの暗号通貨を考案し、発行する組織が続出したのは当然でしょう。

発行体が借用証をばらまくわけでもなく、資産を放出するわけでもありませんから、採掘の結果当たりになった数値の価値は、この暗号通貨の取引市場に参加している人たちが「いくらでならこの通貨を買う意思がある」というビッドを出すことによって、初めて発生します。

Q　じゃあ、もし誰も買いのビッドを入れなければ……？

A　そうです。無価値のままということになります。

暗号通貨の特徴は、発行体はルールどおりに特定のアルファベットと数字の組み合わせを採掘した人に、「その答えは宝探しゲームの賞品である」と認めるだけです。この通貨の価値を裏書きするわけでもなければ、この組み合わせに貴金属のような**「本源的」**な価値が存在するわけでもありません。ここでビットコインであればＢＴＣという通貨単位がふつうの紙幣でいえばいくらに当たるかを決めるのは、あくまで取引当事者同士の市場での売り買いなのです。

そして、低価格とはいえ、なぜ初期から買いのビッドが入り続けてきたかと言えば、「中央集権的な管理や統制に従う必要のない通貨システムは作れるのだ」というサトシ・ナカモト論文の理念に**共鳴**した人が多かったからこそだと思います。

Q　だからこそ、歴史上初の意図的に推進された経済技術の革新とおっしゃるわけですね。でも、それは少々ひいきの引き倒しっぽくありませんか？　ビットコインに群がった人たちのなかには、徴税機構や警察に知られたくない資産を持っていた人もいて、「これだ！」と思っただけかもしれません。

A　理念に共鳴した人という表現をしたからといって、別に品行方正な聖人君子のような人たちを思い浮かべているわけではありません。当然、その人たちのなかには、できるだけ安全に脱税をしたい人も、犯罪で稼いだ資金を洗浄したい人も入っているでしょう。

そして、ビットコインに批判的な人のなかには、「あんなものを使うのは、脱税したい連中、資金洗浄をしたい犯罪者、いつ国外に逃げ出す羽目になっても亡命先で豊かな生活を続けられるように、初めから国境のない場所に資金を隠匿《いんとく》しておきたい中国の大金持ちや共産党幹部だけだ。あなたもそういう連中の片割れと思われたくなかったら、ビットコインのような危ないものに手を出してはいけない」とお説教する手合いもいます。

ですが、そういう明らかな犯罪者や資産隠匿者の資金が現在のビットコイン総額のなかでどの程度の比率を占めているのかを冷静に考えると、微々たる比率に違いないと推測できます。犯罪界にしろ、中国共産党にしろ、大物がビットコインというまだ評価が不安定で、通貨なのか金融商品なのかもあいまいなものに**「お試し」**程度の少額ならともかく、莫大な資金を突っこむはずがないのです。

その最大の理由は、タックス・ヘイブン（租税回避地）という国境に守られた軽税・無税の国に資金を送れば、脱税ではなく節税、そして合法的な資金洗浄ができるからです。ひとしきり話題になったパナマ文書やパラダイス文書がその後尻すぼみになっているのは、批判的な論陣を張ったメディア側にも、もともと盗まれた文書をネタに著名人を狙《ねら》い撃ちにしているという後ろめたさがあったのと同時に、こうした国々への送金はそれぞれ当該国の法律にはまったく違反していないという意味で、犯罪行為ではなかったケースが大半だったからです。

一般に犯罪者は慎重なものですし、合法的に資産を隠匿する手段としてはタックス・ヘイブンのほうがずっと確固とした実績を築いています。つまり、ビットコインをはじめとする暗号通貨は、いずれタックス・ヘイブン国の有力な商売敵になるでしょうが、すでにそうなっているというのは、明らかに大幅な誇張といえます。

暗号通貨に対する抵抗感

Q　それでは逆に、犯罪の被害を受ける危険はどうでしょうか？　2018年1月のコインチェックという取引所で盗難事件が起きたときには、NEM（ネム）といういままで聞いたこともなかった暗号通貨を、この取引所が5億ドル以上も持っていたこと自体が驚きでしたが。

A　あれはあまりにもお粗末な事件でした。取引所が客から預かっていた中堅暗号通貨NEM、当時の日本円にして600億円弱相当をハッカーに盗まれたと発表して大騒ぎとなりました。インターネットにつながったコンピューターに置いてある財布はホットな（熱い）財布、遮断《しゃだん》されたコンピューターに置いてある財布はコールドな（冷たい）財布と呼んでいて、客からの預かり資産をホットな財布に置きっ放しにしておいてはいけないというのは、安全確保策の初歩です。

コインチェックはそれさえ実施していなかったわけです。言ってみれば、金塊を詰め込んだトランクを道ばたに放置しておいて、なくなってから「盗まれた、盗まれた」と騒いでいるようなものです。それにしても、58ページ下段の折れ線グラフでおわかりいただけるように、このあまりにも不注意な新興勢力が、去年11〜12月のビットコイン暴騰期には世界最大の暗号通

推定被害総額ベースの暗号通貨の盗難事件ワースト7

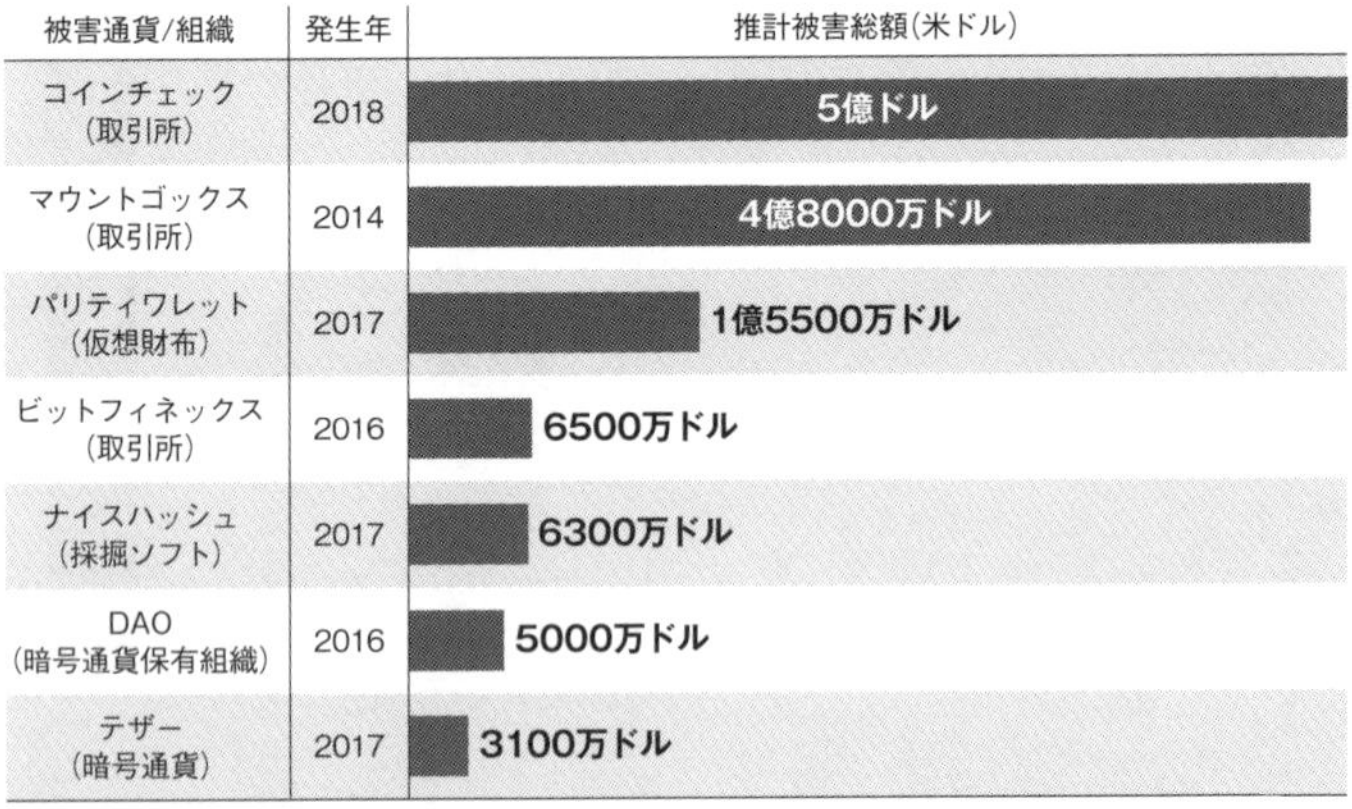

注:被害総額は、盗難当時の時価によって推定。
原資料:ブルームバーグ通信配信の記事にもとづき、Statistaスタッフが作図

コインチェックの取引拡大ペースは同業他社をはるかに超えていた(ビットコインの月間取引金額)

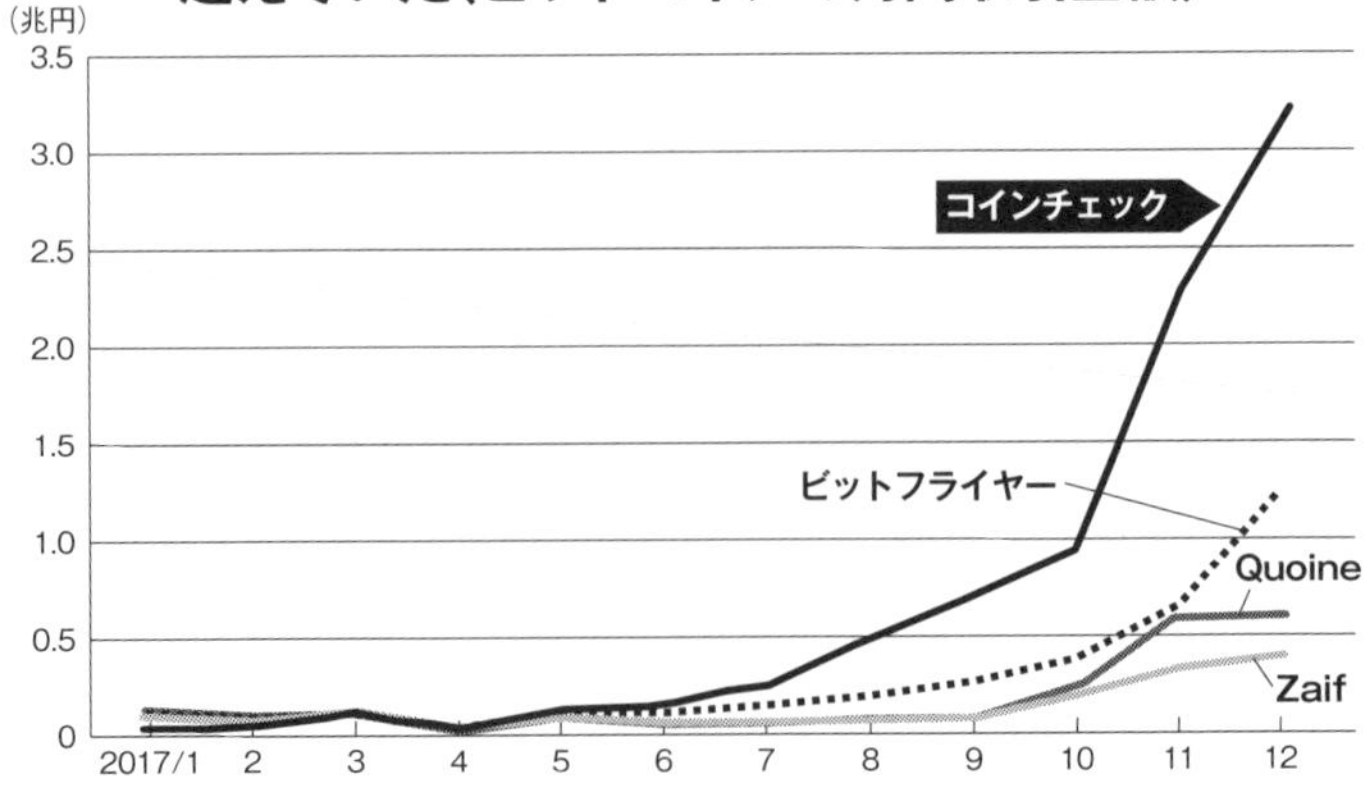

(注)ビットコイン日本語情報サイト調べ

出所:(上)ウェブサイト『Statista』、2018年1月29日のエントリー、
(下)日本経済新聞2018年2月3日付記事より引用

貨取引所の地位を、老舗であるビットフライヤーから奪っていたのです。

この事実は、暗号通貨取引がいかに未成熟で、玉石混淆《こんこう》状態にあるかということを示しています。そして、被害額の大きかった事件だけを抜き出した58ページ上段の棒グラフでも、取引所、ネット空間上の財布、採掘ソフト、暗号通貨保有組織、暗号通貨そのものと、この通貨の採掘から流通を支えるあらゆる分野が盗難被害に遭っています。

暗号通貨がらみの犯罪について、もうひとこと補足しますと、暗号通貨で犯罪行為をするのでもなく、暗号通貨を狙った犯罪でもなく、犯罪行為による**「稼ぎ」**を暗号通貨で受け取るというものがあります。たとえば、コンピューターのなかに保管されているファイルを凍結してしまって、「解放してほしかったら身代金をビットコインで払え」というものがあります。いわゆる人質攻撃ですね。これは、比較的かんたんな自衛策で十分防げるものが多いのです。

Q　もしコインチェックがインターネットから遮断された財布に顧客からの預かり資産を入れておけば、ほぼ確実にハッカーによる盗難はなかったはずだというのと同じようなことでしょうか？

A　そのとおりです。人質攻撃についての60ページ上段のグラフをご覧いただくと、人質攻撃の手口も、1件当たり身代金の額も、2014〜15年と比べて2016年には飛躍的に増えていたことがわかります。

ランサムウェア(人質)攻撃の現況
2014〜16年

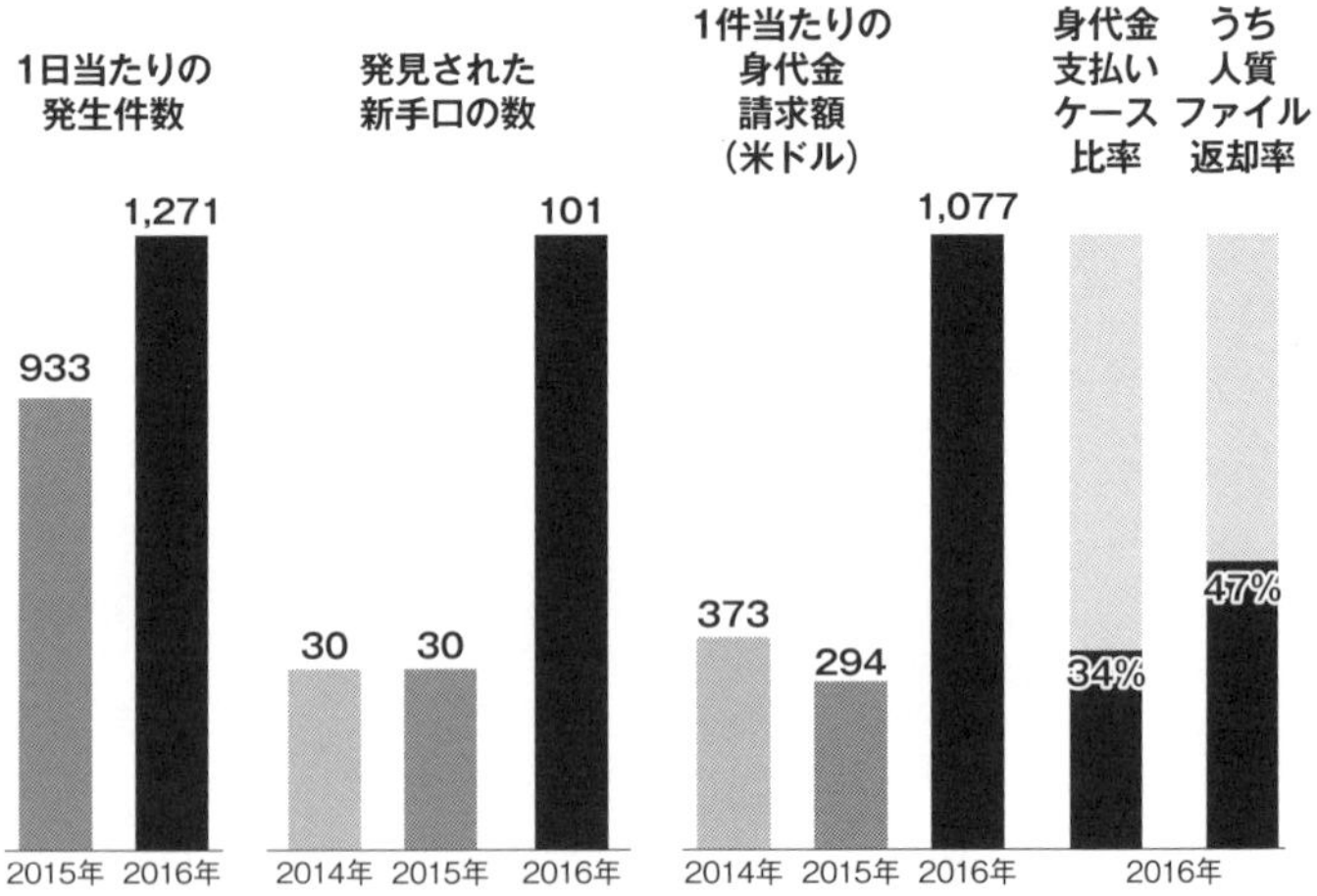

発生件数上位10か国のシェア
2016年現在、%

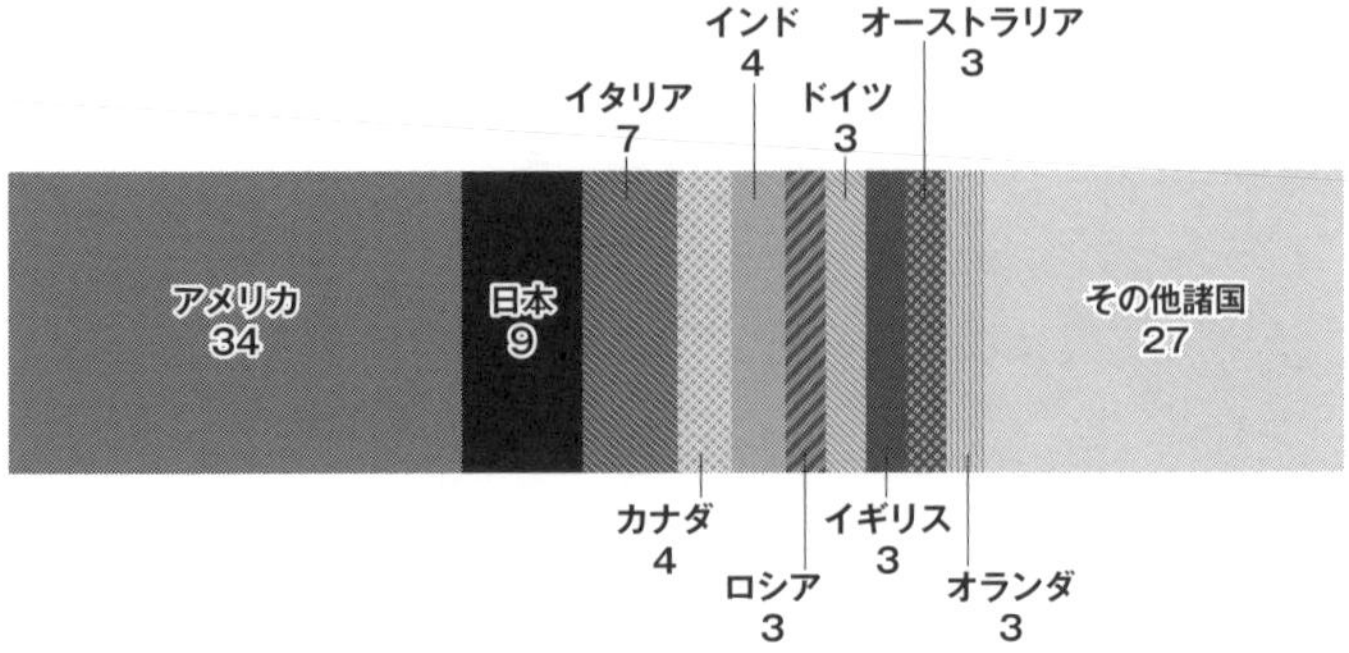

原資料:シマンテック社データを英エコノミスト誌が作図
出所:ウェブサイト『Safe Haven』、2018年4月30日のエントリーより引用

ただ、画期的に高くなった2016年でも1000ドル強、日本円にして11万円程度なのです。人質攻撃業界にとって、お手ごろな身代金設定は生命線です。財布をインターネットから遮断されたコンピューターに入れておけばハッカーによる盗難被害はほぼ防げるのと同様、人質攻撃もインターネットから遮断されたコンピューターに複製ファイルを作っておいて、それをこまめにアップデートしていれば、なんの被害も出さないで済む性質の犯罪ですから……。こうした自衛策をとらずに、攻撃を受けてから身代金を払う人が34パーセントもいるのは身代金が安いからこそであって、高ければ安全な場所に複製ファイルを作っておくでしょう。

その意味では、身代金を払ったのに人質ファイルを解放してもらえなかったケースが6割近くもあるのは、被害者より人質攻撃業界にとって深刻な経営課題でしょう。いくら身代金をお手ごろ価格に設定していても、どうせ払ってもムダだと思えば、被害者側もちゃんと複製ファイルをこまめにアップデートしておくようになります。これは「身代金を払うより、自衛策を講じましょう」という啓蒙《けいもう》活動をしているようなものです。

犯罪で稼いだ報酬を受け取りやすい暗号通貨がいろいろ出回っていることを問題視するより、コンピューター犯罪の多くは比較的かんたんな自衛策で防げることを重視すべきでしょう。

そんなかんたんな自衛策さえ講じていない関係者が多いことをもって、「暗号通貨コミュニティは通貨を扱うに足る信頼を欠いている。さまざまな通貨が並行して存在する世の中になっても、やはり中央銀行が発行し、銀行に預金する安全確実な在来型の法定通貨のほうが圧倒的な優位を維持するだろう」と指摘する金融業界の専門家も多いようです。

Q それはかなり説得力のある議論ですね。

A しかし、ほんとうにそうでしょうか。暗号通貨の2大盗難事件はそれぞれ約5億ドルの被害でした。暗号通貨全体のピーク時の総額が約6000億ドル、大幅に価格が低下した現状でも約2500億ドル中の、例外的に巨額の盗難事件でその程度の被害だったわけです。

一方、中央銀行が発行している各国法定通貨は、中央銀行自身の表明している目標としては、年率2パーセントのインフレを達成するということになっています。幸い、この目標は達成されていませんが。仮に年率2パーセントのインフレが定着すれば、すべての預金者から国や一流企業や大手銀行といったほとんど常に自己資本より債務のほうが大きな組織へと、確実に所得が移転していくのです。日本国民が持つ900兆円弱の預貯金のインフレによる年間目減り分は18兆円ですよ。しかも被害は運が悪かったり、自己管理能力に欠けていたりする人だけではなく、預貯金を持っている人たちすべてに及ぶのです。

盗難の危険もあるし、価格も乱高下する、しかし保有していれば、価値が増えることもある暗号通貨より、持っていれば確実にインフレ分だけ減じる法定通貨の預金の目減りのほうが、国民一般には被害が大きいと私は思います。

Q　うーん、たしかに論理的に考えていくとそうなのかもしれません。でも、伝統ある金融機関の恰幅のいい紳士たちに「お任せください。私どもにお預けになれば、ご預金は安全確実にお守りします」と言われてしまうと、あまりにも大きすぎて実感の湧かない数字同士を比べて、「だから、じつは暗号通貨のほうが有利だ」というご意見をすんなり受け入れられないのですが……。

A　じつは、私も世界中どこでも、現在40代以上の人たちのあいだでは、なかなか抵抗が大きくて暗号通貨への積極的な評価は浸透しないかもしれないと思っています。ただ、アメリカでミレニアル世代と呼ばれる現在18〜34歳の人たちを見ると、やっぱり未来は暗号通貨のものだと思います。

次章の、ビットコインをはじめとする暗号通貨バブルがどんなに**「思想性」**の強いバブルかという議論をするところでさらにくわしくお話ししますが、かんたんに言うと、ミレニアル世代の人たちはもの心ついたころにハイテク・バブルが崩壊し、そろそろ何をやって食っていくのか決めなければというときに国際金融危機で就職難を経験しています。アメリカに生まれ育っていながら、経済でいい思いをしたことがないという実感を持ち、建国以来初めて「資本主義より社会主義や共産主義のほうがいい」という人たちが多数派になっている世代なのです。

そして、「株にも債券にも外貨取引にもなんの興味もない」というこの世代が、ビットコインの保有率だけは他の世代よりずっと高いのです。この底流の変化を見逃すと、日本だけではなく、世界中の先進国で「既得権益さえ守っていれば、自然に豊かな生活ができる」とおっとり構えている人たちは、大やけどをすると思いますよ。

この500年間で最大の経済事件と評価されることになる暗号通貨の登場

Q　ちょっと話を戻しますと、複雑で労力も電力も大量に必要とする関数問題を解くための作業がひっきりなしに行われていることが、「中央集権的な管理や統制を受けない通貨システム」を支えているというご説明が、どうもよくわからないのですが。

A　いえ、関数を解く作業が行われているだけでは、中央集権を排した通貨システムを構築することはできません。

宝を掘り当てたとか、掘り当てた宝をいつ誰と売買したといった事実を記録する空間が、ブロックチェーン（block chain）という仕組みで構成されていることが、不可逆的な関数に続く、暗号通貨のふたつ目のミソなのです。ブロックチェーンの日本語訳としては、分散（型）台帳という表現が定着しつつあります。このシステムに参加している人たちがハッシュ関数の演算をしたり、宝を掘り当てたり、市場で売り買いしたりしたときの記録が、数珠《じゅず》つなぎになった箱のどれかひとつに集中してではなく、さまざまな箱に分散して記帳される仕組みです。

暗号通貨は中央集権的な統制とはまったく無縁の存在です。この通貨の採掘作業の記録や取引事例は、数珠つなぎになった箱のどれかに入っているのですが、自分の口座番号を知っている本人以外の人がこの記録を探し出すことは、天文学的に煩瑣《はんさ》な作業です。こうして形成された巨大データの検閲、改ざん、不正使用も極度にむずかしいのです。

そしてもうひとつの利点が、よほど巨額の取引をしたり、頻繁に取引をしたりしなければ、無名のまま取引決済ができることです。これは「暗号通貨自体は結局バブル崩壊で総崩れになるが、ブロックチェーン技術は絶対生き延びるし、人類全体に大きな利益をもたらすだろう」とまで賞賛する人もいるほど重要なコンセプトです。

具体的には、暗号通貨それぞれについて箱ひとつのキャパシティが一杯になるか、決まった時間ごとに次の箱に移ります。ビットコインの場合は約10分ごとに1メガバイトという1箱のキャパシティを埋め尽くして新しい箱に移る決まりになっています。

そして、すでに閉めてしまった箱については開けるための鍵の役割を果たす暗号も閉めたときの鍵となった暗号も一般に公開されています。ところが現在情報が収集されている最中の箱を閉める鍵となる暗号は、この10分間で最新の宝を掘り当てた人が出てくるまでは決まりません。そして、この箱を閉めたときの鍵が次の箱を開けるときの鍵となって、箱と箱とのあいだの数珠つなぎ性が確保されています。このブロックチェーンという仕組みこそが、改ざんや二重使用の防止、あるいは個人的な金銭出納記録を徴税機構や大手金融機関などに掌握されず無名性を確保できるといった利点につながっているわけです。

Q　またまた話の腰を折るようですが、無名性というのはほかのビットコイン関連本で使っている匿名性ということばと同じ意味ですか？

A　まあ、結論を言えばそういうことになるのですが、私はふたつの理由から匿名性ということばは使うべきではないと思っています。

ひとつ目の理由は暗号通貨のなかには、意図的に保有者の身元を隠す工夫がされているものと、あまりにも多くの情報が分散された箱のなかにばらばらに入っていることの煩雑さ以外には保有者の身元を隠す特別な工夫はされていないものがあって、意味が違うことです。それなのに、どちらも同じように匿名性と呼ぶことによって、無用の混乱を招いていると思います。次章でくわしくお話ししますが、前者は**「秘匿性」**、そして後者は**「無名性」**と呼んではっきり区別すべきだと私は考えています。

ふたつ目の理由はとくに最近、自分の身元を隠して他人のウェブサイトに集中的な人身攻撃を仕掛けて炎上させるような、あまりにも卑劣な行動を「匿名攻撃」と呼ぶことが多くて、匿名というだけで何か非常に後ろめたいことをしているニュアンスがつきまとっていることです。

Q　なるほど、たしかに匿名ということばには暗いイメージがあります。でも逆に無名というと、取りたてて名前を呼ぶほどのこともない、身分や社会的地位の低い人たちという印象がありますが。

A　まさにそのとおりで、万葉集で言えば**「詠み人知らず」**の世界です。そして、私は市場経済もまた、詠み人知らずの世界であるべきだと思っています。つまり、誰が、いつ、何を、いくつ、いくらで買ったかなどという細かい情報はなくても、何が、いくつ、いくらで売れたという事実だけわかっていれば、市場は円滑に機能する。むしろそれ以上立ち入った情報を収集することは、無益どころか有害だと思っています。それが、次章のメインテーマになります。

Q　わかりました。その点については、次章でゆっくりうかがうことにしましょう。分散台帳技術についてのご説明をお続けください。

A　特定の個人が持っている口座の出納記録は、たとえばビットコインのように同じ暗号通貨を使って出し入れしているかぎり、必ずこの数珠つなぎの箱のなかのどれかに入っています。

でも、どの箱に入っているかは、出入金がいつ行われたか次第で決まってくるので、たまたまある口座に巨額のビットコインが入ったことを見つけた人が、この口座の過去の出納記録をたどろうとすれば、大変な労力が必要になります。何か月分もさかのぼって調べるとなると、労賃や電力代だけでもそうとうな金額になるでしょう。

ということで、「この分散台帳を使えば、中央集権的な統制に頼らずに、市場参加者の相互監視だけで検閲や改ざんや不正使用を許さない金融市場を築くという目的は達成できる」とサトシ・ナカモトは提唱したのです。実際には、あまりにも膨大な情報量が分散して記録されていますから、系統的に監視していくことは不可能に近いので放っておかれている、つまり相互監視というより、相互無関心といったほうが正確な表現かもしれませんが。

Q　でも、たとえば、国とか大企業とかが「どんなに大きな労力と電力をかけてでもシラミ潰しに探してやろう」と考えたとすれば、最終的にはできてしまうのでしょう？　それって、むしろ巨大組織と零細企業や個人とのあいだにある情報格差を拡大するだけではありませんか？

A　私も、ブロックチェーンという概念に初めて接したときには、「中央集権的な統制を排し、使用者相互の監視で不正や情報流出を防ぐ」という謳《うた》い文句とは正反対に、このシステムは情報収集能力の一層の寡占化を招くのではないかと感じました。

つまり、すでに閉じた箱については入り口の暗号も出口の暗号も公開されているのだから、丹念にひとつのビットコインの流通経路や、ひとつの口座のビットコインの出入りを追いかけていけば、膨大な労働力と高速大容量のコンピューター群を持った徴税機構や大手金融機関は、かなり詳細な情報を蓄積する一方、零細企業や個人にはとうていそんなまねはできないという情報格差が拡大すると懸念したのです。

ところが、それはビットコインを掘り当てるためのマイニングにどれほど大きな労働力と電力を必要とするかを理解していなかったための杞憂《きゆう》に過ぎませんでした。自分が設定した口座でビットコインの出し入れをしている人にとっては、帳簿の1枚目がどの箱にあり、2枚目がどの箱にありといった状況を把握することはかんたんです。でも他人がそれをするには、まず特定の人間がネット空間上に設定した口座番号を割り出さなければならないわけです。

ある試算によれば、最新の高速大容量コンピューターを使っても、ひとりの人間がやみくもな試行錯誤だけで他人の口座番号を探り当てるには6500万年かかるということになっています。まあ、試算した当人が2〜3桁の誤差はあると認めているのですから、下限を取って6万5000年ということになったとしましょう。これでも、とうてい個人でやれる事業ではありません。

それだけではなく、徴税機構や大手金融機関が1000人の人員と1000台のコンピューターをフル稼働させても65年、つまり2～3世代かかるわけです。そんな労力、電力、時間をかけて犯罪資金の洗浄や脱税目的での資金移動を追うよりは、はるかに効率のいい選択肢があります。たとえば、同じ労力と電力を新しいビットコインの採掘に使うことです。

Q　それだけの人手と電力をかけても引き合う大事業になっているのでしょうか？

A　はい、もちろん電力料金にもよりますが。たとえば膨大な火力発電所の過剰設備を持てあまして電力料金が非常に安い中国では、そのぐらい規模の大きな採掘業者が操業していて、十分利益を出しています。

Q　では、バブルがいったん崩壊したあと、ビットコインはどういう値動きをするかはわからないけれども、採掘業に専念していればそこそこ堅実な事業として維持できるということでしょうか？

A　いいえ、採掘事業の収益性がビットコインの価格と無関係に決まるはずはありませんから、採掘事業の持続性についても、ビットコインが現在の価格水準から大きく下落しなければという条件がつきます。

ちょうどいい機会ですので、ここではっきりさせておきましょう。この本はビットコインに関する投資指南本ではありません。どこをお探しになっても、「20XX年までにビットコインは何万ドルになる」とか、「何十万ドルになる」とかの予測はしていません。逆に「もうピークは過ぎたから、少しでも含み益の出ているビットコインは利益を確定するために売りなさい」とも、「多少の損失が出ていても、大損にならないうちに損切りをしなさい」とも書いてありません。

私がこの本で主張しているのは、いったいビットコインのどこがどう画期的なのか、そして、なぜこれほど事故や盗難事件の多い初期段階でさえ、こんなに多くの関心と需要を呼び寄せているのかということです。先ほども申し上げたように、ビットコインとは特定の人たちが「こういう仕組みを開発すれば、経済行動の効率を画期的に改善できるはずだ」という予測を立てて、その予測どおりの技術を開発したところ、当人たちの予測を上回るほど多くの人たちに受け入れられた、経済の分野では人類史上初と言える意図的に行われた大技術革新だと思います。

Q　おことばですが、ルネサンス以降の西欧文明が人類にもたらした数え切れないほどの発明発見、技術革新は全部素通りしてしまっていいのでしょうか？　それまでの、火の利用とか、農耕定住生活への移行とか、貨幣の発明とかは誰かが意図的にやったことではなく、経験の積み重ねで自然に発達したものばかりだというのはわかりますが……。

A　いいえ、素通りはしていません。ルネサンス以降の西欧文明の人類社会への貢献は、ほとんど全部自然科学系の技術革新です。人間同士の約束ごとである政治とか経済についての技術革新は、成功したのはだいたいにおいて、経験の積み上げで徐々に変わっていったものでして、誰それが考案したなんとか主義というものは、現実に適用してみると惨めに失敗したものばかりです。

Q　でも、資本主義は……？

A　資本主義の名付け親は、資本主義最大の批判者であるカール・マルクスです。そして、彼が痛烈な資本主義批判を始める前に、現在では資本主義的経済システムと呼ばれている、市場経済メカニズムを最初に解明したのが、アダム・スミスでした。その論旨は「モノとモノ、モノとサービス、モノやサービスとカネ、そしてカネと労働の交換は、市場での自由な売り買いで形成される価格で行われると、人類に最大の幸福をもたらす」のです。ただ、この理論はアダム・スミスが頭のなかで思いついたのではなくて、実社会を見渡した結果としての観察記録をきちんとした理論体系に定式化したということにとどまります。

Q　では、オプションとか先物とか、全体としてデリバティブと呼ばれている金融商品は？

A　ほとんど全部、江戸時代の**「米相場」**で経験的に開発されていたものばかりです。後年、欧米で類似商品が脚光を浴びた時期に発表された、なぜそれがうまくいくのかという論証には、かなり高度な数学が使われていますが。傑作なのは、そのなかでも評価が高いブラック＝ショールズモデルという論文の共同執筆者のひとりがロシア国債危機のときに、あまりにも非現実的な想定のもとで、危険な賭《か》けに大金を張って破綻したＬＴＣＭという投資会社の顧問をしていたという事実です。

Ｑ　優れた理論家が有能な実践家とは限らないわけですね。

それに引き替え、ビットコインは提唱者が考えていたとおりの立ち上げに成功して、しかも急速に普及したというわけですか。「意図的に行われて成功した、人類史上初めての経済技術の革新」というご意見の意味するところが、だんだんわかってきました。資本主義というのは、積極的に世の中をこう変えるべきだという主張ではなく、こうなってしまってはいけないという批判から生じたことばだというのも初耳なのですが、言われてみればたしかにそうかもしれないと思わせるところがありますね。

Ａ　資本主義が最高のレベルにまで発展したアメリカ社会の現状を見ると、「市場での自由な取引が資本の自己増殖衝動の使い走りになってしまうと、悲惨な世の中になる」というマルクスの資本主義批判は大筋で当たっていると感ずる方も多いのではないでしょうか。まあ、それではマルクスが提唱した共産主義が資本主義よりマシな対案になっているのかというと、ほとんど誰が見ても失敗と判断せざるをえないでしょうが。なお資本の自己増殖衝動というのは、十分すぎるほどの儲けを得ている大企業がそれでももっと利益を上げ、もっと設備を拡大し、もっと大きな企業になろうと努力し続けることを指しています。

ビットコインなどの暗号通貨は、2017年末の大暴騰から2018年1月の急落で脚光を浴びました。後世の人たちは、その後たかだか1~2世代のうちに各種の暗号通貨が各国中央銀行の発行する紙幣に取って代わって国際的な取引の標準的な決済手段となったことを、過去約500年間で最大の経済事件と評価することでしょう。

この転換によって、世界経済の流れが変わるだけではなく、各国の一般大衆が国家、一流企業、大手金融機関、大富豪たちに権力が集中する政治から解放されて、資本の自己増殖より人間が豊かに暮らせることのほうが大事だという平凡な事実を再確認するはずだからです。

第2章 ビットコイン・バブルと経済パラダイムシフトとの関係

キャッシュレス社会化キャンペーンの正体

Q　すみません。まだ「匿名」ではなく「無名」であることが重要なのだとおっしゃる意味がわかりかねているのですが。そのへんからもう一度ご説明いただけますか？

A　そのお話に取りかかる前に、ビットコインなどの暗号通貨の貨幣としての適性を欧米の金融メディアはどう見ているのかということから、始めさせてください。まず、77ページの表をご覧いただけますか。

じつはこの表、もとは「検閲への抵抗力」と書かれた8行目までと、左から3列目の不換紙幣までの一回り小さな表だったものに、私が「決済完了の同時性」という最終行と、「銀行口座振り込み、小切手、クレジットカード」という右端の列を加えたものです。

まず、ほとんどの日本人が考えた表なら、「検閲への抵抗力」という行はおそらく「改ざん・偽造への抵抗力」となると思いますが、この表ではそれは「確認しやすさ」という項目のなかの1属性に格下げされています。つまり、検閲への抵抗力はそれだけ重要なポイントなのだということを予告編にして、それぞれの項目をご説明していきましょう。

ビットコインは貨幣としての適性が高い

	ビットコイン	金（ゴールド）	不換紙幣	銀行口座振り込み、小切手、クレジットカード
耐久性	B	A+	C	A
持ち運びやすさ	A+	D	B	A
均質性	B	A	B	C
確認しやすさ	A+	B	B	D
分割性	A+	C	B	A
希少性	A+	A	F	D
歴史の検証を経ているか	D	A+	C	C
検閲への抵抗力	A	C	D	F
決済完了の同時性	C	A	A	D か F

出所：ウェブサイト『Medium』、2018年2月27日のエントリーに加筆して作成

Q　最初の耐久性ですが、もしお話しいただいたようにビットコインはデジタル空間に書き込まれた記号そのものが通貨なのだとすれば、どんなに丈夫な金属より耐久性は高そうな気がしますが？

A　そうですね。これは人間が間違いを犯し、物忘れをする動物だということを考慮にいれた上でのB評価なのだと思います。うっかり消してしまったり、口座そのもの、もしくは口座を入れてある財布の記号番号を忘れてしまったりしたら、それっきりという怖さがありますから。それではと写メで撮っておいたり、手書きやタイプ打ちで記録を残したりすれば、その順番に並んだ記号自体に価値があるわけですから、盗み見されないように保管するのもなにかと苦労しますしね。

Q　次の持ち運びやすさというのは、私が見てもいかにもという評価が並んでいます。ビットコインを入れた財布は、スマホでもノートパソコンでも、USBでもフロッピーディスクでも、そうとう莫大な金額が入っていても気軽に持ち歩けるのでしょうし、いかにもA＋って感じです。その便利さに比べると、紙幣はちょっと大きな金額になるとかさばりますからね。

A　いや、欧米、とくにアメリカではかさばるどころか、命に関わるような危険がつきまといます。

Q　次の均質性というのは、どういう意味ですか？

A　これは、大きなかたまりからどこを切り取っても、同じ重さや大きさであれば同じ価値を持つということです。いちばんよくこの特性を表しているのは、純度の高い金属です。一方、貴金属と似たようなものだと感じることが多い宝石は、全然この特性を持っていません。大きなダイヤモンドをまっぷたつに割ったら、どちらも半額よりはるかに低い評価しかされません。肉牛1頭を解体しても部位ごとの目方当たりの価格はまったく違います。

Q　ビットコインや不換紙幣は金に近い均質性を持っているけど、まったく同じように均質ではないというわけですね。銀行口座やクレジットカードは、まさか物理的に切り刻むわけではないでしょうし、同じ金額当たりの価値は同じなのではないですか？

A　同じ人や世帯の持っている口座やカードなら、同じでしょう。でも、銀行やカード会社は、違う人の持っている口座やカードの価値について、その人ごとにかなり大きな差をつけて評価しています。

Q　次の確認しやすさですが、ここでさっきもお話しいただいたように偽造や改ざんへの抵抗力もコミにして評価しているのですね？

A そうです。英数字合わせて62種類を20～30桁並べた記号が、偶然一致するということはありえないですから、ビットコインはここでもA＋評価です。金も慣れた鑑定家なら、似たような比重のタングステンのかたまりを金箔でくるんだだけというようなものは言うに及ばず、微妙な光沢や肌触りの差で、純度もかなり正確に見抜くそうです。ニセ札も慣れた銀行員ならまず見逃さないと言われています。

それに比べて、銀行小切手がきちんと口座に入っている金額で書かれているかとか、クレジットカードが期限切れじゃないかとか、サインは本物かといったことはけっこう間違いの入りこむ余地が大きいようです。それと、確認にかなり時間がかかることもあるというのも、大きな減点項目です。

Q 分割性というのもわかりやすい項目ですね。

A はい。サトシ・ナカモトがいかにビットコインの普及に自信を持っていたかは、補助単位を1BTCの1億分の1に設定したことに表れています。日本なら1円未満、アメリカなら1セント未満の硬貨は存在しないことを考えると、ビットコインは明らかに優位にあります。

ちなみに金は物理的にはかなり小さく分割できますが、風が吹けば飛んで行ってしまうし、うっかりそばで息を吸ったら呑みこんでしまうかもしれないし、持ち運びどころか保管も大変でしょう。

Q　次の希少性という項目は、かなり政治的なメッセージのこもった評価じゃないでしょうか？

A　はい。Fというのは、たんにアルファベット順でEを飛ばしてFというわけじゃなくて、失敗とか落第とかのFailureの頭文字です。ですから、不換紙幣は自分で希少性という貨幣にとってとても大事な属性をぶちこわすような愚行を演じているということでしょう。でも、もう中央銀行が紙幣を増刷すればインフレ率を高めることのできる世の中ではなくなっているのに、性懲《しょうこ》りもなく大増刷を続けているのを見ると、落第と決めつけたくなるのも無理はないでしょう。

Q　銀行口座やクレジットカードのDも、ちょっときびしすぎないですか？

A　いいえ、これは私の評価なのですが、自信を持っています。銀行やカード会社がいちばん喜んで口座を開設し、カードを発行するのは、ルーズで金払いの悪い客なのです。もちろん、結局取りっぱぐれということもあります。でも、貧乏人から取りっぱぐれる金額なんてタカがしれています。

それに比べて、ルーズで払いは遅いけど、それでも誠実に延滞金利をふくめて払う客は、最上級の〝上得意〟です。なにしろ、まともな融資ではめったに3パーセントを超える金利が取れない時代に、10パーセント台後半から20パーセント台の金利を取れるのですから。

Q　歴史の検証というのもわかりやすくて、新参者のビットコインがDなのに対して、金はA＋という評価までは納得がいくのですが、不換紙幣も銀行口座・クレジットカードも同列でCですか？　ここは不換紙幣のほうに1日どころか1世紀か2世紀の長がありそうな気がしますが。

A　なんとなくそう思ってしまいがちですよね。でも、不換紙幣がこれだけ世界中にばらまかれるようになったのは、1971年に当時のアメリカ大統領リチャード・ニクソンが米ドル金兌換の**「一時停止」**を宣言した以降のことですから、たった半世紀弱の歴史しかないのです。つまり、一般的な支払い手段として見れば、不換紙幣は銀行小切手より新しいのです。

それより前に不換紙幣が登場したケースでは、フランス王立銀行がミシシッピ会社を救済するために乱発したリーブル紙幣とか、第一次世界大戦後のドイツワイマール共和国のマルク札とか、何度もハイパーインフレの**〝元凶〟**になっています。私はむしろ、甘めの評価だと思いますよ。

Q　さて、やっと問題の「検閲への抵抗力」までたどり着きました。検閲ということばの響きだけでも

何かしら重苦しい感じがしますが、そんなに重大なことなのでしょうか？

A　はい。これは世界全体がデジタル化して、データの収集と保管、分類がどんどんやりやすくなり、膨大な人数の消費者について調べようと思えば、誰が、何を、どんな目的で、いくらで、何個買ったかといった情報をかなり細かく調べ上げることができるようになったために、ほんの1世代前とは比べものにならないほど重要性を増している項目です。

また、実体経済が弱体化している国や独裁政権下の国では、資金が国外に流出することを極度に警戒していて、とくに国境近辺での金額の大きな現金決済はいろいろ口実をもうけて厳重な監視下に置こうとします。

Q　**でも、この表は先進諸国一般に関する表ですよね。だとすれば、中国やベネズエラはさておき、先進諸国での不換紙幣を使った現金決済が検閲への抵抗力はDっていうのは、あまりにも低いのではないかと思います。**

まあ、金で取引決済をする身分になることは一生なさそうなので、金の評価もCと意外に低いのは、ふうん、そんなものなのかなあ程度の感想しかありませんが……。

A　いいえ、これは欧米諸国でほんとうに深刻な問題になっていることなのです。銀行口座・カード決済をFにしたのは、消費者個人の出入金を細大漏らさず調べ上げているので当然と思っていただけるでしょうが、銀行やカード会社だけではなく、警察や徴税機関もどんどん消費者支出の大半をきちんと記録の収集できる口座・カード決済に追いやろうとしています。

それが日本でも最近はやし立て始めた「いまや世界はキャッシュレス化している。この流れに取り残されたら、日本は世界の孤児になる」という一大キャンペーンの〝正体〟なのです。

そして、とくに北欧諸国ではできるかぎり現金決済が不快で面倒な体験になるように、あの手この手を使っています。ちょっと大きめの金額、たとえば日本円にすれば数十万円の毎月の家賃を現金で払おうとすると、賃貸管理会社に「払い出した銀行に行って、このカネは不正な手段で入手したものではないという証明書を取ってこい」とか言われるわけです。

アメリカでは、幸か不幸かそこまで陰湿ないやがらせをしなくても、社会全体がすさんでいて大金を持ち歩くのは危険だという事実が現金決済を十分すぎるほど不快な体験にしています。

Q　ほんとうですか？　北欧諸国というと税は重いけど、その重税が手厚い社会保障に生きていて、稼ぎのいい人も、そうでない人も、ほぼ平等に豊かでのんびり暮らしていると思っていたのですが……。

A　まず、税が重くなればなるほど、その税を逃れようとする人も増えて、かなり巨額の取引でも現金決済にして無名のままにとどまろうとするわけです。そうすると、政府は対抗策として、ありとあらゆる取引をできるかぎり証拠の残る銀行口座とかクレジットカードとかでの決済に仕向けようとする。これは重税国家では当然起きるイタチごっこです。

さらに豊かさは、所得よりはるかに大きく資産によって左右されます。そして累進課税のカーブが急になると、1世代ごとの税引き後所得はほぼ平等になりますが、貧しい家に育って一生懸命働いている人も、豊かな家に育ってあまり働かずに暮らしている人も、ほとんど同じ所得を稼ぐことになります。だから、資産格差が拡大するのです。

これは根拠のない話ではありません。人口100万人当たりの10億ドル長者の人数で言うと、スウェーデンは3・13人とアメリカ1・75人の2倍近くになっていて、香港、スイス、シンガポールに続いて世界で4番目に大富豪が多い国なのです。

売り手や買い手の氏素性、所得、資産が明るみに出ることで修羅場となる市場

Q　いや、日本ではめったに聞けないようなお話ですね。ただ、所得の多い人が「無名のままにとどまろうとする」というのは、ようするに脱税をしているってことじゃないでしょうか？

A　とはかぎりません。収入というのは、小口ならなんとかごまかせても、大口のものが税務署の眼を逃れ続けるのは不可能に近いです。だから、税務署が消費者の行動を細大漏らさず把

握しようとするときに注目するのは、だいたい所得に比べて金遣いが荒いのではないかというところです。

そして、実際に比較的多めの支出をしている世帯に対しては、ほぼ自動的に税務署のつかんでいない現金収入があるはずだと見て、所得税についてもさまざまな控除に関して、ほかの世帯よりきびしく査定する傾向もあります。

Q　検閲への抵抗力とは、国民全体がどこまで自分の経済状態をさらけ出さずにいられるかということでしょうか？　そういう意味で、「匿名で何かをする」のではなく「無名のままにとどまる」という表現にこだわっていらっしゃるわけですね？

A　まさにそのとおりです。そして、大勢の無名の売り手と無名の買い手から「いくらで売る」とか「いくらで買う」とかの叫び声が飛び交っているだけなら理想的な資源配分を達成できる市場メカニズムは、こうした売り手や買い手の氏素性、所得、資産が明るみに出るにつれて、**弱肉強食の修羅場**に変わってしまうのです。

Q　まあ、ご趣旨は想像がつきますが、そこまで言うと、あまりにもオーバーな表現になってしまいませんか？

A　いや、ほんとうにそうなのです。ごくふつうの小売商店が、現金決済からクレジットカードも受け付けるようになると、その店の収益構造にどういう変化が生ずるかを例にとって、ご説明しましょう。

まず、クレジット決済の売上には全部2～5パーセントのカード会社への手数料がつきまといます。2パーセントというのは、巨大チェーンを運営しているスーパーなどへの優遇手数料で、中小零細店舗の手数料は上限に近い率でしょう。その分だけ粗利益率が下がるわけです。なかには「レジを置き、釣り銭を用意し、受け取った代金を保管しといったことをやらずに済み、単品ごとの売上などの集計も全部カード会社がやってくれるので手間が省けるから、その程度の手数料率は安いもんだ」という店もあるそうですが、キャッシュレス化の太鼓をたたいている人たちのおっしゃることなので、私はあまり信用していません。

さて、収益率は下がったわけですから、もとの率に戻そうとするなら、値上げをするとか、原価が下がったときに値下げ幅を小さくするとか、何らかの方法で消費者にも負担をしてもらわざるをえません。

「どうせカード決済なら取られる手数料を払わずに済む現金決済の客に手数料率分の値引きをして、売上拡大で粗利益額を回復することはできないだろうか」と考えた店主がいたとします。この方針を実行に移すことができるでしょうか。カード会社のご機嫌を損ねるので、まず無理でしょう。逆に、現金客お断りとか現金決済は手間がかかるから割り増し値段にするとかの方針なら、カード会社も喜ぶでしょうが。

結局のところ、カード会社が儲ける分は、小売店が利幅を狭めるか、消費者が高い値段を払うか、そのふたつを組み合わせるかで負担せざるをえないのです。実際には、消費者が負担の大部分をしょいこむことが多いでしょう。

なぜそうなるかと言えば、無名の大勢同士と違って、身元のわかった同士の取引なら、経営規模・資産規模の大きいほうが有利であり、カード会社は個別店舗より有利で、個別店舗は個人客より有利だからです。

しかも、カード会社はこうした店舗から収集した膨大なデータを飯のタネとしてさまざまに活用しています。「もうそろそろ、あれを買わなきゃなあ」と思っていたときに、まるで自分の心を読んだようなダイレクトメールやeメールの広告が入ってきて驚いたというご経験はありませんか？

Q　あれはカード会社が手配してやらせているんですか？

A　とは限りません。最近、とくにデジタル広告業界の両巨頭、グーグル、フェイスブックのシェアが圧倒的に高いアメリカでは、グーグルやフェイスブック経由のことも多くなっています。でも、ビッグデータ収集力の大きな一握りの企業が圧倒的な情報優位を活かして「もうそろそろ、あのうちではこの商品を買うはずだ」と読んだうえで「効率のいい」宣伝広告を打っていることは間違いありません。

この点については、笑い話と片づけるにはあまりにも悲惨な実話があります。ある初老の男性のところに「ご懐妊おめでとう」というカードが届きました。その人が一緒に住んでいる未婚の娘さんを問い詰めたら、じつは妊娠していると白状したので激怒したというのです。娘さんは目立たないように長期にわたって少しずつベビー用品を買いためていたのですが、カード会社はそんなこともお見通しだったわけです。

Q　そこまで調べがついているなら、カードの名義は同じでも娘さんが使っているのだろうから、家族構成と娘さんの名前を確認してその宛名で送ればいいのにと思いますが、それはまたそれで、ますますグロテスクな情報一元管理社会の実態を見せつけることになるのでしょうね。

最終行の「決済完了の同時性」とはわかりにくい表現ですが、ようするにどういうことですか？

A　売り手がモノやサービスを買い手に引き渡すのと、買い手がお金を売り手に渡して、釣り銭があればそれも受け取るのが、ほぼ同時に進行するということです。この一連の作業を、売り手と買い手が同時に同じ場所にいて現金で決済するときのように手軽かつ正確にやってのける方法は、ほかにはありません。

クレジットカードだと、1か月に一度の締めの日まで宙ぶらりん状態になっています。銀行口座を通じた決済では、そこまでひどくはありません。けれども営業時間との兼ね合いで、その日のうちに終わるはずの決済が次の営業日にずれ込み、しかも、その次の営業日が週末をはさむ場合には2~3日かかってしまうこともあります。

ビットコインをはじめとする暗号通貨と商品やサービスとの交換取引の場合、決済完了の同時性を達成しにくいことが多いのです。とくにビットコインは、払い手の提示した英数字数十桁の記号がほんもののビットコインなのかどうかを確認するために、だいたいにおいて10分以上かかります。ときには数十分、数時間かかることもあるようです。

Q　でも、それって深刻な問題なのでしょうか?

A　皮肉なことに、現金排斥論者の皆さんが、こんな少額決済なら現金で決済することも大目に見てやろうという程度の金額なら、クレジットカードや銀行口座決済で時間的なずれが出てきても、大した問題にはなりません。ところが、大金がからんだ決済では、たった1日のずれでも大問題になることがあります。実際にはこういう高額決済は、証拠の残る銀行口座やカードで実行しなければならないと主張する現金排斥論者が多いのですが。

Q　そういう大幅な時間のずれに比べれば、長くても2～3時間程度の遅れで済むビットコイン決済は、ほとんどなんの問題もないと言っていいですよね。

A　とは言い切れないでしょう。たとえば、「ビットコインでのお支払いＯＫです」という看板を出している店で、お客さんがビットコインで支払いをするたびにほんもの認証を受けるまでの10分から数時間、レジのそばで待っていていただくというのは、どう考えても客商売ではむずかしいでしょう。

Q　ということは、ビットコインがふつうの現金同様にモノやサービスの代金支払いに使われるようになるまでには、まだかなり時間がかかりそうだということになるのでしょうか？

A　私もつい最近までそう考えていました。ところが、必要性があるところでは、技術革新もどんどん進むのですね。この点については、スイスとシンガポールの企業が合同で、ビットコインをかたちのある紙幣に変換して、小口利用できるシステムを開発したという報道がありました。２０１８年5月3日付で新聞各紙に公表された概要は、以下のとおりです。

「この物理的な姿かたちをもったビットコインは、タンジェム・ノート（紙幣）という商品名で、０・01ＢＴＣ（直近のレートで換算すると約96ドル、あるいは約1万５００円）と０・05

BTC（約482ドル、あるいは約5万2500円）の紙幣に、ほんものであることが承認済みのビットコインの英数字数十桁からなる記号を記載したサムソン製のチップが封入されていて、すでに1万枚が世界各国の協力業者や販売業者に発送済み」とのことです（ウェブサイト『Coin Telegraph』、2018年5月4日のエントリーより）。

Q　たんにビットコイン相場が高値で推移しているからなのかもしれませんが、小口といっても0・05BTCの480ドル強というのは、けっこう大きな金額です。

A　そこには、明らかにお金を使う側の人たちの「100ドル札より大きな額面の通貨があったら便利なのに」という需要があるからだと思います。じつは第一次世界大戦が終わりつつあった、いまからちょうど100年前の1918年には、アメリカで500ドル、1000ドル、5000ドル、1万ドル紙幣が発行されていました。さらに大不況まっただ中の1934年には金融業界向けに流通を限定して、10万ドルの金証書（全米12か所の連邦準備銀行に持ちこめば、持参人に10万ドル分の金を払い渡すという証書）も発行されました。

しかし、この1934年の金証書には当時大統領だったフランクリン・デラノ・ローズヴェルト特有の詐術があって、ほぼ同時に「アメリカ国民は金を保持、売買、輸出入してはいけない。手持ちの金は全部連邦準備制度か最寄りの銀行に法定価格の1トロイオンス20ドル67セントで売り渡すように」とする法律も連邦議会を通過していました。だから、この金証書は典型的な絵に描いた餅《もち》だったわけですし、没収同様に買い集めた金価格を大統領令で35ドルに値上げしたのですから、これだけでべらぼうな量の接収した金の評価を7割以上も上げて、莫大な含み益を確保したのです。

Q　それでは最後の約1000万円分の金との引換え券は別にしましょう。それでも、日本で言えば5万円札から100万円札までそろっていたという感じでしょうか。

A　いえいえ、それどころではありません。1910～20年代には、アメリカ経済の規模はいまよりずっと小さく、さらに米ドルの価値ははるかに高かったのです。現在の1ドルは、連邦準備制度が営業を開始した1914年の貨幣価値に換算すれば、たった4セントにしかならないと推定されています。その時代から、ずっと高額紙幣の需要はあったのに、1969年を境に連邦準備制度は100ドルを超える額面の紙幣をいっさい発行しなくなってしまったのです。

ぼったくりでしかないICOによる暗号通貨発行

Q　現在のアメリカ国民は20世紀半ばまでと比べると、はるかに小さな金額のドル札しか使えなくなっ

ているわけですね。いったいなぜ、そんな国民にとって不便に決まっている政策が延々と続けられているのでしょうか。

A 表向きの理由はころころ変わっています。インフレ率が高かったころには、「高額紙幣を見慣れていると桁数の多い数字に対する警戒心が麻痺《まひ》するから、高額紙幣を廃止する」などと、まことしやかに言っていました。

最近では「ほとんど誰もが銀行口座やクレジットカードを持っているから、口座振替やカード払いにすれば、持ち歩くだけでも危険な高額紙幣を使う必要がないからだ」といった主張が多いようです。高額紙幣を持ち歩くのが怖い世の中にしてしまったのは、第二次世界大戦直後の1946年に開催された連邦議会で、**「ロビイング規制法」**という名の贈収賄合法化法案が通ってから、アメリカ中が金権によって引きずり回される情けない社会になってしまったからなのですがね。

Q そのロビイング規制法というのはどんな法律で、アメリカ社会をどう変えたのでしょうか?

A これは、それまでいろいろ問題は抱えながらも上向きだったアメリカ文明を、一挙に下向きに変えてしまった、**〝分水嶺《ぶんすいれい》〟**のような法律です。この点に関しては第4章でじっくりお話しすることにしましょう。

ちょっと話を戻しますと、ビットコインを封入した紙幣の記事にはまた、シンガポールのフィンテック協会と日本のフィンテック協会が共同で技術開発をするという覚え書きに調印したこと、さらにシンガポールと中国のあいだではすでにブロックチェーン技術を使った決済手段で（おそらく米ドルを介在させずに）ガソリン貿易を行ったとも書いてあります。シンガポールは官民共同でビットコインやブロックチェーンの実用化に力を注いでいるのでしょう。シンガポールにしてもスイスにしても、軍事力や経済規模ではいわゆる大国にかなわないだけに、こうした有望そうな技術の開発に国運を賭けている熱気が伝わってきます。

それに比べると、日本ではわりと保守的な人たちが、ビットコインやブロックチェーンは中央集権的な政治・社会・経済制度に対する強烈な**「不信」**と**「挑戦」**を意味していることを知らずに、なんとなくムードでおみこしを担いでいる印象があります。まあ、これもいかにも日本的で歓迎すべき現象なのかもしれませんが……。

Q　結局、ビットコインは総合評価で金よりやや上、ただしやっと私にもことの重大さが呑みこめてきた検閲への抵抗力では抜群ということですね。これは、その他のさまざまな暗号通貨もほぼ同じと見ていいのでしょうか？

A　いいえ、かなり違います。ビットコインは世界初の暗号通貨ですから、規格が古めかしいとか、キャパシティが小さすぎるとか、いろいろ批判されています。そして、後続の暗号通貨には、こうした弱点と思われる部分に改良を加えたものもあります。たとえば、イーサリアムという暗号通貨は、ビットコインなら10分以上かかることの多いほんもの認証を受けるのに必要な時間が〝**数秒**〟で済むでしょう。

Q　となると、ビットコインは後続のもっと便利な暗号通貨に取って代わられるということですか？

A　ビットコイン本の著者のなかで圧倒的な多数派は、そう考えていらっしゃるようです。ところが、私はこの狭くて、いつもごみごみ混雑していて、何をするにも一見ムダな時間がかかることが、最終的にはビットコインが暗号通貨界の主流であり続ける理由になると思っています。

97ページの表をご覧ください。私の独断で代表的な暗号通貨と思うものを7つ選び、どういうところで特徴の違いが出ていて、それが通貨としての使い勝手の良さ、悪さにどう影響しているのかを整理したものです。

Q　最初の無名性についてはもうかなり詳細に議論してきましたが、下の2行が匿名性ではなく秘匿性となっているのは？

主な暗号通貨の特徴

名称	無名性／秘匿性 注1	発行に採掘は？ 注2	プログラムの書き加えは？ 注3	容量拡張難易度（Scalability）は？ 注4
ビットコイン	無名性	必要	不可能	むずかしい
ライトコイン	無名性	必要	不可能	やさしい
イーサリアム	無名性	必要	可能	やさしい
NEM	無名性	不要	可能	やさしい
リップル	無名性	不要	可能	やさしい
モネーロ	秘匿性	必要	不可能	？（おそらく困難）
Zキャッシュ	秘匿性	必要	不可能	？（おそらく困難）

注1）無名性（Anonimity、形容詞形はAnonimous）とは、とくに身元を秘匿するための細工をせず、雑踏の中に紛れていればだいたいにおいて無名のままでいられることを示す。一方、秘匿性（Clandestinity、形容詞形はClandestine）とは、意図的なニセ信号の発信（モネーロ）、あるいは通貨自体や発信者のハンドルネームや交信内容すべての暗号化（Zキャッシュ）などのかたちで、インターネット空間上の財布、口座、保有通貨、保有者の身元を隠す努力が行われていることを示す。

注2）採掘の不要化は発行者によるお手盛り分配や、箱に入れる通信内容の希薄化によるハッキング、検閲、改ざん、二重使用の危険を増す。

注3）プログラム書き加えの重要な応用分野である「スマートコントラクト」は、想定外のバグによる合法的な資産略取の可能性をはらむ。つまり、リバタリアンが唱えがちな「あらゆる仲介者は中間搾取者」という専門家不要論の底の浅さを暴露している。

注4）一見利点のなさそうな容量拡張の困難性が、じつは「雑踏の中の無名性」の強い味方となっている。

出所：ウェブサイト『Mish Talk』、2018年1月18日のエントリーに著者が加筆して作成

A　無名性と匿名性では一字違うだけなのに対し、秘匿性とすれば全然字ヅラも違うのでわかりやすいだろうと思ったからです。

ビットコインのように無名性を持つと書かれたものは、ブロックチェーンの1箱、1箱を開けたり閉めたりする鍵は暗号ですが、閉めたあとは一般に公開されています。そのなかに詰めこまれた個別の口座番号や交信内容をたどりにくいのは、純粋に大量な情報の詰まった箱があまりにも数多く存在しているからというだけのことです。

それに対して採掘で正解が出るたびにニセ情報を流すとか、通信内容まですべて暗号化するといった意図的な隠蔽《いんぺい》努力をしている暗号通貨は、明らかに「なるべく無名のままでいたい」程度ではなく、「絶対に他人に知られては困る」活動をしている人にとってとくに重要な通貨なのだろうと思います。

Q　次の採掘の必要性ですが、いままでのお話の経緯から暗号通貨には採掘という宝探しゲームが必要不可欠なのかなと思っていたのですが、そうではないのですね？

A　はい。この7つのなかではNEMとリップルは採掘作業抜きで暗号通貨を配布しています。具体的には、未公開企業が上場や店頭公開に際して新株売り出し（IPO）をするのと同じように、ICO（Initial Coin Offering）という新規公開通貨の売り出しをします。

ビットコイン本の著者のなかには、採掘作業がうさん臭いとか、大量の電力を消費するので環境に悪影響を及ぼすとかの批判に遠慮されたのか、あまり採掘作業を強調せず、なかにはＩＣＯと同じような手続きだと説明される方もいらっしゃいます。けれども、このふたつはまったく違う思想に立脚した通貨の出し方です。それどころか、私はＩＣＯによる通貨発行は**ぼったくり**だと信じています。

Ｑ　それはまた、かなり激しい表現ですが、なぜでしょう?

Ａ　ＮＥＭよりリップルのほうがやり口があくどいので、こちらでご説明しましょう。リップル社はもともと暗号通貨の発行体ではありませんでした。外国為替の両替のからんだ送受金サービスの会社で、この面では伝統的な外為市場と在来の送受金システムをかなり改善したサービスを提供していたようです。その際、あまりひんぱんに相対取引の行われないマイナーな通貨同士を交換して送金する場合、何回か両替をくり返してムダな手数料と時間をかけるより、どちらも同じ両替用に作られた通貨に替えてから送受金すれば、時間もコストも短縮できると考えました。ここまでは、何ひとつ文句はありません。

ただ、その両替用通貨として考案したリップルという（単位はＸＲＰ）新暗号通貨をなんと一挙に１０００億ＸＲＰも作ることにしたのです。採掘作業抜きですから、乱数表でも使って、次々に数十桁のデジタル記号を量産したのでしょう。ちなみに暗号通貨界最大手のビットコインは上限が2100万BTCと決まっていて、供給量を徐々に縮小しながら2140年までかけてこの上限に達する予定になっています。

リップルのほうは総発行高1000億XRPのうち650億XRPを1か月に10億XRPずつ小出しにICOでばらまいていくことにしたのです。ようするに人為的な希少性を演出して、なるべく多くのXRPをかなり価格水準が上がったところで売ろうということです。この企みはまんまと成功して、リップルが3ドル50セント近い最高値をつけた2017年末には、リップル創業家一族は全米第4位か第5位の資産家に成り上がりました。その後値下がりはして、直近では約70セントですが、それでも創業家がかなりの大富豪であり続けていることは間違いありません。たとえ1個70セントでも、とんでもない量を溜め込んでいるのですから。

NEMが狙われたのは偶然ではない

Q　なるほど、アメリカの新興企業の経営者にはえげつないやつがいますね。それで、NEMのほうはどうなのでしょうか?

A　こちらはICOで出た儲けを創業時からの社員一同で平等に分配したそうですから、かなりマシです。ただ、コインチェック社で大量盗難に遭った暗号通貨がNEMだったのは偶然ではないだろうと、私は見ています。

これはまったくの推測ですが、NEMのような採掘作業不要の暗号通貨のブロックチェーン1箱、1箱は入っている情報の密度が低いのではないでしょうか。だから、ハッカーも獲物を探しやすいのだと思います。

Q　次のプログラム書き加えが可能か不可能かというのは、どんなことを意味しているのでしょうか？

A　これについては、イーサリアムの考案者がじつにうまいたとえをしています。「ビットコインが暗号通貨界の金なら、イーサリアムは原油だ。金は貨幣としての価値以外には鑑賞用ぐらいしか使い道がないが、イーサリアムには送受信のときにいろいろなサブプログラムをつけることができるので、カネのやり取りのついでに契約を結ぶこともできる」というのです。

Q　たしか、NEMが盗まれたとき、善意のハッカーが付箋のついた1NEMを盗んだハッカーの口座に送って、その口座のなかにあったNEM全部に「これは盗まれたNEMです」という付箋をつけることに成功したという記事が出ましたね。ああいうことをできるのが、プログラム書き加え能力ということになるのですか？

A そうです。ただ、盗んだほうはしばらくアンダーグランドのネットに「いわく付きのNEMが入った口座を買ってくれないか」という掲示を出していたらしいのですが、結局この付箋を振りほどく技術を持った買い手が現れたようです。かなり大幅な値引きを呑まされたのでしょうがね。

Q ただ、この事件に関してははかばかしい成果が上がらなかったとしても、送受金と同時に契約条項もやり取りできるというのは、便利ですね。

A そうでしょうか。私は貨幣には貨幣以外の機能を持たせるべきではない、どこかで無用の混乱や利害対立を生むに違いないと思っています。その典型が「スマートコントラクト」なるものです。

ビットコイン本の著者のなかには、「スマートコントラクトとはあるデータシリーズが特定の値を取ったら、自動的に金融商品を売ったり買ったりする仕組みだ」と書いている方もいます。これは明らかに、あとでご紹介するアルゴリズム売買とスマートコントラクトを混同しているご意見です。

スマートコントラクトの根底に流れているのは、リバタリアン的な底の浅い社会観です。つまり、あらゆる仲介業務は **〝中間搾取〟** であり、こうした業者を飛ばせば売り手にも買い手にも有利な取引ができるというのです。

「契約を結ぶたびに、弁護士に難解な法律用語で文書を作らせ、公証人に立ち会わせるのに、大金を払っている。誰にでもわかるふつうの日常会話で契約を結べば、この手数料を削減できて、しかもわかりやすい契約書になる」ということで、実際にこの方式を使って会社でいえば定款に当たる規約を作って活動を始めたDecentralized Autonomous Organization（DAO）という組織がありました。分散自立型という組織のあり方の名称を自分たちの固有名詞に使ったわけです。株式会社と名乗る株式会社という感じですね。

最終的にどういう目的で設立されたのかは知りませんが、とりあえずかなりの金額のイーサリアムを活動資金として持っていました。その活動資金をメンバーのひとりが子会社的な組織を勝手に作って、そこに移転してしまったのです。しかも定款にはそういう行為を禁ずる条項も、罰則も規定していなかったので、まったく法律には触れずに行えた。

厳密な定義を知っている弁護士同士が、おたがいに自分の依頼人にできるだけ有利なように議論を戦わせながら契約を作っていくことにかなり高額の手数料を払うのは、こういう思わぬ落とし穴を避けるためには、必要な出費だと思います。

私がアメリカ経済は遅れた仕組みだと思うのは、「卸売業者一般は無用で、できれば小売も飛ばしたほうが消費者に安く製品を届けられる」といった主張がほんとうに実現してしまった構造になっている業界がけっこう多いことです。全盛期のビッグスリーが支配していた自動車業界とか、完全に大手メーカーの系列に沿って構成されていたガソリン業界もそうでしたが。

Q　でも卸を飛ばせば、消費者はその分だけ安く製品を買えるというのはほんとうでしょう?

A　ある暗黙の前提を認めればそうです。

Q　暗黙の前提と申しますと?

A　消費者はそのメーカーの製品だけを買いたがっているということです。いろいろなメーカーのさまざまな製品を比較して、そのなかからいちばん気に入ったものを買おうとすれば、メーカーに従属しない独立系の卸売業者と、その卸売業者と相談しながら品ぞろえをする小売店の存在は不可欠です。

Q　卸売店と小売店のマージンを上乗せされた価格を払っても……ですか?

A　結局は、なるべく気に入ったものを買うために高い価格を払うというコストを選ぶか、いちばん安いものを買うために気に入ったものを諦《あきら》めるというコストを選ぶかの、どちらが豊かな生活を送れるかということになりますがね。

少なくとも私が留学していた1970年代後半から80年代前半のアメリカで中層以下の生活をしていた人たちは「好みなどというぜいたくなコストは犠牲にして、とにかく安いものを買え」という教育におとなしく順応している人が多かったと思います。かなり大きなスーパーに行っても食パンというと置いてあるのは全米最大の売上を誇るワンダーブレッドというブランドだけという店がけっこうありました。そのパンがまた、ただひたすら軽くて柔らかいだけで、噛み応えも風味もゼロというひどい代物でした。クソ忙しい勉学の合間を縫って、小麦粉とイースト菌を買って自分でパンをこねていたことを思い出します。

Q　ほんとうにアメリカ社会がお嫌いだということは、よくわかりました。

A　いや、私だけが嫌いなわけではありません。私がまだアメリカ系の投資銀行の日本支社で株式アナリストをしていたころ、アメリカ本社から新米エコノミストが送りこまれてきました。たしか海外に住むのは初めてで、割と貧しい家に育ったけど、まじめによくお勉強をして、優秀な成績で一流大学の経済学部大学院を出た人間でした。彼が、日本に来てしばらく経ってから、しみじみ「日本に来て初めて、食事とは楽しむものだということを知った。アメリカにいたころはカロリー補給としか考えていなかった」と言ったのです。

かなり昔から、アメリカで人間らしい生活をできていたのは、高額所得を稼いでいた知的エリートと、他人の思惑などまったく気にせずに自分の信念を貫ける強靱《きょうじん》な精神力の持ち主だけだったと思います。

ビットコイン最大の魅力はすばらしいヘッジ性にある

Q　表に戻りましょうか。最後の容量拡張の難易度というのは？

A　ブロックチェーンの1箱ごとの通信量が増えたときに、かんたんにキャパシティを増やせるか、かなり困難か、事実上不可能かといったことです。

Q　これは当然、増やせたほうがいいでしょう？

A　ビットコイン支持者のあいだでも、この点が何度も争点になっているのですが、ブロックチェーンという技術では、深刻な対立が起きたら、数珠つなぎの箱を枝分かれさせて、異なる組織や通貨にすることができます。この表の2行目のライトコインは容量拡張をするためにビットコインから枝分かれした暗号通貨ですし、この表には入れませんでしたが、ビットコイン・キャッシュという暗号通貨もほぼ同じ理由で枝分かれしたものです。

ビットコイン本流のほうは、論争が起きるたびに容量拡張派に妥協するようなそぶりは見せるのですが、実際にはとても腰が重くてほとんどそのための努力をしていません。なぜなのか、考えてみました。

おそらくあとから一連の暗号通貨に関わるようになった人たちは発想が工学（エンジニア）的というか、技術おたくというか、何かしら制約があれば、まずどういう技術を使えばその制約を取り払えるかを考える傾向が強いと思います。一方、サトシ・ナカモトとその初期からの同調者には19世紀末の無頼派詩人たちのように、群衆のなかの孤独とか、雑踏のなかの隠遁《いんとん》とかに悲哀だけではなく、積極的な価値を認める人が多いのではないかという感じがするのです。19世紀末の無頼派詩人だけではなく、17世紀半ばのオランダのチューリップ熱（１６３７年）とイギリスの清教徒革命（１６４１～49年）の激動を共和派の闘士として生き抜いた詩人ジョン・ミルトンも、「人のひしめく都会も楽しい、そして人込みの喧噪《けんそう》も」と言っています。

Q　いつもぎゅうぎゅう詰めの箱のなかにいるからこそ、無名でいられる。ときには無頼なこともするし、既成の権威なんか屁とも思わないという人間像が、謎に包まれたサトシ・ナカモトの言動から浮かび上がってくるということでしょうか？

A　少なくとも、「中央集権的な管理や統制は許さない。対等なもの同士の自由な連携こそが、隘路《あいろ》に陥っている現代社会を救える」という気迫は、ひしひしと伝わってきます。

Q　そういうお話のあとでは、突然下世話な話題になりますが、金融商品として見た場合にビットコインの最大の魅力とは何でしょうか？

A　流動性の高い、つまり多くの資金を集めている金融商品のほとんどが、すでに第1章でお話ししたとおり、将来収益の展望が安定しているからではなく、すでに蓄積した資産の分配過程に入っているからという理由で変動性が狭まっています。そのなかで、例外的に変動性が高くてほかの金融資産との相関性が低いことが最大の魅力です。109ページのグラフをご覧ください。

2017年1月から2018年1月までの平均で、金もSP500株価指数も1日当たり2パーセントぐらい上か下に動いていました。ビットコインは年間平均で1日当たり5パーセントと2・5倍の変動性です。さらに、金とビットコインの値動きの相関性は0・054と、ほんの少しプラスです。SP500とビットコインの値動きはたった0・003とあるかないかの正相関に過ぎないのです。これは、非常に大きなポジションを作っている投資対象が壊滅的な打撃を受けたときも、ほとんどその動きとは無縁でいられる、すなわちすばらしい〝ヘッジ〟になることを意味しています。

ビットコインのボラティィリティの高さは悪名高いが……
ビットコイン、ゴールド、SP500株価指数の日次変動性
2017年1月～2018年1月

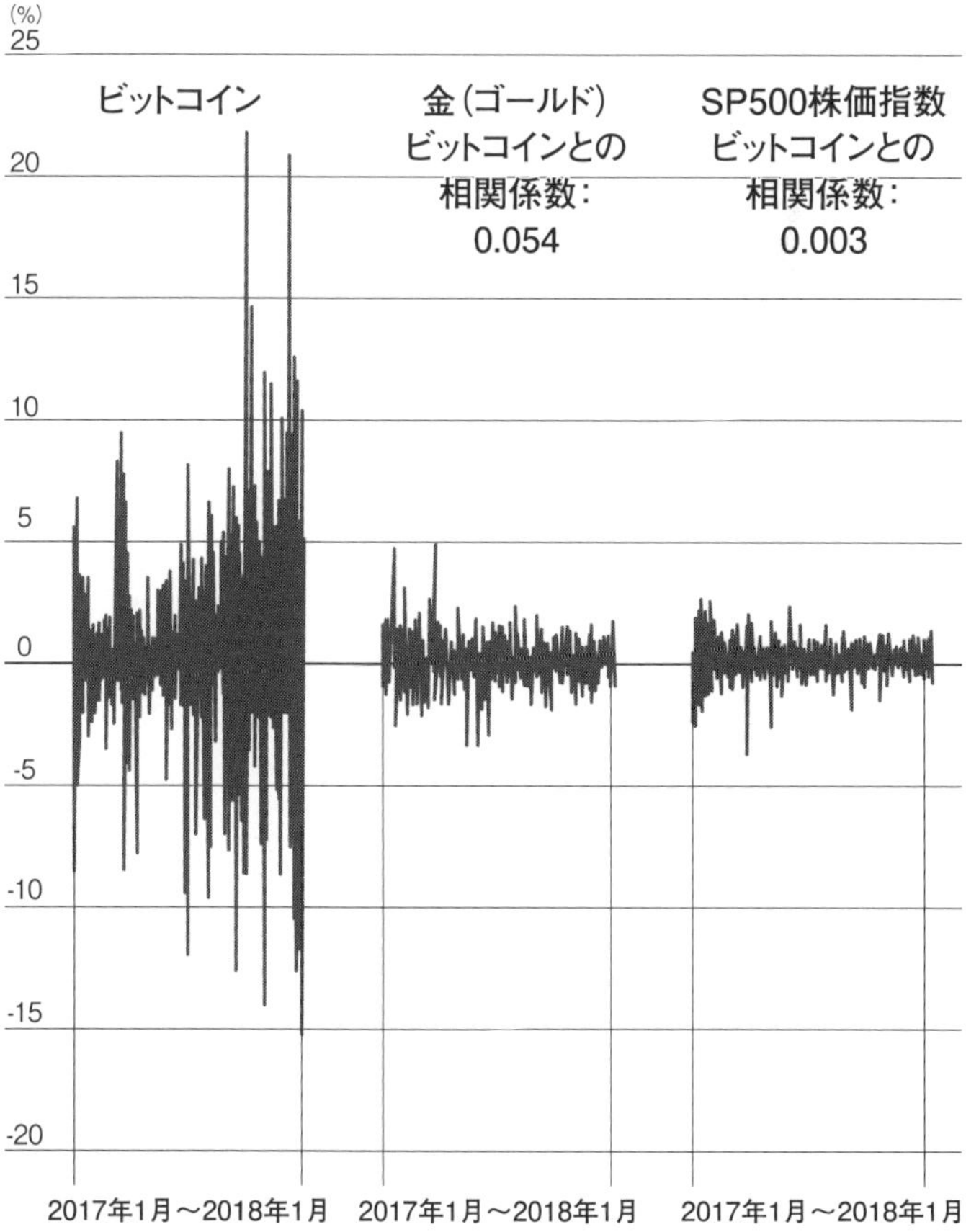

原資料：S&Pグローバル社、シティバンク・プライベートバンキング部門、ビットコイン・チャート社
出所：ウェブ版『Fortune』、2018年1月30日のエントリーより引用

Q　ヘッジをするには、正反対の動きをする、たとえば相関係数がマイナス0・8とか、マイナス0・9とかのほうがいいのではありませんか？

A　完全に逆相関を狙うのなら、買っている金融資産を売る、売っている金融資産を買うことで対応できます。プラスでもマイナスでも相関性が高いということは、同じ底流にある動きの影響を受けていることを示します。同じ要因の影響を受けてプラスとマイナスの両方向に動く金融商品を持っていて、両者が打ち消し合うよりは、まったく違う要因に突き動かされる金融商品を持っているほうが、分散投資によるリスク回避というヘッジ本来の目的を達成できるのです。

さらに、ビットコインの魅力をもっと長期的に見ると、現段階ですでにアメリカで最大の人口を擁する世代となっていて、今後ますます影響力を強めるであろうミレニアル世代が、政府や金融機関よりビットコインのほうが信頼できると考えているという強みがあります。

ミレニアル世代とマイノリティが経済的勝利をつかむ

Q　時々聞く表現ですが、ミレニアル世代とは、いったいどういう人たちのことなのでしょうか？

A　日本でいえば団塊ジュニアに当たる世代で、生まれたのは1984〜2000年、現在だいたい18～34歳になっている人たちのことです。112ページのグラフでご確認いただけるように、すでに第2勢力であるベビーブーマーの7380万人に1000万人以上の差をつけて8500万人という最大勢力となっています。

彼らは、物心ついたころに東アジア通貨危機・ロシア国債危機からハイテク・バブル崩壊を経験し、そろそろ就職を真剣に考えるころに国際金融危機からユーロ圏ソブリン危機を体験してきました。つまり人生の重要な節目で常に資本主義に裏切られ続けてきたので、アメリカ国民としては珍しく、株や債券に投資するのも、ローンを組んで家を持つのもイヤという、金融の世界を〝敵視〟する人の多い世代です。

加えて、借金はイヤという世代なので、クリスマスの出費をクレジットカードでまかなっても、所得や資産の安定しているベビーブーマーの次に一括払い比率が高い世代でもあります。ただ、就職難時代に仕事を始めた影響から、いまも比較的低収入の人が多く、一括払いができなかったケースでは、1年以上経ってもまだ完済していない比率もいちばん高いわけです。

その「投資も借金もイヤ」という世代が、ビットコインだけはアメリカ国民の保有者全体の58パーセントに達しているのです。ブルームバーグ通信によれば、「アメリカ国民の60パーセント近くがビットコインということばを聞いたことがあるが、わずか5パーセントしか所有していない」のです。少なくともそれが、「サーベイ・モンキー」という世論調査会社と世界ブ

ミレニアル世代は、アメリカ最大の人口グループとなっている

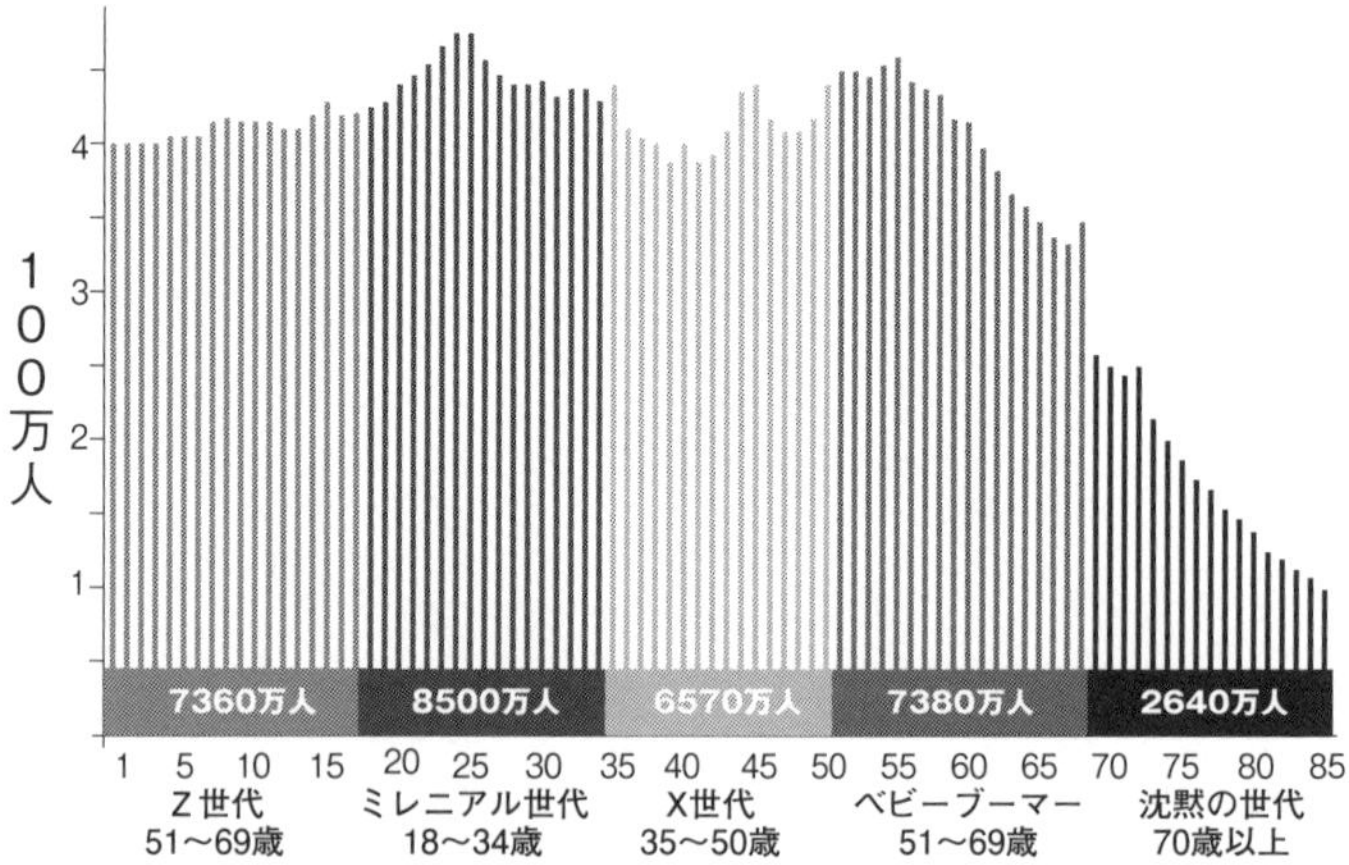

とくにミレニアル世代でクレジットカードの返済は遅延気味——2017年末時点での2016年クリスマス購入分支払い状況

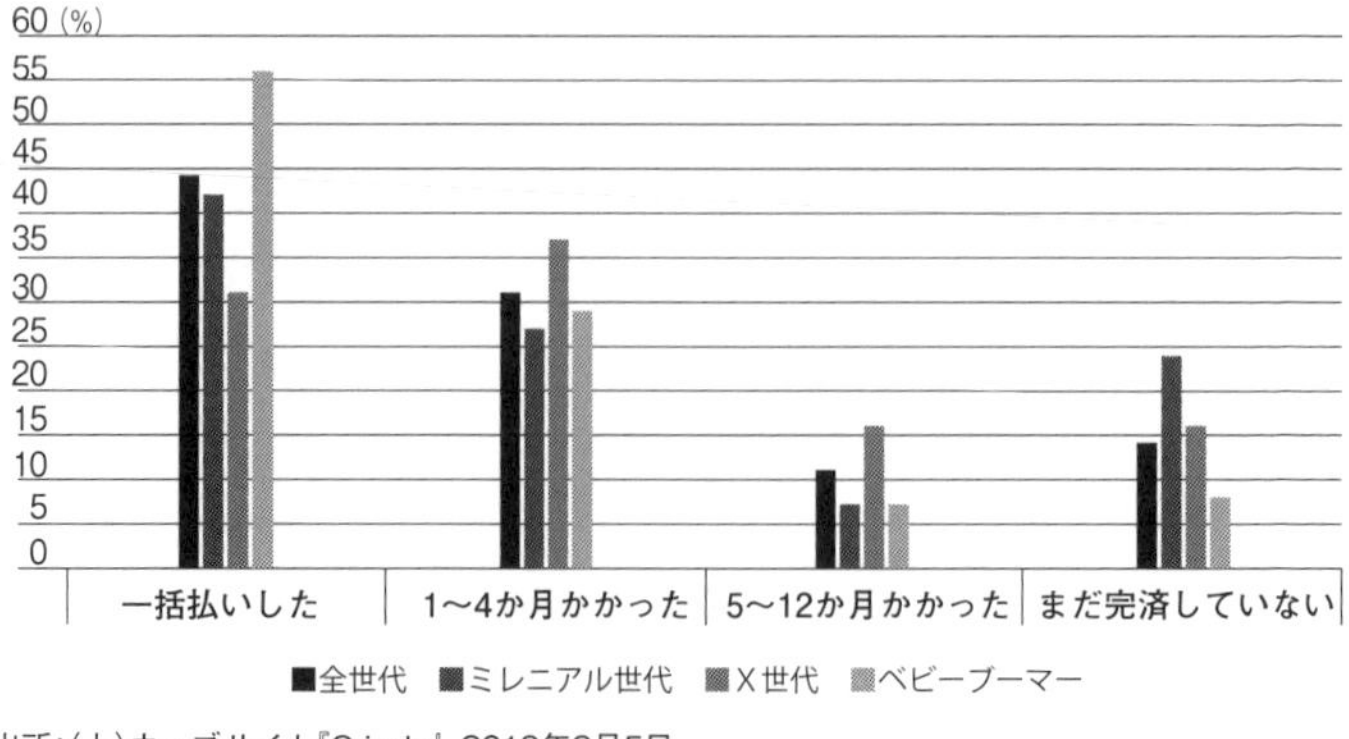

出所：(上)ウェブサイト『Grizzle』、2018年2月5日、
(下)『Mish Talk』、2018年1月30日のエントリーより引用

ロックチェーンビジネス協議会による調査結果なのです。

暗号通貨を所有した動機としては、「政府や中央銀行に対する信頼の欠如と、収益を求めて」という回答が多かったようです。ビットコイン所有者の約3分の1がビットコインは政府の規制を逃れる手段だと答え、別の設問では24パーセントがアメリカ政府よりビットコインのほうが信頼できると答えています。また、約2割が伝統的な金融資産が暴落した場合のヘッジになると見ていました。さらに、6割以上が暗号通貨を長期的な成長投資として購入したと回答しています。

アメリカ国民全体のわずか5パーセントというビットコイン保有層の人口構成には、かなり一貫した特徴があります。71パーセントを占める多数派が男性だというのは、ほかの金融資産よりやや男性に偏っている程度だと思います。しかし、18〜34歳という若い人たちが保有層の過半数、58パーセントを形成しているのは、おそらくビットコインだけの特徴です。

さらに、半数近い所有者がマイノリティだという事実も、資産関連の統計としては非常に珍しい現象です。黒人・ヒスパニックは、経済的には依然として**2級市民**扱いをされています。白人の年収中央値が約7万ドルなのに対して、黒人・ヒスパニックの年収中央値はほぼ半額の3万ドル台後半に過ぎません。アメリカでこの年収で生活をしていると、将来のための貯蓄とか、資産形成とかはまったくといっていいほどできません。

だから黒人・ヒスパニック世帯の資産中央値は、白人世帯の11万ドルの10分の1にも満たない、1万ドル前後なのです。そのほとんど何の金融資産も持っていない黒人・ヒスパニックも、ビットコイン保有率では白人とほぼ互角（47〜48％対52〜53％）なのです。

つまり、マイノリティの資産構成は極端にビットコインに傾斜しています。彼らはふつうに経済で張り合えば絶対勝ち目のない白人エリート層に対して、ビットコインでなら逆転のチャンスありと見ているのだと思います。私も株式市場の閉店セールが燃え尽きるころには伝統的な金融資産が総崩れになり、ビットコイン一点張りをしてきたミレニアル世代とマイノリティが**大逆転勝利**をすると見ています。

第3章

モノからコトへ、資本から労働へ、資源大国から資源小国への経済力移転が始まっている

すでに産業と呼べる規模に到達したビットコイン採掘業界

Q 金融資産あるいは投資対象として見た暗号通貨一般の話として、「暗号通貨は仮想空間に書きこまれた記号でしかないから無価値だ」という議論もあるようですが、どうとらえられますか。

A はい。「株なら将来の収益から分配される配当が期待できる。債券なら毎年一定の金利収入が入ってくる。一方、暗号通貨はデジタル空間上に書き込まれた記号に過ぎない。記号は配当も金利も生まない。だから暗号通貨の投資価値はゼロだ」というご意見ですね。これはまったくの**誤り**です。ものに価値が生ずるのは、別に将来の配当や金利収入への期待があるからというだけの理由ではありません。

比較的最近めったに出ないような大きなダイヤモンドで、ほとんど削らなければならないいびつな部分がないものが発掘されて、たちまち莫大な価値があると鑑定されました。これはモノ自体に希少性という価値があったわけです。

あるいは、世界各国の中央銀行が発行している紙幣は、額面どおりの価格のモノやサービスが買えるという信用に支えられています。これに関しては、ごく最近まで「日本なら円の紙幣や硬貨、そしてアメリカならドル・セントの紙幣や硬貨での支払いを拒否してはいけないという法律があるから、みんながその価値を認めている」という説もありました。同義反復のような気もしますが、法定通貨の価値の源泉は、法律によって守られていることにありという議論です。

ビットコインという発行体の身元も資産規模もわからないデジタル空間上の記号が、さまざまな国でその国の通貨で言えばいくらの価値があるかを、もう10年近くにわたって市場での売買が決めてきました。法定通貨ではなくても、さまざまな国でその国の通貨に換算すればいくらに当たるという評価が出ているわけです。

ずいぶん大幅に値上がりしたり、値下がりしたりしてきたけれど、まったく無価値だと思って値段がついているうちに売り抜けようとする人たちよりは、「まだ買える」とか、「ここまで安くなったら買える」と思って取引に参加する人たちのほうが増え続けています。

これは、いわゆるGreater Fool説でとらえるべき現象でしょうか？　要は、「こんな無価値のものをカネを払って買うオレはバカだ。でも、世の中は広いから、もっとバカなやつがいて、もっと高いカネを払ってオレを儲けさせてくれるだろう」という心理で価格が高騰し、もっと高く買ってくれるバカがいなくなったと気づいた瞬間に、暴騰していた価格が急落する。でも、価格が乱高下したモノ自体には一貫してなんの価値もなかったという議論です。

私が、ビットコインにグレーター・フール論は当てはまらないと考える最大の理由は、ビットコインはいままでの社会になかった機能を確実に果たしていることが実証されていて、その機能にはプラスの価値があると多くの市場参加者が認めているという事実です。

つまり従来、通貨というものは誰かがどこかで管理し、統制していないとうまく機能しないと思われていたのに、すでにビットコインをはじめとする各種の暗号通貨が実際に取引され、これらの通貨での支払いを受け入れる人たちが広範に存在しています。

現状を見ればビットコインは明らかにバブルの崩壊過程にあります。ところが、すでに第1章でご説明したとおり、バブルだから無価値だったとか、バブルだからネズミ講だったという議論は間違いで、世の中の画期的な技術革新はだいたいにおいて一度はバブル崩壊の〝**洗礼**〟を受けてから、本格普及が始まっています。

Q　眼で見て手で触れられる物理的なモノなら、客観的に存在するのか、集団妄想なのかを確かめる手立てがあるけれど、「管理人も統制者も存在しない通貨システム」というコンセプトは、ほんとうに実現しているのか、集団妄想なのか確かめようがないという議論もありますが、いかがでしょうか？

A　その議論自体は正しいと思います。しかしながら、人間社会、とくに経済関係は相互信頼によって成り立っている部分が大きいわけです。たとえば、これは金何グラム分の価値があるとか、銀何グラム分の価値があると売り手・買い手が合意して実際に金銀で決済すれば、相互信頼はほとんど介在しません。

ところが、政府が中央銀行に発行させた紙切れに書かれた数字がそれだけの価値を持っているかということになると、相互信頼抜きに取引は成立しないでしょう。そして、相互信頼と集団妄想を**〝客観的〟**に分別する基準はありません。法定通貨が流通するのは相互信頼、暗号通貨が流通するのは集団妄想として切り分けるのは、たんに自分の議論に都合のいいことば遣いをしているというだけのことです。

「赤信号、みんなで渡れば怖くない」というのは、小人数でやっているかぎり集団妄想であって、実行した人たちのうちで運の悪い人は痛い目を見るわけです。

けれども、非常に大勢の人がひっきりなしに赤信号で横断している道路に入ってしまった自動車の運転者は、たとえ自分は絶対悪くないと確信していても、突っこんで大勢の死傷者が出るのを見るよりは諦めて待つことを選ぶでしょう。そうなると「赤信号を渡っても大丈夫」という相互信頼が運転者の行動を変えさせたことになるわけです。

Q　結局、社会関係に関する考え方とか理論とかの価値は、どのくらい大勢の人が、どのくらい長期にわたって認め続けるか以外の判定法はないということになるのでしょうか？

A　そうですね。その程度のあいまいな基準で考えておいたほうが、絶対不変、唯一無二の価値があるとか、まだ発見されていないけれどもあるはずだとか考えるより、健全なのではないでしょうか。

そういう視点から見ると、ビットコインを採掘するためにすさまじい頻度でくり返されるハッシュ関数の演算がもう立派に〝産業〟と呼べる規模を持っていることは、ビットコインの普及が集団妄想ではなく相互信頼に立脚した現象だったことを示唆していると思います。初期には、ふつうのノートパソコンでも十分採掘作業ができていたそうです。しかし、いまでは専用アプリを組み込んだ高速大容量のコンピューターでなければ、とうてい激化する一方の採掘競争について行けません。

現在の設計思想で作り続けていくかぎりでは、IC（集積回路）をできるだけ小型化した究極のかたちが、7ナノメートル（1ナノメートルは10億分の1メートル）単位の製品だと言われています。この規格のICはもう実用化されているのですが、7ナノICの約8割はアップル社が購入しています。そして、シェアは4パーセントながら3位か4位につけているのがビットメイン社という、ビットコイン採掘専用アプリ付き高速大容量コンピューターの製造・販売と採掘作業を行っている中国の会社なのです。

つまり、ビットコイン採掘業界は、最先端技術で製造されているICの大口需要家を出すほど大きな産業に育っているのです。なぜこれほどまでに成長してきたかを納得させてくれるの

ビットコイン対ゴールドのコストと市場価格
ビットコインは2017年秋、ゴールドは2016年の年間平均

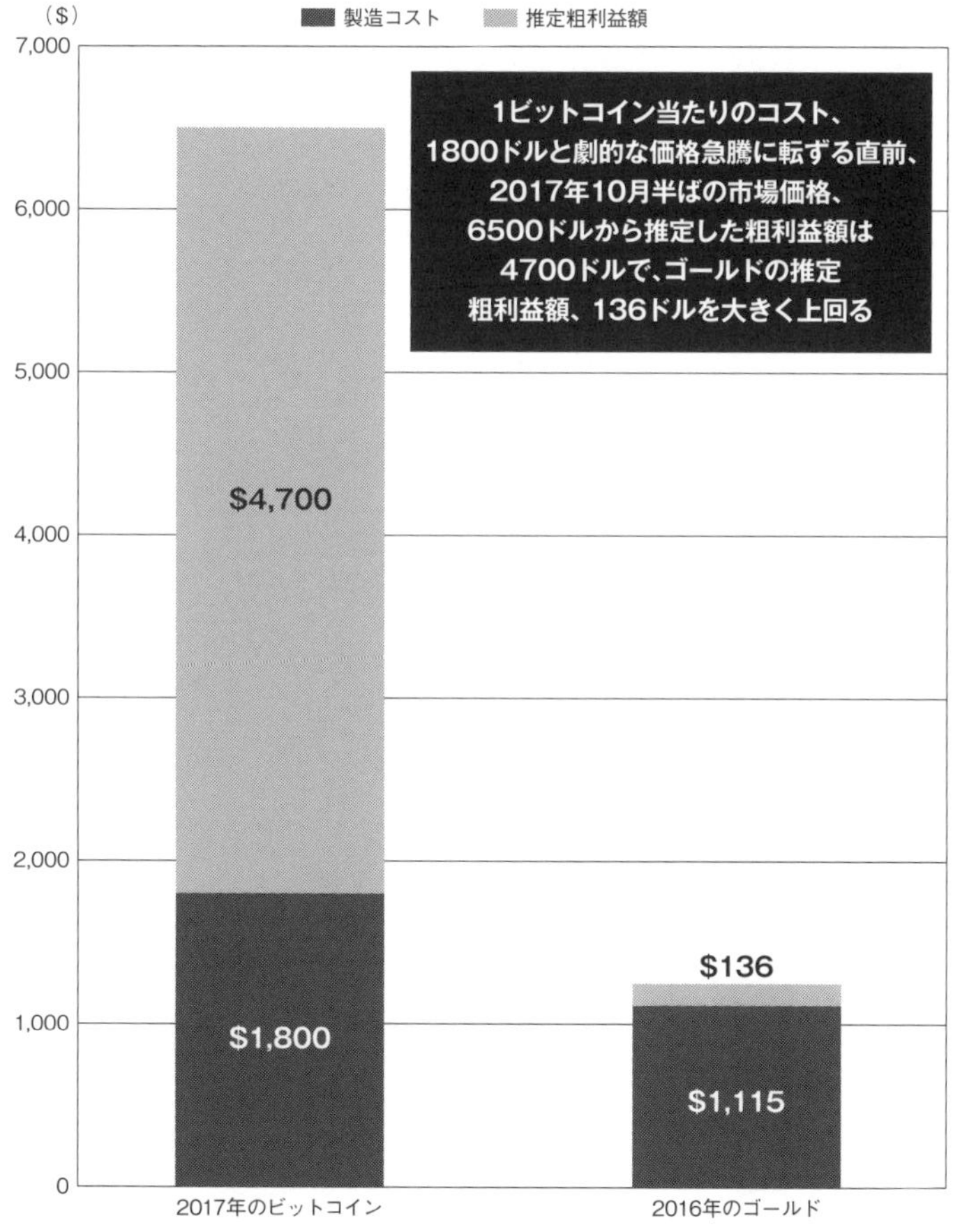

原資料:マーク・ビヴァンド主宰の『mrbブログ』、金山経営のバリック社、同ニューモント社、ゴールド・フィールズ・ミネラル・サーヴィシズ(GFMS)社刊『ワールド・ゴールド・サーヴェイ 2017年版』
出所:ウェブサイト『SRSRocco Report』、2017年12月22日のエントリーより引用

が、121ページのグラフです。

Q　うわあ、ビットコインのほうはコストと粗利益額が逆なんじゃないかと思うくらい粗利益額が大きいですね。

A　はい。金1トロイオンス当たりの推計粗利益率が2016年の年間平均値で10・9パーセントだったのに対して、2017年10月末時点での1BTCを採掘した場合の推定粗利益率は72・3パーセントでした。その後、ビットコインのほうは1万9000ドル前後まで値上がりしてから急落し、2018年5月半ばの価格は約8300ドルとなっています。

製造コストのほうは急激な上昇も下落もなかったと思われますので、粗利益率が70パーセント台を維持しているか、ひょっとすると80パーセント近辺に上がっているかというのが、現状だと思います。

世界のビットコイン採掘現場が極端に中国に集中している理由

Q　これほど粗利益率が高いのなら、もっと新規参入が増えて粗利益率を押し下げそうな気がしますが。

A　大ざっぱに言って、そうならない理由は3つあります。

まず、現在新規参入を考えるとしたら、かなり多くの高速大容量コンピューターをそろえなければなりません。その設備投資をしてから、ビットコインがなくなるとか、生き延びるにしても製造コストよりずっと低い、1000ドルとか500ドルの価格帯に定着してしまったら、損失も大きいこと。

ふたつ目は、大量の電力を消費するので、大口電力料金が中国の1キロワット時当たり2セントとか3セントとかのすさまじい低価格に対抗できる水準でないと操業維持がむずかしいこと。

3つ目は、ふたつ目と関連して「それでは中国で操業しよう」と考えた場合、ビットコイン取引所を全面閉鎖に追いこんだ中国政府が、採掘会社にも突然廃業を命じるかもしれないという不安です。あとでご説明しますが、現在の中国電力業界にとってかなりの安売りになってもビットコイン採掘は大事なお得意さまなので、この懸念はまったくの杞憂《きゆう》だと思います。

Q　採掘に使う電力は、どのくらい大きいのでしょうか？

A　124ページ上段のグラフが、その規模を示しています。1テラワット時というのは、10億キロワット時ということです。そして、2017年のビットコイン採掘業界の電力消費量は11・2テラワット時と推計されています。リトアニア1国の消費量よりちょっと少なく、パラ

ビットコインのエネルギー消費は膨大

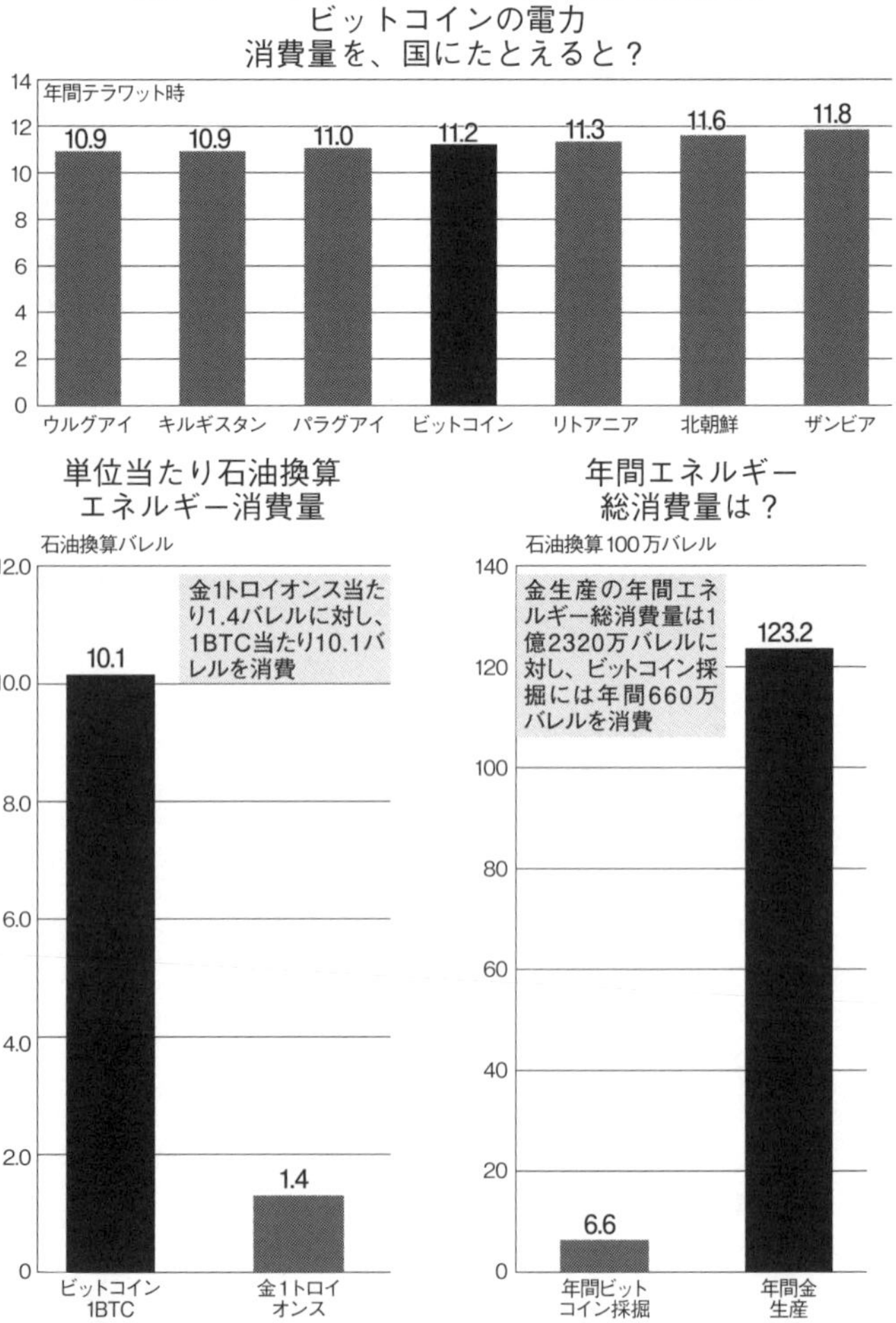

原資料:mrb' s Blog、米連邦エネルギー省エネルギー情報局『世界エネルギー統計　2017年版』、GFWS『世界ゴールド調査　2017年版』よりSRSRocco Reportスタッフが作図
出所:ウェブサイト『SRSRocco Report』、2017年11月1日のエントリーより引用

グアイ1国の消費量よりちょっと大きい水準となります。ただ、世界最大の電力を消費している中国が5300テラワット時、2位のアメリカが3900テラワット時、4位の日本が930テラワット時ですから、こうした電力消費大国に比べればまだまだかわいいものだとも言えます。

124ページ下段は、ビットコイン採掘に使う電力と金採掘に使う全エネルギーをともに石油の量に換算したらどうなるかを比べたグラフです。1トロイオンスは約31グラムですが、その31グラムの金を採掘するのに必要なエネルギーが石油1・4バレル分で済んでいるのに、デジタル空間に書き込まれた30桁前後の英数字の組み合わせを採掘するのに必要な電力は、石油に換算すると10・1バレル分にもなります。

ただ現在のところ、ビットコインの総採掘量は金の総採掘量よりずっと小さいので、年間に採掘するビットコイン全部に使った電力量は石油660万バレル分と、金採掘業界全体の消費エネルギー量1億2320万バレルとは比較にならないほど少ないのです。

Q　中国の電力料金は、そんなにほかの国々の料金より安いのでしょうか？

A　全用途での平均価格は、1キロワット時当たりでドイツが33セント、イギリスが24セント、アメリカが21セントぐらいなのに対して、中国は8セント程度です。さらに、世界中どこでも大規模工場などの大口顧客に適用する料金は平均よりはるかに安いのですが、中国の場合、送電線網も劣弱なら近辺に大口顧客もほとんどいない場所に建てた火力発電所では、1キロワット時当たり2～3セントぐらいという超低料金で供給しているようです。

Q　それは製造業振興のためなのでしょうか？

A　そうお思いの方が多いのですが、最大の理由は電力が恐ろしく足の速い**生もの**だということです。いったん作ってしまったら早めに売らないとどんどん消えていくので、操業を安定させてくれる大口客には大サービス価格で売っています。1キロワット時当たり平均16セントとおそらく先進諸国のなかではもっとも電力料金の低いカナダでも、ウィニペグの大口料金は5セントで、これなら中国とも競争できるかなという水準です。

1日当たりの価格変動性が5パーセントと、さまざまな金融商品に比べて突出して高かったビットコインの30日（1か月）当たりの変動性は80～100パーセントなのです。ところが送電線網が充実しているアメリカで、電力銀座とも言えるほど取引の盛んなウェストハブという場所の電力料金の30日当たり変動性は150～200パーセントでした。一見、上がるときには月に2・5倍から3倍上がるように見えますが、下がるときには100パーセントを超えた下げはないので、上がるときには4～5倍上がるのだろうと思います。取引が多いので価格変動性はかなり低くなっているはずの場所であっても、それほど激変するのです。

大都市圏に送電するネットワークもなかったり、送電ロスが多かったりする中国の山奥に作ってしまった発電所などでは、あてにしていた大口客が突然操業を停止したら、ただ同然の捨て値大廉売をしてでも、とにかく買い取ってもらわなければならないわけです。

中国全土の発電所の平均稼働時間は2012〜13年ごろまではピークの7〜8月にかろうじて1日14時間、それ以外はほぼ半日以下の稼働、その後は1年中半日しか稼働していないという状況です。ひとつの発電機を動かしたり止めたりしていたらロスが大きいので、いくつかの発電機を置いてあるところでは稼働中の発電機と休眠中の発電機が共存し、ひとつしかないところでは全面休眠のところも多いでしょう。発電機は休ませると稼働中のときより劣化が早いので、稼働／休眠の振り分けも大変だと思います。

Q　なぜそんなに膨大な発電能力を余らせてしまったのでしょうか？

A　欧米でも日本でも似た傾向がありますが、とくに中国では「経済が発展するということは、製造業が拡大することだ。さらに経済が豊かになるほど、オフィスでも、店舗でも、住宅でも電力消費量が増加する。だから、どんどん発電能力を増やしておかないと、せっかく大工場、高層オフィス、大型店舗、大型集合住宅を建てても、電力供給が追いつかなければ使いこなせない」という固定観念、というより〝強迫観念〟に取り憑《つ》かれていたのです。

出世競争に不可欠の地方まわりをする共産党幹部候補生たちの履歴書に、「当地赴任中に大型発電所建設を指導」の1行があると経歴にぐっと箔《はく》がついたという要因も大きかったのでしょう。

というわけで、129ページの地図グラフでおわかりいただけるように、現在世界のビットコイン採掘現場は、極端に中国に集中しています。

意味深な周小川・前人民銀行総裁のことば

Q　なるほど、111メガワット時で、2位ジョージアの60メガワット時の2倍弱、3位アメリカの27メガワット時の4倍強ですか。圧倒的なリードですね。でも、たしか2017年9月に中国政府が暗号通貨取引所のいっせい閉鎖を命じたときには、「次は採掘場の閉鎖だろう」と予測する人が多かったと記憶していますが……。

A　ほんとうに何を考えているのかわからない人たちですね。中国はいずれ発電能力について莫大な金額の除却損を出さざるをえなくなります。現在、余剰能力を吸い取って、その来たるべき除却損の金額を小さくしてくれるのはビットコイン採掘場ぐらいしかありません。

ビットコイン採掘の本場は中国
暗号通貨採掘場世界地図

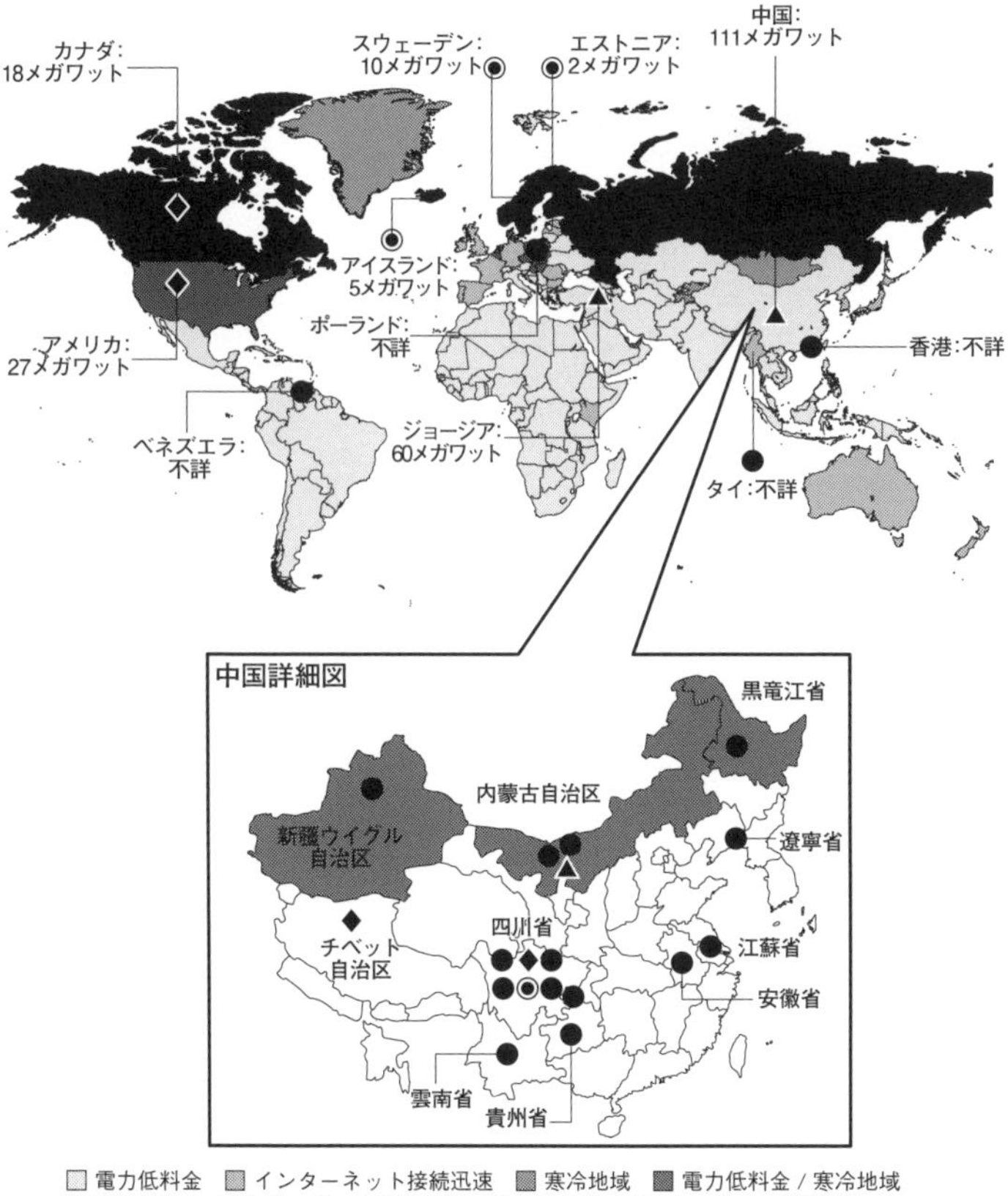

□ 電力低料金　■ インターネット接続迅速　■ 寒冷地域　■ 電力低料金 / 寒冷地域
■ 電力低料金 / インターネット接続迅速　■ 寒冷地域 / インターネット接続迅速
■ 電力低料金 / 寒冷地域 / インターネット接続迅速

公表された採掘施設電力容量
●電力容量不詳　◉10 メガワット以下　◆11 ～ 50 メガワット　▲50 メガワット超

原資料：ケンブリッジ大学データをSouth China Morning Postスタッフが作図
出所：ウェブ版『South China Morning Post』、2018年1月18日のエントリーより引用

習近平の終身国家主席就任直前まで人民銀行総裁をしていた周小川《しゅうしょうせん》氏は、「暗号通貨を趣味で持つのはいいが、取引してはいけない」とコメントしています。取引所が完全に閉鎖された中国で暗号通貨を「趣味で」集める方法は採掘しかありません。つまり、「取引所は全面閉鎖させたけれども、採掘事業をやめさせる気はない」と明言していたのです。

また、中国には初歩的なコンピューター操作能力なら持っているけれども、非正規・不定期労働しかできない労働力も豊富に存在しています。大卒でも、窓も換気口もない地下室でその日暮らしをしていた「アリ族」と呼ばれる人たちです。この超低価格電力とまともな勤め先の見つからない労働力を大量に消費してくれた上に好採算のビットコイン採掘事業は、強蓄積・高投資で製造業強化路線を突っ走ってしまった中国指導部にとっては、自分たちの経済政策の〝失敗〟を一時的にでも覆い隠してくれる救いの神なのです。

アリ族にとっては、山奥のタコ部屋みたいな採掘場に閉じ込められて、おそらくは昼夜2交替でハッシュ関数演算を続ける過酷な仕事でも、とにかく定職と安定収入を確保できるのは歓迎していたでしょう。

ビットコイン採掘という仕事をやめさせた場合、中国政府はそれに代わる安定した職を確保してやれる政策を準備できるでしょうか。日本だけではなく、世界中の暗号通貨ウォッチャーたちは、なぜ中国政府みずからビットコイン採掘事業を閉鎖させる愚行に走ると思ったのか、想像もつきません。

Q　ちょっと迂遠な議論かもしれませんが、まず中国の資源浪費が世界中でエネルギー資源が枯渇する懸念を高めているとか、さらに石油、石炭、天然ガスといった化石燃料を燃やして発電することによって地球温暖化の危機を深刻化させているとかの国際世論に配慮して、そろそろ先進諸国の良識派へのうけを狙い始めた、あるいは少なくとも暗号通貨ウォッチャーたちはそう見ていたという可能性はありませんか？

A　そのご発言の最中にお気づきになったかもしれませんが、エネルギー資源の枯渇と地球温暖化危機説は、両立しません。どちらかが深刻なら、もうひとつは大した問題ではないという構造です。先進諸国はもう、国民1人当たりエネルギー消費量が低下している時期のほうが経済成長率は高いという時代に入っているので、エネルギー枯渇論が意味をなさないのは明らかだと思います。

ということで、この問題を取り上げるとすれば、地球温暖化危機説の是非を語らなければならないのですが、どうしましょうか。

Q　と申しますと？

A　いや、本気で取り上げるとすれば本1冊書かなければならないほどの問題ですが、およそ世間の皆さんが常識と思っていらっしゃることと正反対の議論なので、できれば素通りしたいなと思っていたのですが。

Q　そこをなんとか、さわりだけでもお願いできませんでしょうか？

A　しょうがない。やりましょう。まず、地球というのは掛け布団のように地球をすっぽり包んでいる、地表から上空約500キロメートルという厚さの大気圏までひっくるめて考えるべきですが、そういう意味では、地球は温暖化していません。もちろん氷河期と間氷期の交代をくり返しながら、徐々に冷えていくのでしょうが、それはわれわれが気にかけても仕方がないほど長い時間枠での話です。

その一方で、薄皮まんじゅうの皮1枚程度、具体的には海抜2000～3000メートルの地表は確実に温暖化しています。理由は、化石燃料を燃やすことによる空気中の二酸化炭素の増加ではありません。むしろ空気は温度が上がるほどあらゆる成分を大量に抱え込むことができるので、空気中の微少な構成要素である二酸化炭素の含有量も増えているだけのことです。

それではなぜ、地表が温暖化しているかといえば、最大の理由は先進諸国でほぼ完全に建物や住宅の冷房が完備され、1970年代以降は自動車も夏は冷房をかけながら道を走るようになったことです。ご存じかと思いますが、発生した熱を冷ます技術は存在しません。人間にできることは拡散するのを待つか、冷媒で固めてほかの場所に移すかだけです。

そして、自動車が冷房をかけながら走るということは、密閉した空間にこもった輻射《ふくしゃ》熱、エンジンの廃熱、冷房のために追加的に起こした熱を全部まとめて路上にまき散らしているということです。１９６０年代までの自動車のように、夏は天気が良ければ窓を開け放って風を入れながら走る程度で我慢していれば、大都市圏や幹線道路に沿った地域の地表温度が毎年上がることもほとんどなかったでしょう。

Q　じゃ、二酸化炭素排ガスの規制は？

A　まったくといっていいほど効果はないでしょう。クルマに乗る人が夏の自動車は暑いものだと諦めるか、人類全体が毎年夏の暑さはきつくなるものだと諦めるか、それ以外の解決策はないと思います。

私にとって興味深いのは、この問題では20世紀を通じてまさに車の両輪のようにアメリカ経済を牽引してきた2大産業がまっぷたつに割れていることです。つまり、自動車産業と石油産業は、この問題に関するかぎり〝敵対〟しています。

Q　もちろん、自動車産業は地表温暖化の責任を感じて電気自動車の開発で温暖化を防ごうとし、石油産業は石油の消費量を減らさないために温暖化は存在しないと言い張っているわけですね。

A　一見そう見えますよね。でも反対です。自動車産業は、電気自動車が普及してもそれで化石燃料の消費量が減るわけではなく、むしろ電気自動車のエネルギー効率の悪さのせいでますます化石燃料の消費量は上がると見込んでいます。そして、自動車に依存した交通体系を守るためには多少の地表温暖化は我慢して、いままでどおりのライフスタイルを消費者に続けてもらうしかないと腹をくくっています。

Q　えっ、自分は、電気自動車は化石燃料車よりずっとエネルギー効率がいいものだとばかり思い込んでいましたが、それは誤りということですか?

A　最後の1段階、つまりエンジンの往復運動を車軸の回転運動に変える必要がなく、モーターの回転運動をそのまま伝えればいいところだけはエネルギー効率に優れています。ところが、その前段階ではエンジン車が自前の燃料を燃やしてピストン運動を起こすときに廃熱が出るだけなのに対して、電気自動車は発電時にエネルギーの半分ぐらいは廃熱になるところから始まって、送電でロス、充電所に溜めてロス、車載蓄電器に入れてロス、そして溜めた電気でモーターを回すときにロスと、エネルギーの大半をモーターを回す〝前〟に失っています。

しかも、太陽光発電とか風力発電はあまりにも発電効率が低いうえに、いつ稼働するかは天候次第、風力風速次第で、需要のピークや閑散期とはまったく無縁に作り出されてしまいます。電気の保存が利かないという商品特性を考えると、本気で電気自動車を普及させようとしたら、電力そのものは需要ピークに合わせて発電量を上げられる火力のなかでも、価格が安くて、有害廃棄物の少ない天然ガス発電に回帰せざるをえないでしょう。

資源浪費に走った中国モデルを追わなかった新興国

Q　結局、電気自動車が実用化すれば石油需要が減るから、石油業界は電気自動車を普及させようとしている自動車業界と対立しているというわけでしょうか？　でも、石油大手は天然ガスの大手でもあるし、自動車業界への反発から化石燃料利用の削減を唱えるのは、あまりにも幼稚で自分の首を絞めるような方針だと思います。

A　いいえ、石油業界はもう今後化石燃料需要全体が減少するのは避けられないというところまで読み切っています。またちょっと回り道になりますが、なぜ石油業界が地球温暖化危機説に肩入れしているかをご説明しましょう。

136ページのグラフをご覧ください。先進諸国でいちばんエネルギーを浪費し続けてきた

アメリカガロン当たりガソリン価格と1人当たりガソリン売上 1984～2018年

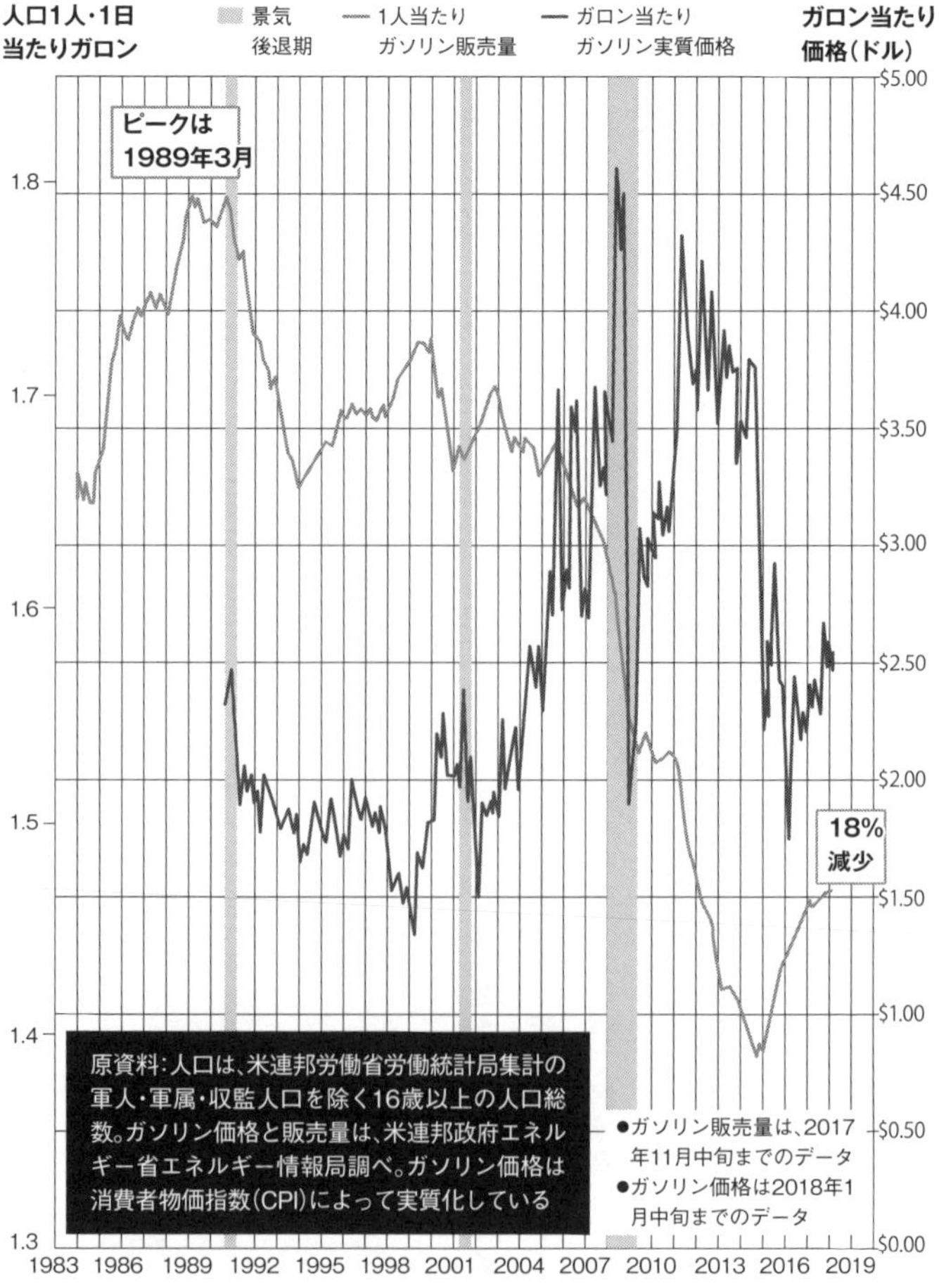

出所:ウェブサイト『dshort.com』、2018年2月9日のエントリーより引用

アメリカ国民でさえ、1989年をピークに国民1人当たりのガソリン消費量は減り続けてきたのです。2014年までは、その理由は原油価格が高止まりしているからだと考えられていました。ところがその後、原油価格が暴落しても1人当たりガソリン消費量はほとんど戻っていません。

先進諸国では、もうエネルギー消費を増やしても生活が豊かになるわけではないと知っているのです。というより「エネルギー消費量を減らしたほうが生活は豊かになる」という時代に突入しているのです。にもかかわらず、アメリカを中心に存在している世界のオイルメジャー各社は、2004年ごろから中国の石油ガブ呑み型経済成長の顕在化で原油価格が急騰し、2007~08年の国際金融危機後金利が異常に低くなったのをチャンスと見て、長期債務を急拡大しながら原油や天然ガスの増産と輸出拡大に転じてしまったのです。138ページの上下2段のグラフがそのへんの事情を示しています。

Q　なるほど、たしかに上段を見ると2008年を境にアメリカの製品輸出入の構造が急激に非石油製品における赤字の拡大と石油関連製品における赤字の縮小へと変わっていますね。しかも、石油関連の赤字縮小は借金の急増に支えられているわけですね。

A　はい、中国の資源浪費に浮かれてエネルギー産業投資を拡大してきたアメリカでは、貿易

急速に資源国化するアメリカの貿易収支
1992～2017年

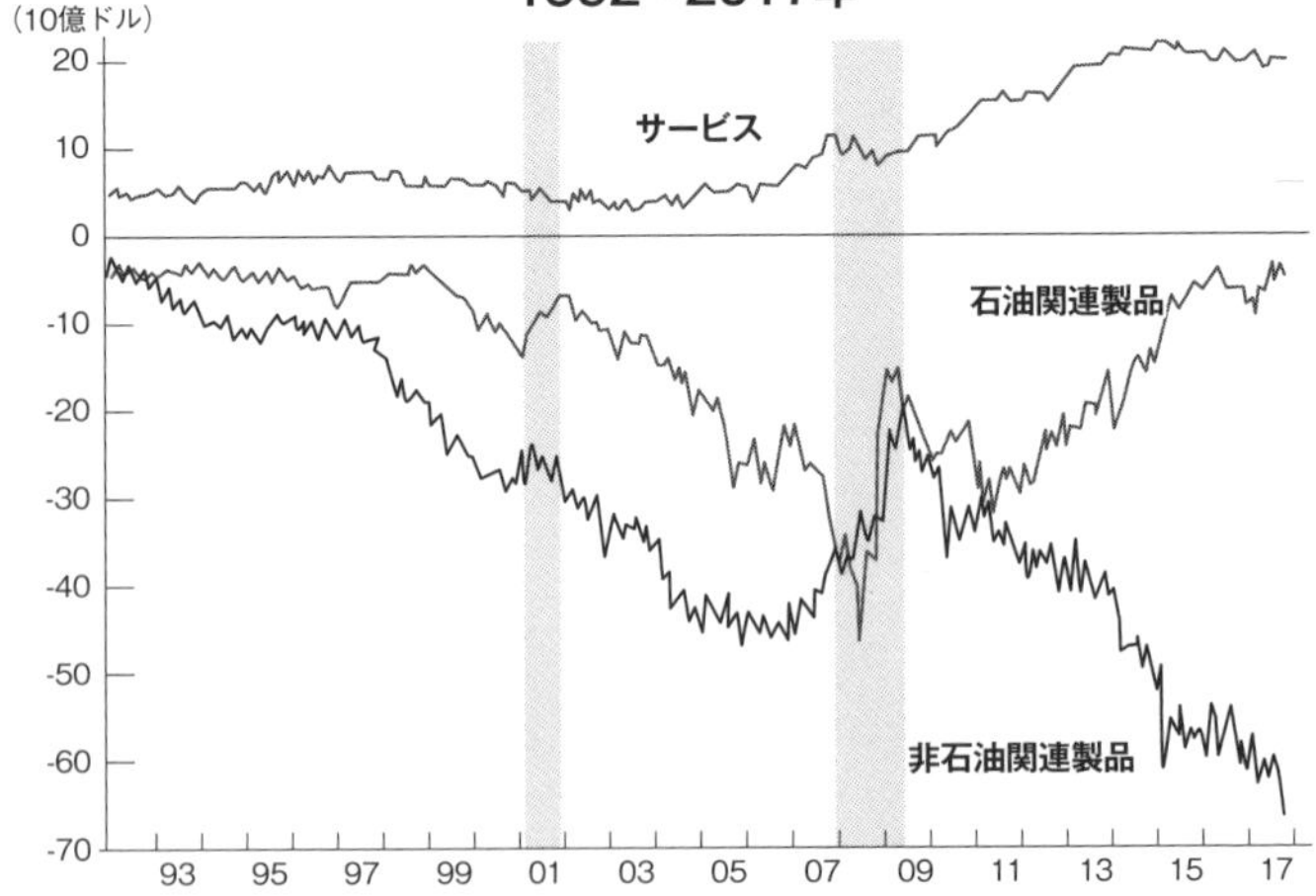

注：シェードはアメリカの景気後退期を示す

世界オイルメジャーの長期債務推移
2007～16年

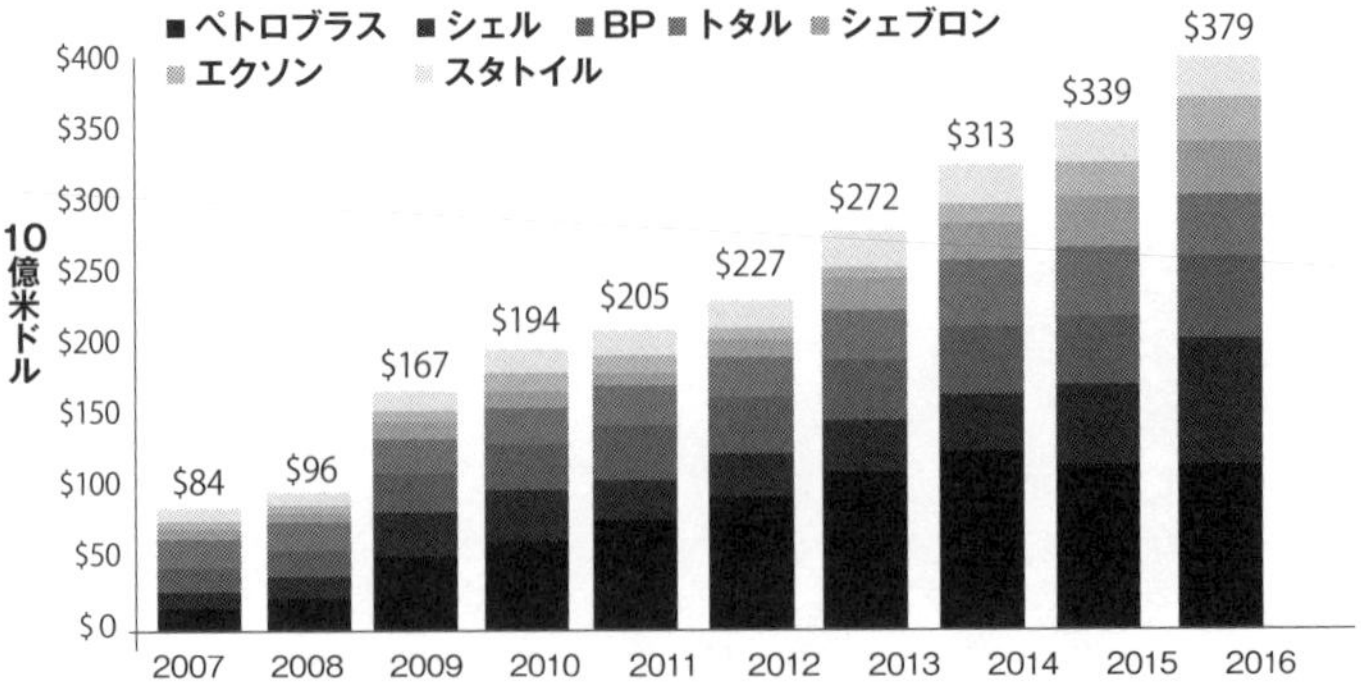

原資料：各社の財務とY Chart社データ――2006年には最高46.2%、最低19.7%だったROIが2017年には最高4.5%、最低▲0.8%に低下

出所：(上)ウェブサイト『Zero Hedge』、2018年1月12日、(下)『SRSR Report』、2017年11月17日のエントリーより引用

構造全体が「資源国化」しています。下段グラフの説明に出てくるＲＯＩ（Return on Investment）とは投下資本利益率という意味です。２００6年にはオイルメジャー7社の上限が46・2パーセント、下限でも20パーセント弱ととても高かったのに、２０１7年には上限でさえ4・5パーセント、下限ではマイナス０・8パーセントです。いくらオイルメジャーは低利で借りられるといっても、危機的な低水準になっています。

さらに問題なのは、２００８～14年の6年間で世界のエネルギー消費量の増加分の66パーセントは中国1国が担い、14パーセントはインドとアフリカ諸国が担い、その他全世界合わせても19パーセントしか担っていないということです。おそらく、その他全世界の増加率は人口増加率を下回り、人口1人当たりで見れば、減少に転じているでしょう。

つまり中国ほど経済成長がうまくいっていないインド・アフリカ諸国と見かけ上の経済成長の順調さは国内のすさまじい過剰投資に支えられている中国を除けば、エネルギー需要は冷えこんでいるのです。

さらに、１４０ページにご紹介した円グラフを並べた図をご覧ください。これを見て、どう思われますか？

Q　月並みな表現ですが、「中国経済恐るべし」というところでしょうか。人口では世界の19パーセント、

中国たった1国のすさまじい商品需要
全世界の粗鋼、銅、石炭、ニッケル、セメント
生産量の半分以上は中国1国で消費されている

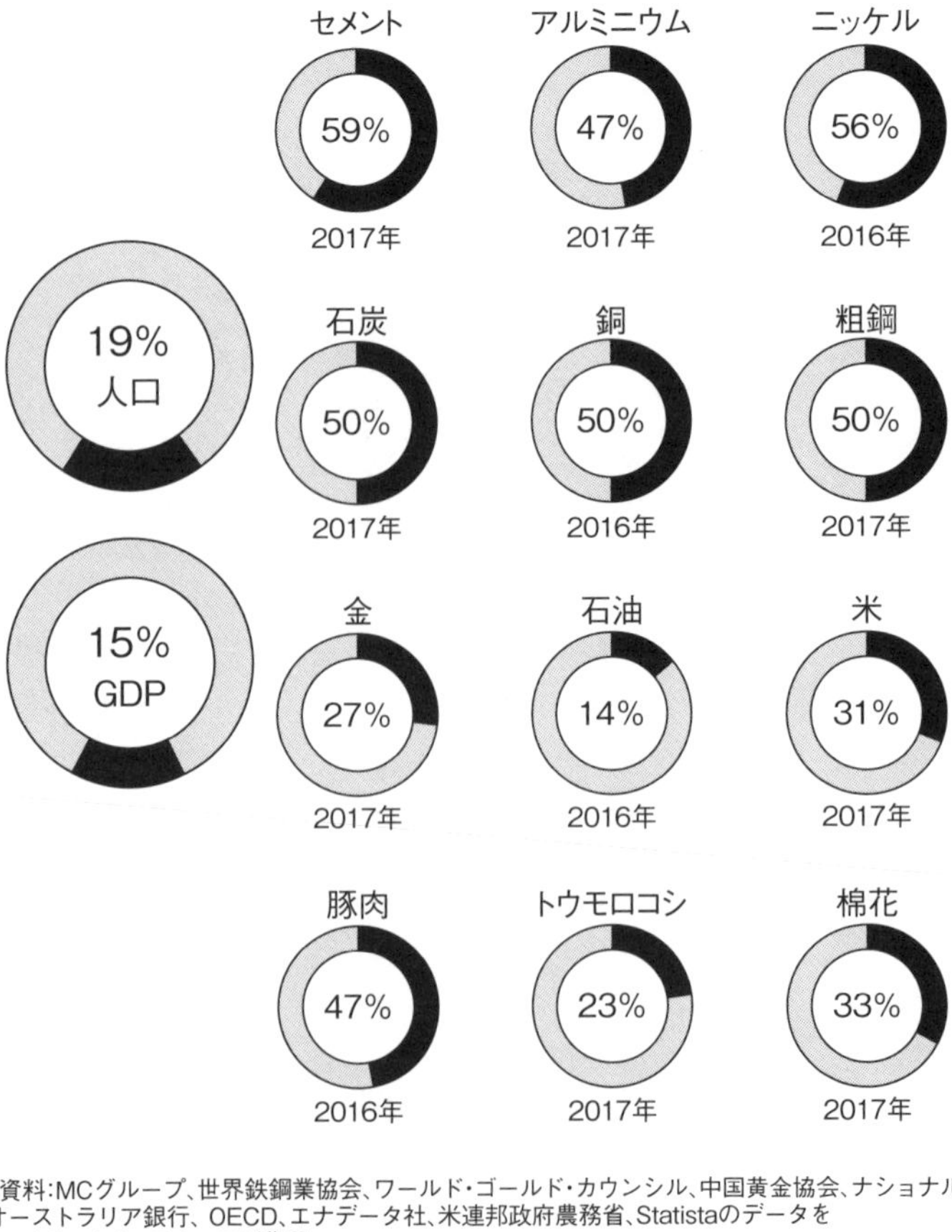

原資料：MCグループ、世界鉄鋼業協会、ワールド・ゴールド・カウンシル、中国黄金協会、ナショナル・オーストラリア銀行、OECD、エナデータ社、米連邦政府農務省、Statistaのデータを Visual Capitalistスタッフが作図
出所：ウェブサイト『Visual Capitalist』、2018年3月2日のエントリーより引用

ＧＤＰでは世界の15パーセントしか占めていないのに、セメント、ニッケル、石炭、銅、粗鋼と5品目も世界生産量の半分以上を1国で消費しているのですからね。

Ａ　でも、もしこれが中国経済の成功の証しだとしたら、なぜその他の新興国は中国のマネをしないのでしょうか。インド以外の国々は人口面で制約があるとしても、インドならマネをできるだけの膨大な人口を抱えていると思いますが……。

「とにかく資源を大量輸入してそれを投資に回せば、経済成長率を高められる」という政策は、中国が特許を取っているわけではありません。

Ｑ　中国が資源の大量輸入に依存した経済成長路線を取るまでは比較的安値で手に入っていた資源が、中国の大量輸入で割高になったので、その他の新興国が中国のマネをしてもコスト倒れでうまくいかないからではないでしょうか？

Ａ　非常に的確なお答えだと思います。１４２ページのグラフを見ると、2度の世界大戦とオイルショックがもたらしたインフレ期を除けば、ほぼ20世紀を通じて商品価格は延々と下落傾向をたどっていたことがわかります。

ハイテク・バブル崩壊後約10年間の商品価格急騰は、ほぼ全面的に国民の消費生活にほとんど恩恵の及ばない輸出・投資偏重の高度成長を志向した中国〝1国〟だけの資源浪費に由来し

GMO33商品市況指数
1900年1月〜2011年2月
ハイテクバブル崩壊後の市況商品急回復はほぼ全面的に中国1国の資源浪費に依存していた

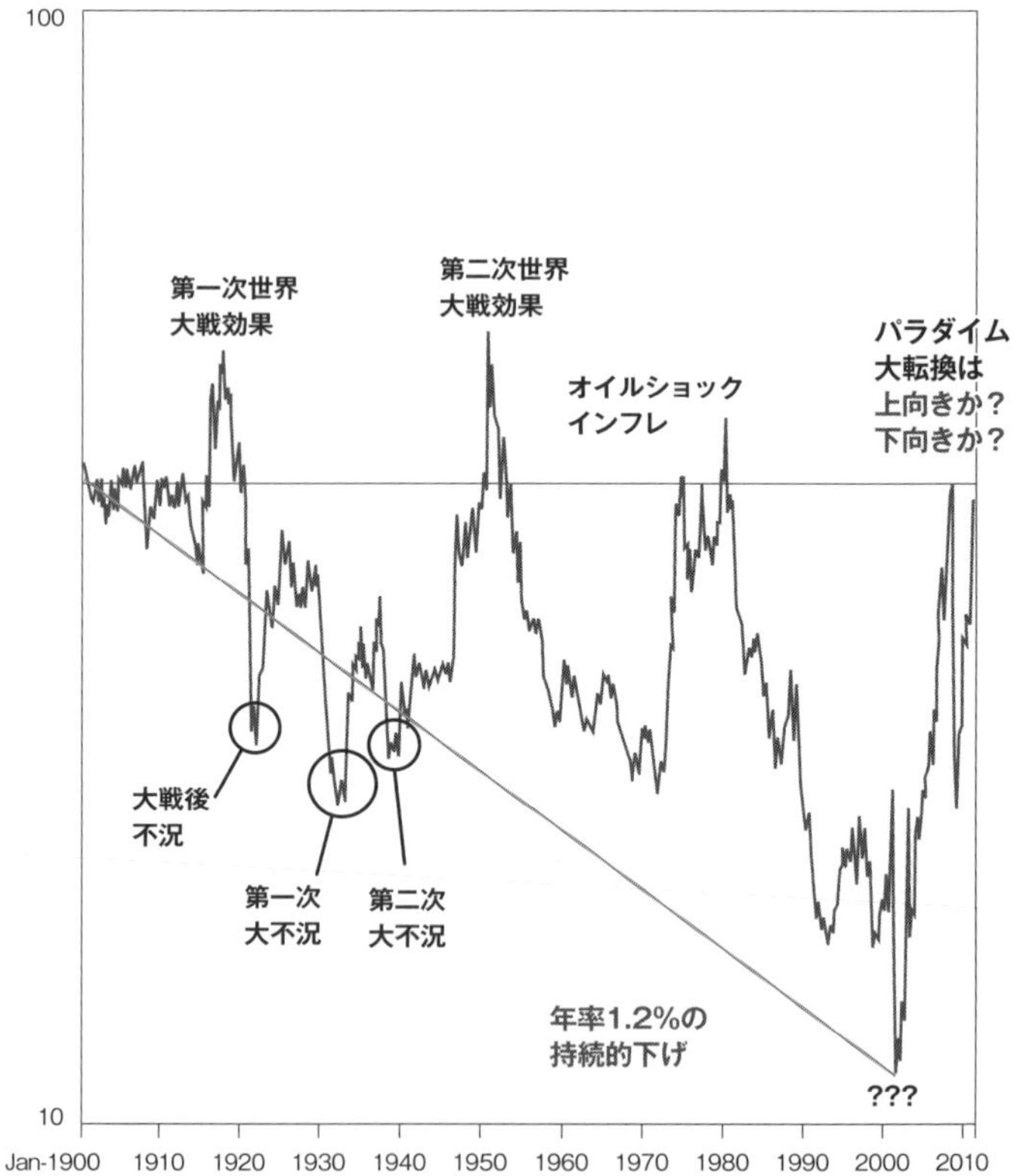

注：GMO33商品市況指数は、以下33品目の商品価格を集計開始時点で同一比重として集計しつづけている。アルミ、石炭、ココナツ油、コーヒー、銅、トウモロコシ、綿花、リン酸2アンモニウム、亜麻仁油、ゴールド、鉄鉱石、ジュート、ラード、鉛、天然ガス、ニッケル、石油、パラジウム、ヤシ油、胡椒、プラチナ、合板、ゴム、銀、モロコシ、大豆、砂糖、錫、タバコ、ウラニウム、小麦、羊毛、亜鉛。
原資料：2011年2月28日時点までのGMOによる集計
出所：ウェブサイト『Our Finite World』、2017年12月19日のエントリーに加筆

ていました。

それ以外のさまざまな経済環境の変化を考えると、むしろ商品価格は20世紀を通じた低落傾向を維持していたほうが自然だったのではないでしょうか。世界大戦やオイルショックのような異常事態さえなければ、おそらく商品価格は一貫して低下基調をたどるものなのだと思います。

世界経済を牽引しているのはサービス業という実相

Q　なぜそうお考えなのでしょうか？

A　もともと、少しでも多額の資本を蓄積し、少しでも大きな設備を構築し、なるべく多くの製品をなるべく大勢の消費者に送り届けることによって、市場シェアの拡大、コスト競争力の強化を図るという近代資本制製造業には慢性的な過剰設備・過剰生産傾向がありました。そこでときどき戦争によって大規模な設備の破壊を行わないと、過剰供給によって工業製品価格も下がり、それに連れて原材料価格も下がってしまいます。
そして、製造業大手各社の巨大化願望は、欧米主要国の軍事力巨大化願望と〝表裏一体〟で進んできました。真剣に戦争を考えた場合、「この程度の軍備で勝てるだろう」とタカをくくっていて敵国の軍備が意外に強大で負けてしまったという事態になったら、取り返しがつかないからです。軍備の強化には、兵器の部品規格化や性能の画一化から始まって、人類の歴史で初めて、軍服のサイズに合わせて兵士のほうの体格が規格化されるという工場制生産の大規模化と手に手を取って進んだわけです。

ただ第二次世界大戦以降、本格的な戦争を始めた場合、熱核戦争に発展してしまうと人類全体に壊滅的な被害が出るので、大戦争は抑制されるようになりました。その結果、製造業のやみくもな拡大志向がもたらす過剰設備が何十年かに一度の戦争による資産破壊でご破算になるという〝自動調節機能〟が働かなくなったのです。

その意味では、何度かの中東戦争によって、パレスチナ人の国土をイスラエルによって占領されたことに端を発したOPEC諸国による原油価格の値上げ、いわゆるオイルショックも、別のかたちを取った戦争の〝継続〟だったと考えられます。オイルショックによって、だらだら下げ続けていた原油価格が急上昇するとともに商品価格全体も高騰し、全般的なモノあまり不況も一時的に回避されました。

しかし、これはあくまでも一時的な値上がりであって、中長期的に見ると工業製品や原材料、エネルギー資源、金属資源の価格が低下傾向をたどることは避けられなかったと思います。1970〜80年代は日本経済が高度成長期の終わりに直面していた時代です。そのころの主な潮流は、すべて経済に占める資源の比重の**「低下」**と、労働の比重の**「上昇」**を示しています。

再三お話ししてきた、モノからサービスへの需要移転はいまも続いています。製造業全盛期でさえ、個人消費に占める比率は双方30パーセント台後半というぐらいに、サービス業の比率は高かったのに、最近ではサービスが60パーセント台後半まで上昇する一方、製造業は20パーセント弱まで下がっています。それだけ、具体的なモノを作る必要性が低下しているのです。

製造業の衰退を非常によく表している数量データが、146ページの上下2段組グラフです。上段はアメリカの第二次産業（細い線）と製造業（太い線）の設備稼働率です。第二次産業とは製造業と金への鉱業（mining）と建設業をまとめた表現です。工業製品、金属、石炭・石油・天然ガス、建物といったモノを作る産業グループです。

1965～75年のピークには90パーセント弱、ボトムでも70パーセントを切ることはなかったものが、21世紀に入るとピークでやっと80パーセント台前半、製造業のボトムでは60パーセント台前半まで落ち込んでいます。そして全体として製造業より第二次産業のほうが高い位置にあります。第二次産業のなかでは製造業のシェアが鉱業と建設業を足したシェアより高いので、鉱業と建設業の合計は第二次産業全体よりはかなり高い位置にあるはずです。

この設備稼働率の低迷は、20世紀中、とくに1990年代後半までは設備能力を増やしすぎたことが主な原因でした。それがわかるのが、下段の設備能力と生産高のグラフです。第二次

アメリカ第二次産業と製造業の設備稼働率推移
1967～2017年

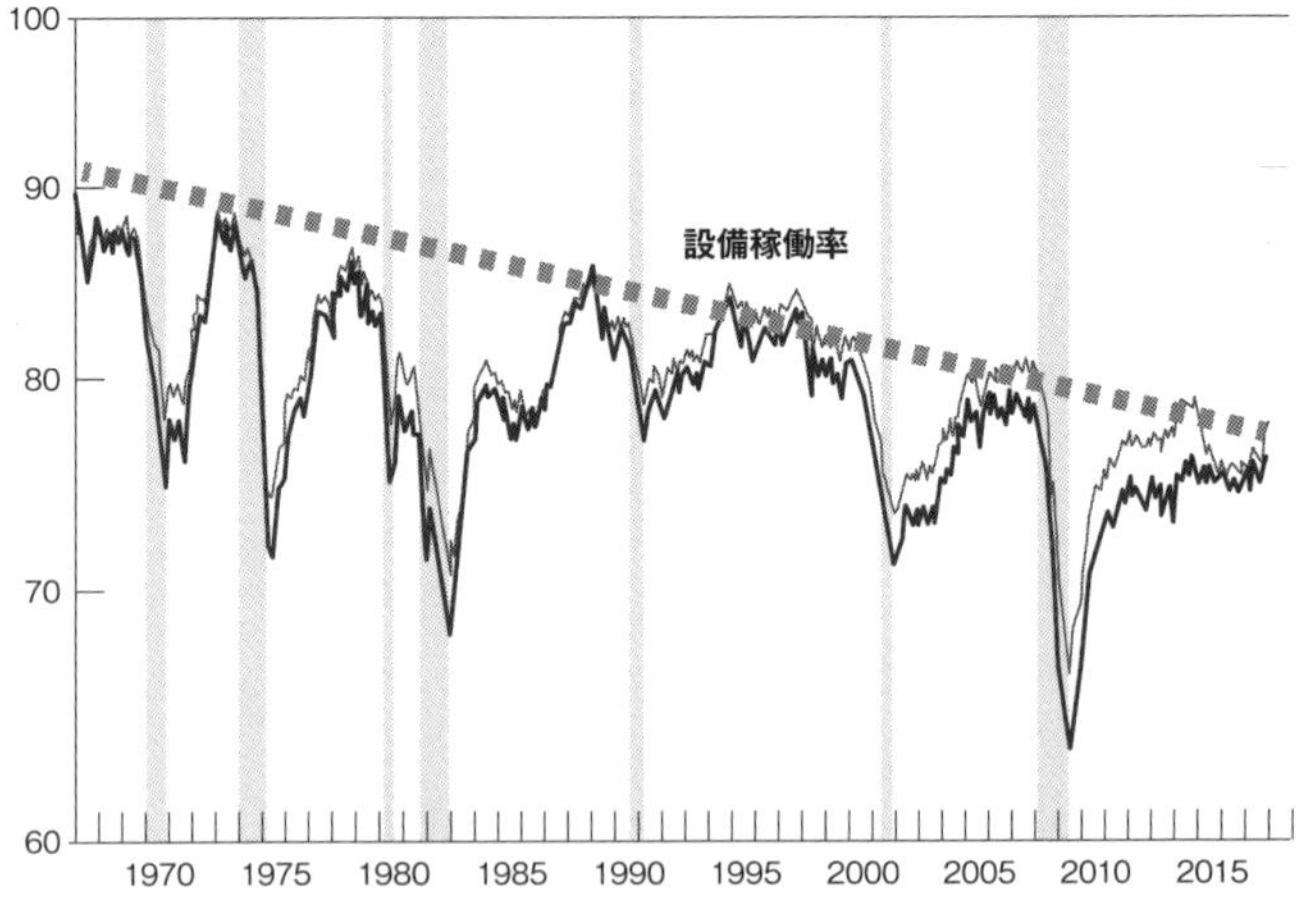

アメリカ第二次産業・製造業の設備能力と生産高推移
1967～2017年(2012年の生産高を100とする指数表示)

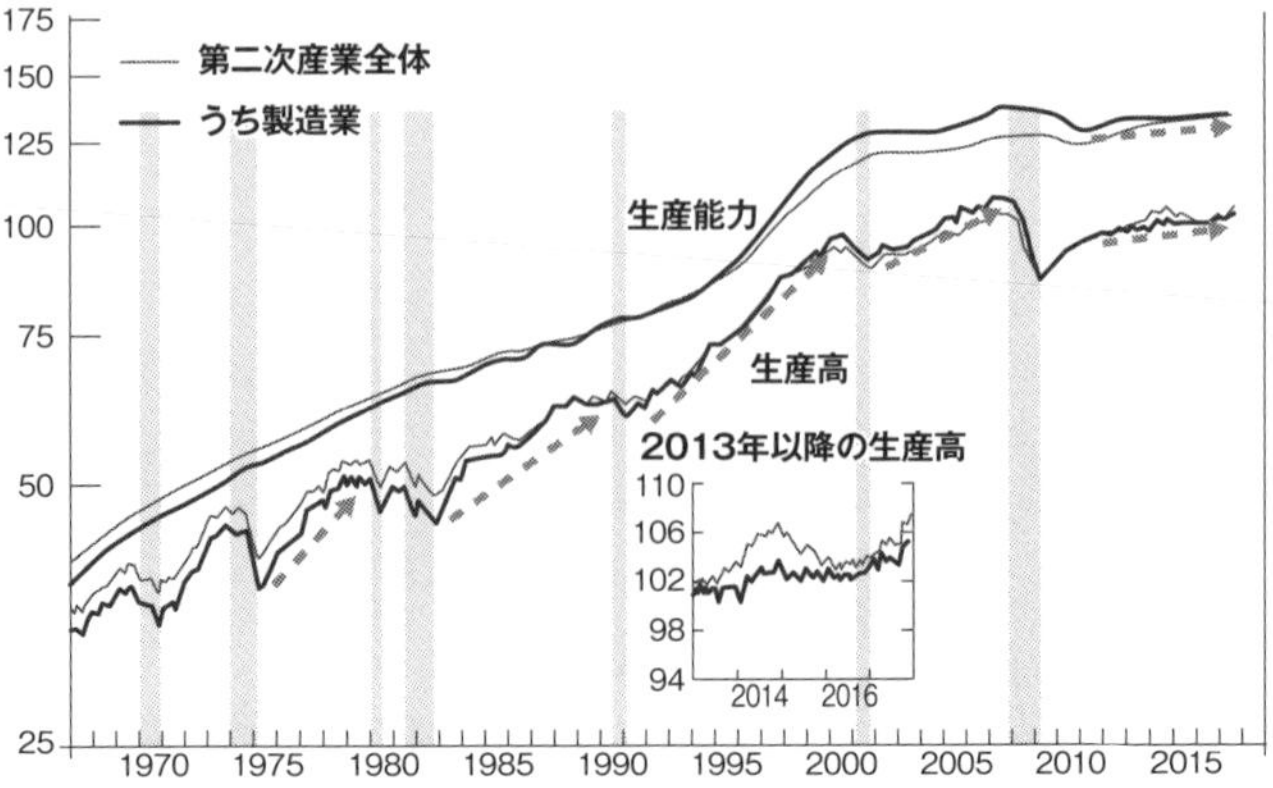

出所:ウェブサイト『Mish Talk』、2018年1月18日のエントリーより引用

産業全体としては21世紀に入ると設備能力の拡大ペースが鈍化しているにもかかわらず、製造業はあまりスピードダウンしなかったので、上段に出ているように国際金融危機のころの稼働率が急落したわけです。

ただ、国際金融危機以降は、製造業の設備能力は横ばいから微減の範囲で推移しているのに、第二次産業全体では上昇基調に戻っています。これは鉱業、主として原油、天然ガス、シェールオイル、シェールガス生産の拡大によるもので、先ほどご覧いただいたアメリカの貿易構造が**資源国化**していることの原因でしょう。

Q　製造業の場合、国際金融危機で低下した設備能力をその後10年間ずっと増やしていないのに、需給が逼迫して設備稼働率が急上昇したというような事実はまったく見受けられません。

A　ええ、ですからよく指摘される「アメリカ企業が増配や自社株買いばかりに力を入れ、設備投資や研究開発投資をおろそかにしているから、なかなか景気は本格回復せず、好況とは名ばかりの勤労世帯の所得低迷が続いている」という論点は、むしろ逆ではないかと思います。一般論として、企業は収益を拡大する展望があれば、放っておいても設備投資や研究開発投資を積極的に展開するはずです。ましてや、現在のようなすさまじい低金利環境なら、爆発的な投資ブームが起きてもおかしくないでしょう。ところが、実際には148ページの2段組グラ

自社の経営陣以外にアメリカ企業の買い手はほとんどいない
2009～2017年

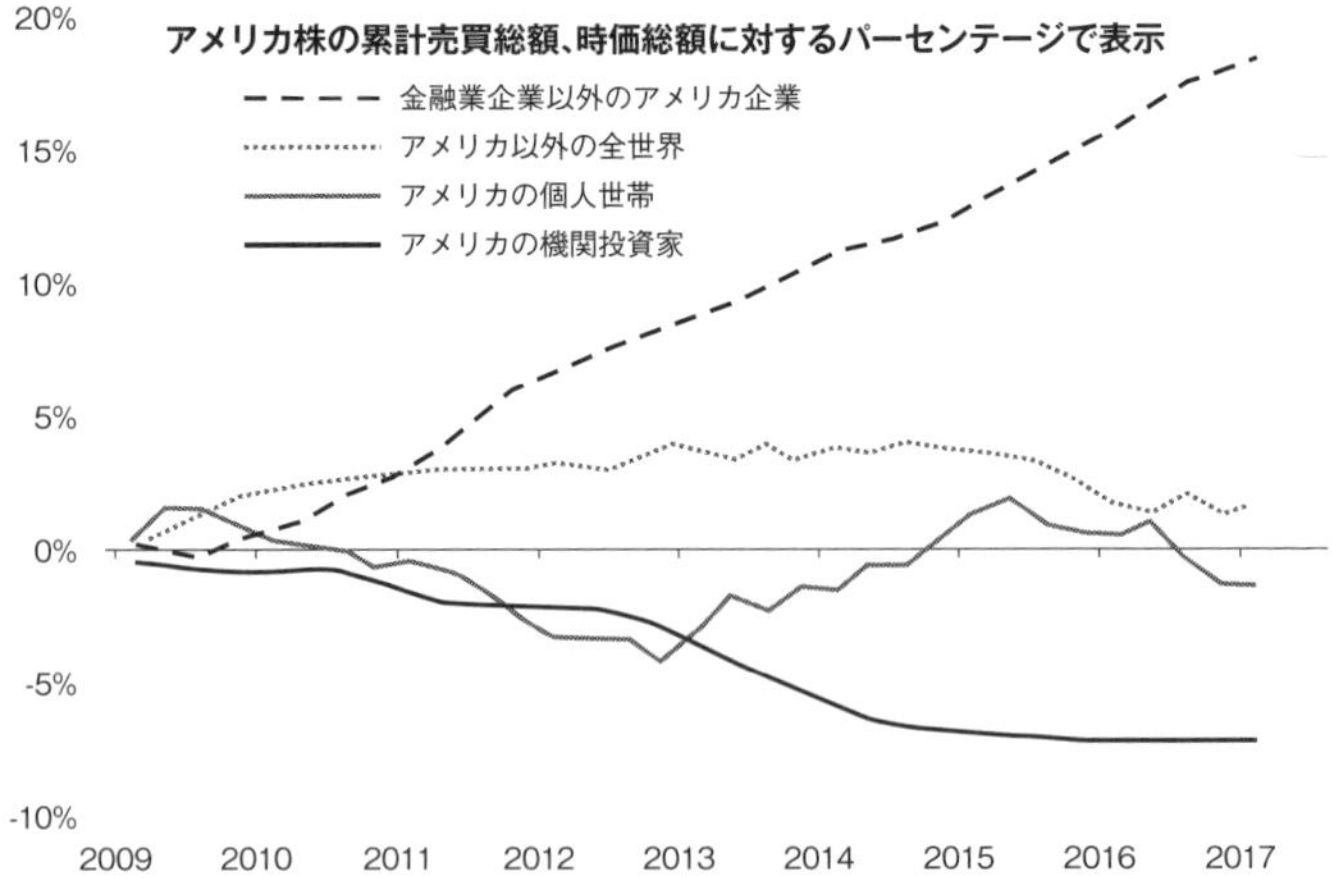

成長のための企業投資は激減している
1954～2014年

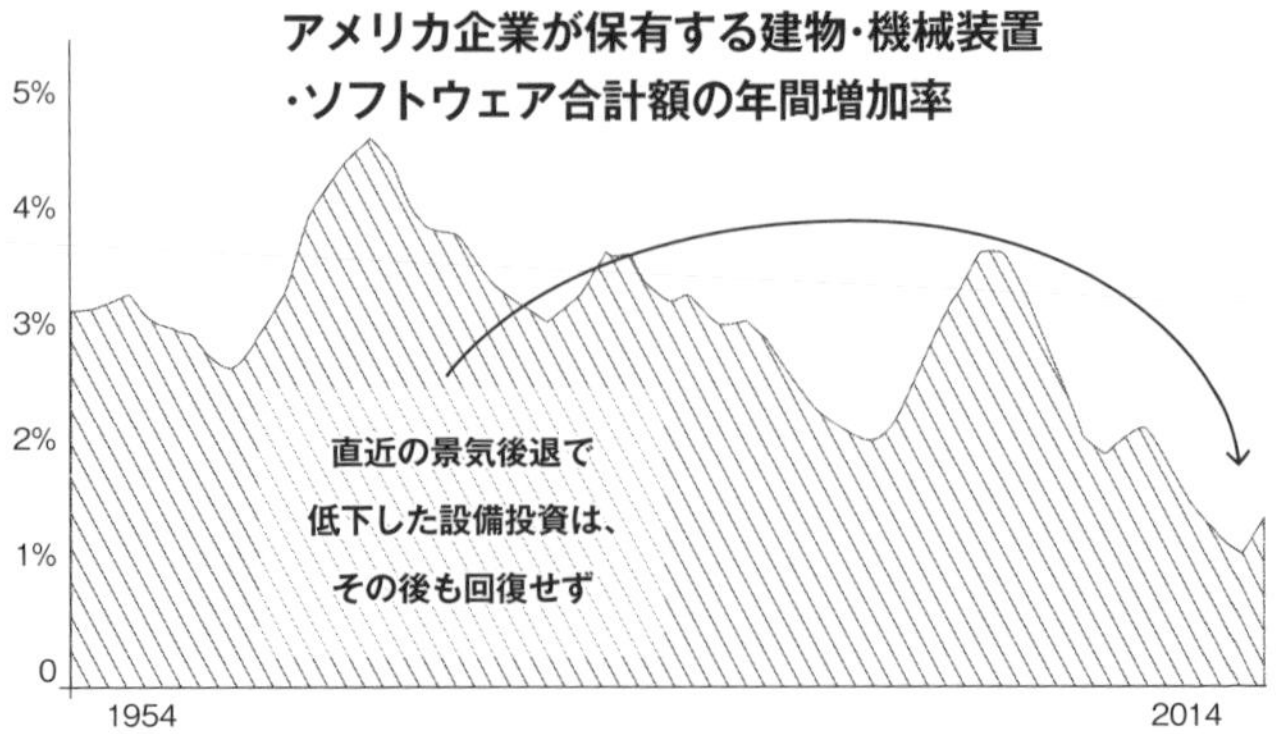

注：減価償却分を差し引いた民間非住宅固定資産投資、各年の数値は直前から5年間の移動平均。
原資料：上段はトムソンロイター、クレディスイス、下段は米連邦政府労働省労働統計局データを
ブルームバーグ「ビジネスウィーク」スタッフが作図
出所：ウェブサイト『Grizzle』、2018年2月23日のエントリーより引用

フでおわかりのように、企業は自社株買いに邁進し、設備投資を抑制し続けています。

Q　上段の金融業以外のアメリカ企業というのは、ちょっと持って回ったような表現ですが、ほとんど全部自社株買いなのでしょうか？　バブル期の日本企業のように「財テク」で他社の株を買って運用していることはありませんか？

A　金融市場にしろうとの一般企業の経営陣が株の運用をして損失を出したりしたら、かなりきびしく経営責任を問われます。他社株を買うのは、その会社全体か、1部門かを真剣に買収しようとしているときがほとんどだと言ってもいいでしょう。

そして下段に明白に出ていますが、アメリカ企業の建物・機械装置・ソフトウェア合計額の増加率は、1960年代末から70年代初めごろ4・5パーセントほどでピークアウトしてから、ビジネスサイクルのたびに上値、下値を切り下げて、直近ではわずか1パーセントまで低下しています。

ここで1点だけご注意いただきたいのは、この成長率低下がそのまま工場全体としての製造能力の成長鈍化ではないということです。国民経済に占める比重が下がり続けているモノ作りのなかでも、いままでより軽く小さな材料で、いままでなら重く大きな材料でしかできなかったことをやってのける技術が発達しています。

グラスファイバー、カーボンファイバー、ファインセラミックスといった画期的な新素材・新工法の普及がその典型です。どれも従来は、非常に重く大きな金属系の素材でなければできなかったモノを小型化・軽量化できています。つまり小型軽量の設備でも、いままでなら大型で重量のある設備でなければこなせなかった仕事をこなしているので、全体として設備投資額の伸び率が鈍化している側面もあるのです。

この3分野は、どれも日本企業が世界の総生産量に占めるシェアが大きいという特徴があります。もっと興味深いのは、どの分野も素材がごくありふれたものばかりだということです。石英も、炭素も、粘土や陶土も非常に資源の少ない日本でさえ、原材料の確保に困ることがほとんどないものばかりです。

また、1980年代末から90年代初めにかけて、すさまじく非効率だったソ連東欧圏が消滅しました。後継国家群は、正直なところあまり経済効率を重視した仕組みにはなっていません。しかしながら、ソ連東欧圏時代がすさまじく低効率だったために、この政治改革によるわずかばかりの生産効率の改善でさえも、商品価格の下落を招く要因の一端となりました。

Q　たしかに、そう考えると20世紀を通じて商品価格の趨勢《すうせい》は、上昇ではなく下落だったというのは、自然な感じがしますね。

A それでも中国は、ほぼ自国だけの買いで国際金融危機直後の商品価格を20世紀初頭の水準まで引っ張り上げてしまったのです。約100年、時計の針を逆回しにしたようなものです。この中国による資源爆買いには、先進諸国中央銀行による量的緩和の成果でますます増えた、行き場のない資金が惜しみなく中国経済に注ぎ込まれた結果という側面もありました。

ただ、中国では原材料コストの高騰によって企業収益や国民所得が圧迫されていないのでしょうか？　たとえばアップル最大の下請けは、台湾を本拠とする鴻海精密《フォックスコン》です。同社が中国に建てた工場や中国の孫請けを使ってアップル製品の部品を作ったり、完成品を組み立てたりしています。かなり詳細な仕様書をアップルから渡されて、そのとおりに作らなければ納品できないはずです。

また、完成品を自社ブランドで作っている企業も、大部分はどこかの製品のコピーです。材料や部品の価格が急騰したら、まだ値上がりしていない別の材料や部品でほぼ同じ性能のものを作れるほどしっかりした研究開発部門を持っているでしょうか。

もし中国全体を1企業と見立てたら、中国株式会社の直近の利益率は2002～03年ごろと比べて急落していると思います。そして、ほかの新興国が中国をマネしないのは、中国の買いで原材料価格がすでに高くなってしまっていることもさることながら、中国型高成長は見かけほど国民生活を豊かにしていないことに気づいているからではないでしょうか。

なぜうまくいかないかといえば、その底流にはすでに世界経済を牽引しているのはサービス業なのに、中国は製造業全盛時代の尺度で経済政策を策定しているという事実があります。強固な共産党独裁体制を貫いている中国でさえ、これ以上国家債務・民間債務を激増させながら資源浪費を続ければ、体制の危機を招く状況に至っています。

そして、中国共産党、中央政府、地方自治体の幹部とその取り巻きの国有企業経営陣は、いつ自分たちが中国本土から逃げ出す状態になってもおかしくないと感じています。だからこそ、中国政府はかなり周到に「やるぞ」「やるぞ」と予告をしながら、理想的な資金の越境手段である中国人民元のビットコインへの両替を子飼いの部下たちが利用し終える2017年9月まで、暗号通貨取引所の閉鎖を待っていたのでしょう。そして、いつでも「国外脱出ＯＫ」という状態になったことを確認してから、閉鎖に踏み切ったわけです。

資源の希少性から労働に絞られていく価値の源泉

Q　ちょっとお待ちください。ビットコインが国境を越えた資産の移転に最適だというのは、たしかにそのとおりでしょう。でも、利権集団の勝ち逃げを奨励するようなニュアンスがつきまとうのは、あまり愉快ではありません。

A　はい、不愉快ですね。ただ、国境を越えた資産移転ができない連中がけっこう大勢中国内に残って、海外に持ち逃げできなかった資金をばらまいて集めた私兵を動員して、改革派の国民に内戦を仕掛けるというような事態に至ることに比べればマシだと思います。

さらに、資産を持ち逃げされるのがマイナスだということは間違いありません。ただ、そのマイナスの大きさは、製造業全盛時代に比べればサービス業主導の経済では小さくなっているはずです。サービス業における設備投資の重要性は、製造業における重要性ほど高くありませんから。

いまだに製造業主導の経済という前提で政策を立てている現中国指導部に話を戻しましょう。見立てがころころ変わって恐縮ですが、中国が製造業陣営の総大将だとしたら、もう全軍総退却に入っているのに、強引に側近の手勢だけで敵の本陣に突入しようとしている猪武者《いのししむしゃ》という感じがしませんか？

Q　それで、すでに内情はかなり苦しくなっている中国経済が誰の目にも明らかなこけ方をしたら、世界的にエネルギー資源の消費量は激減するわけですか。そこまでは納得がいきますが、石油業界がわざわざ「化石燃料の使いすぎが地球温暖化危機を招く」と主張する理由が、いまだにわかりません。

A　需要の低迷で消費量が減少するとしたら、価格は下がらざるをえないはずです。だとすれば、石油業界としては市場の需給〝以外〟の理由で何かしら価格を上げる工夫をしなければならないということになります。そして、石油業界はもう、タバコ業界からその方法を学んでいると思います。

アメリカの上場企業のなかに、アルトリア・グループというタバコの有名ブランド数社が合併してできた会社があります。パッケージにタバコの害に関する記載が義務づけられ、その文言がきびしくなるにつれて、出荷本数は減少していきました。ただ、売上はそれほど減少せず、利益は堅調に伸び続けたのです。

アメリカ人は妙にピューリタン倫理を守り続けているところがあります。自分が悪いことをしているという意識があると、その罪悪に対する罰として、あるいは悪事への誘惑から自分を守ってくれる神のお導きとして、自分の行動が〝高く〟つくことを歓迎するのです。だから、タバコ税が重くなるたびに便乗値上げがあっても、むしろその値上げを喜んで受け入れさえします。

さらにアメリカの株式ファンドのなかには、Ｖｉｃｅ（悪徳）ファンドというものがあります。タバコ会社、アルコール飲料会社、依存症形成率の高い薬品を製造している会社、さすがに公然と売春を業務の一環と開示している会社はありませんが、それに似たサービスを提供している会社の株を運用しています。業績は手堅く、社会的責任ファンドより良い収益を上げていることは間違いないと思います。

つまり、石油会社は化石燃料を売る企業から「化石燃料消費は罪悪だ」という観念を売る企業へと、ひそかな**〝業態転換〟**を果たそうとしているのではないでしょうか。そうでもしなければ、需要の低迷によって売上数量が減っているのに、価格を上げて利益率を高める方策が見当たらないからでしょう。

Q　うーん。理屈はわかりましたが、あまりにも突飛な発想なので……。

A　ご賛同いただけませんか。でも、そう考えれば、なぜ石油大手各社が**「罪滅ぼし」**のために支援している再生可能エネルギー発電プロジェクトの大半が、稼働期間が運任せ天候任せのため、とくに効率が悪く割高になる太陽光発電や風力発電に集中しているのかもよくわかります。

自分たちの主力製品の値段を上げるために支援するわけですから、「代替」エネルギー源の価格も高くなければ意味がないでしょう。

この当然モノ売りだとばかり思っていた企業が意外な変貌《へんぼう》を遂げているケースはあちこちで観察できます。製造業、建設業とともに第二次産業を形成している金へんの鉱業（mining）は、豊かな鉱脈さえ掘り当てれば、経営努力や労働者の勤勉さとほぼ無縁に高い付加価値を確保できるのんびりした業態でした。

ところがその鉱業が、頂点ともいうべき貴金属鉱山から顕著な変容を示しています。業界で品位と呼ばれる、1トンの鉱石から何グラムの純度100パーセントの金属が得られるかという数値が劇的に低下しているために、付加価値の源泉が鉱石自体より、どんどん大量の鉱石を採掘し、作業場に運び、選別し、精錬することに移行しているのです。157ページの4枚の折れ線グラフがその変貌ぶりを示しています。

右上のアメリカの金山の平均品位が2005年ごろにはゼロになり、ほとんどの金山が閉山しているだろうと予測しているのはご愛敬です。ところが、その他3か国、すなわち南アフリカ、オーストラリア、ブラジルの金山の品位低下は、この1トンの鉱石からわずか1〜4グラムの純金しか取れない程度まで低下するという、予測以上のスピードで進んでいます。これらは1990年代後半か2000年代初頭に発表された、当時としてはかなり大胆なデータでした。

Q　アメリカは1920年代、その他3か国は1930年代にかなり品位が低下していたのですね。不況だから金山の平均品位がいっせいに低下するということは考えにくいですから、むしろ30年代世界大不況のほうが、採掘中の金山の金鉱石の品位が低下したことの影響を受けていたのでしょうか?

主要産出国の金鉱山の平均品位が慢性的に低下している 1825～2060年（予測）

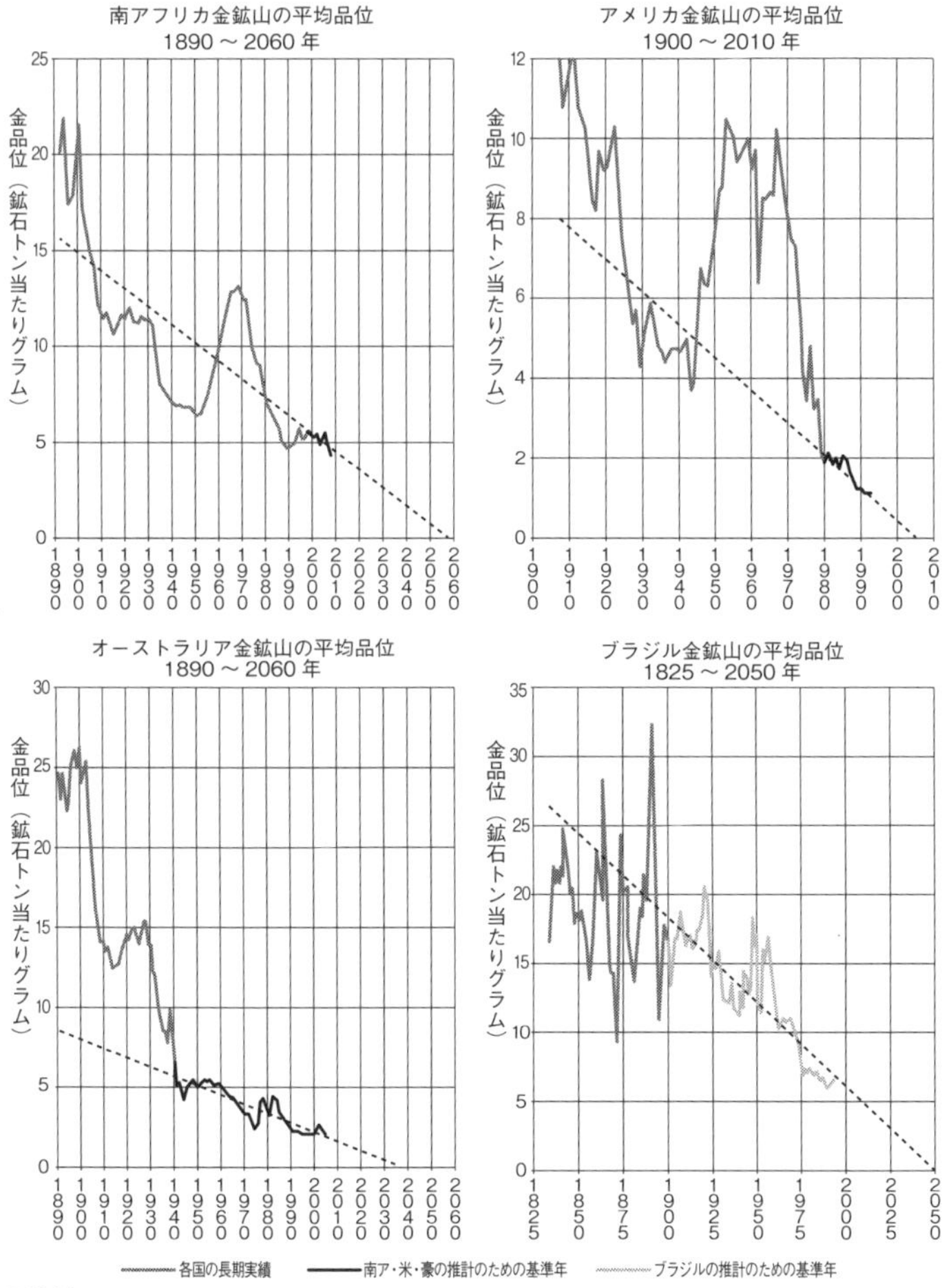

原資料：Jean Laherrere、G. Mudd
出所：ウェブサイト『The Oil Drum: Europe』、2009年11月25日のエントリーより引用

純金1グラム採掘に要する金鉱石採掘量は、
銅5キロ分の銅鉱石採掘量と同じ

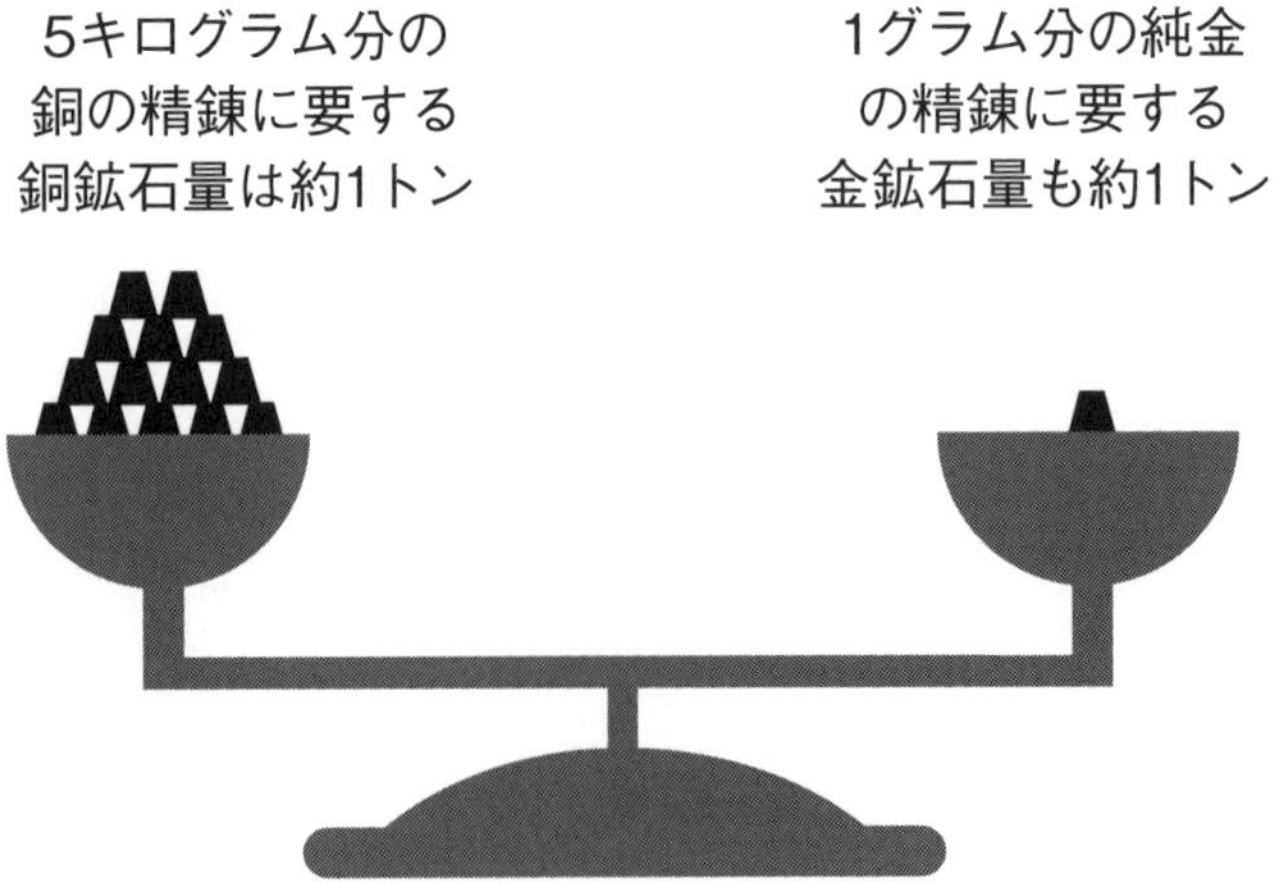
5キログラム分の
銅の精錬に要する
銅鉱石量は約1トン
1グラム分の純金
の精錬に要する
金鉱石量も約1トン

出所：ウェブサイト『Goldmoney』、2018年2月23日のエントリーより引用

A　そうかもしれません。とにかく、一見典型的な希少価値の体現者である金を採掘し精錬する事業でさえも、近年急速に価値の源泉が希少性から労働に移行しているのは明白な事実です。158ページの寓意画風な図をご覧ください。主要金産出国の金山の平均品位は、たった1、つまり1トンの鉱石からわずか1グラムの純金しか取れないほど低下しています。

これは何を意味しているのでしょうか。たとえば、金山経営のコスト構造が激変しています。過去10年ほどの低品位金山でコスト項目の首位争いをしているのは、精錬工程ではなく、採掘場から砕石・選別場に膨大な量の金鉱石を運ぶダンプトラックのディーゼル燃料と、平屋住宅の軒先ほどの直径のゴムタイヤの消耗です。

こうなると、ビットコイン採掘は物理量のないデジタル信号を探すだけだから架空の価値、金の採掘はしっかりした物理量の金を掘っているのだから現実の価値といっても、どちらも資源そのものより〝**労働**〟が価値の源泉としてはるかに重要な役割を果たしている点では共通しているのではないでしょうか。

Q　それもまた、世界経済の主導産業が製造業からサービス業に変わったことと呼応しているということでしょうか？

A　はい。一般論として、資源が慢性的に過剰化するなかで、価値の源泉はどんどん資源の希少性から労働に絞られていきます。そして近年急成長を遂げている企業の多くが、なんらかのかたちですでに存在している過剰設備をどう有効活用して、本来であれば巨額の減損を立てて除却しなければいけない生産設備を、収益物件にするか、少なくとも損失を少なくするかという課題に取り組んでいる企業なのです。

161ページの表をご覧ください。**「資産を持たない経営」**を共通点とする企業4社の真ん中に、資産だけではなく企業組織をも持たないビットコインを入れてあります。もうご説明しましたが、このなかでビットコインが世界最大の時価総額を持つ「銀行」だという表現は、ビットコイン価格が最高値の1万9000ドルをつけたときでさえ、首位のJPモルガンに次いで2位だったので、勇み足ということになります。

ただ、その他の4社は最近明るい成長展望だけではなく、かなり深刻な問題点も指摘されているという点でも、まさに時代を象徴する企業ばかりです。

性格的な問題がつきまとう資産を持たない新たな富豪たち

Q　エアビーアンドビーというのは、いわゆる民泊まで含めた比較的低価格の宿泊施設の空き部屋を安く斡旋する業者ですね。

「資産を持たない経済」の繁栄は
ビットコインだけじゃない

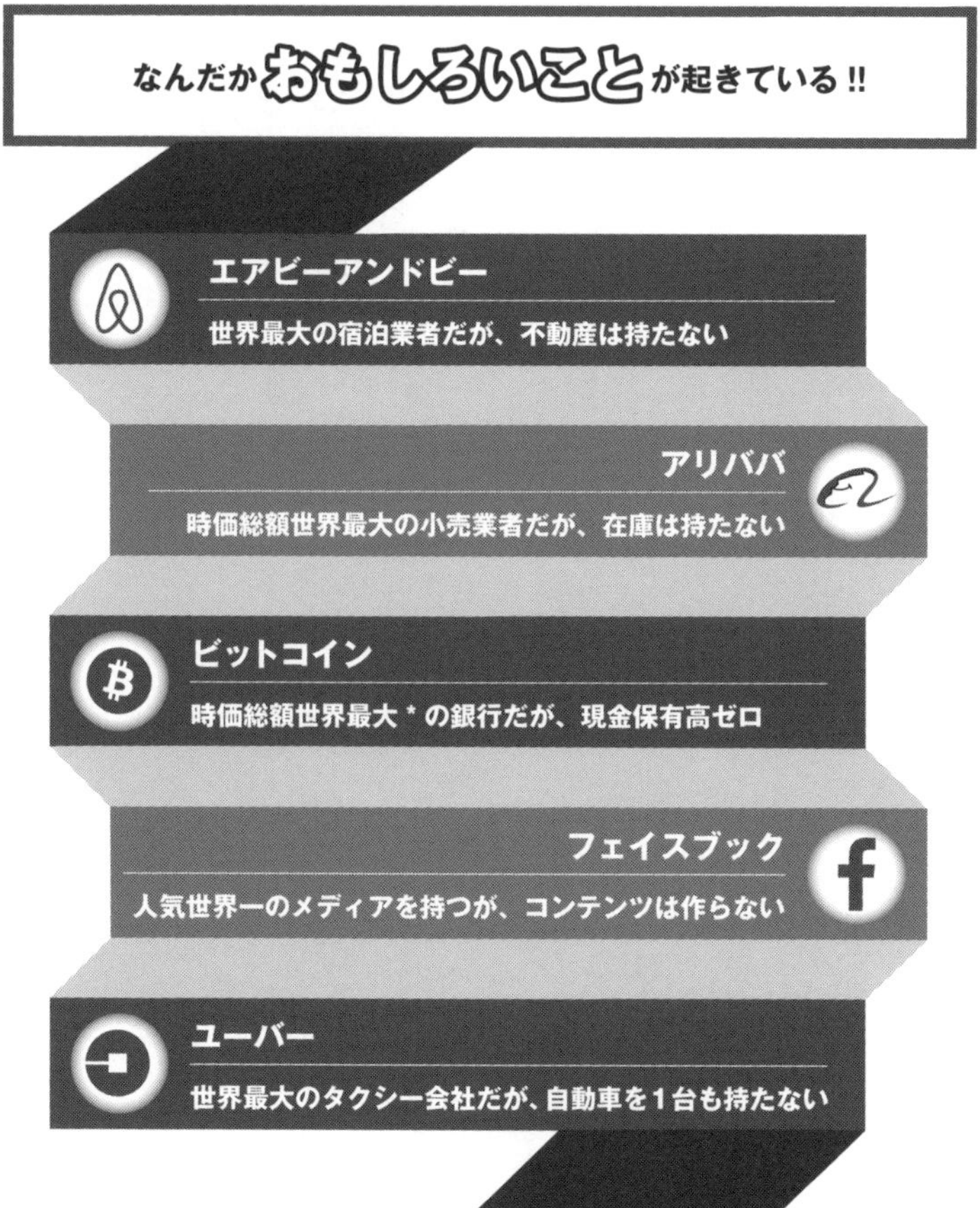

原資料：US Global Investors
出所：ウェブサイト『Safe Haven』、2018年1月31日のエントリーより引用

A はい、レジャーリゾート施設というのは、だいたい掻《か》き入れ時の客を逃がさないようにキャパシティを考えて建てますから、それ以外の時期には埋まらない部屋が多い。それに入っていた予約がキャンセルになったときにも、空室にしておくよりは安くても客を入れたほうが得だということになります。

こういう施設の情報をどこまで広範に収集して客の要望とマッチングさせるかという点では、昔からいろいろな業者が存在していました。エアビーアンドビーは、どちらかといえば小規模民宿・民泊に特化した新興勢力ですが、施設自体の規模は小さなものばかりを集めて1部屋ごとの情報を細かく拾い集めて、ウェブサイトに掲載された物件数で最大規模にのし上がったところに、話題性があったということでしょう。

ただ、こうした事業の**「企業規模」**とは数え方次第でかなりあいまいなケースもありますから、はたして世界最大の宿泊業者という称号がふさわしいかどうかには大いに疑問が残ります。

Q アリババの時価総額は、ほんとうにアマゾンより大きいのでしょうか？

A これもまた、誇大表現です。2018年4月中旬の時点で、アマゾンの6978億ドルに対して、アリババは4489億ドルでしたから。ただ、この項目は「在庫を持たない小売店のなかで」と限定をすれば、すっきりアリババが世界一となります。アマゾンはいろいろ問題が山積している労働条件の悪い在庫センターを運営していることで悪名が高いのですが、それだけにゼロ在庫経営ではありません。アリババはあれほど巨大なeコマース企業でありながら、ほんとうに在庫センターや流通センターをまったくと言っていいほど持っていないようです。

なぜそんなことが可能かというと、そこには中国経済「自由化」の歴史が生み出した異常に多くの零細個人運送業者の存在があります。鄧小平《とうしょうへい》の経済開放路線のもとで、建前としては個人による起業も奨励されました。しかし、実際にほとんど資金を持たない個人が起業できるのは共産党や地方自治体にコネを持っている場合ぐらいで、起業はほとんどの国民にとって縁のない人生設計でした。

ところが、大型トラックを買うための自動車ローンだけは比較的早めに利用可能になったのです。そこで独立を目指す個人が大挙してローンを組んで買った大型トラックで運送業を始めたわけです。さすがに、開放直後のローンで買ったトラックでいまも営業を続けている業者は少ないでしょうが、広い国土で整備状況も悪い道を長距離走行するため車の消耗も激しく、ローンを完済したころには買い換えが必要というケースが多いようです。

しかも、起業機会が限定されているため、零細トラック運送業界の競争は非常に激しく、とにかくローン返済を続けてトラックを差し押さえられないためなら、道中の労賃や食費は出なくとも仕事を受ける運転手兼経営者がいくらでもいる状況です。そのため中国のトラック運送費は慢性的に極端に低い。したがって大規模eコマースを経営するアリババのような企業でも、傘下の手配師を使って零細トラック運送業者に随時発注していれば、ほとんどの商品発送を在庫も持たずにあまり遅滞なく遂行できるのです。

Q　フェイスブックも、一時は創業者のマーク・ザッカーバーグが理想の若手経営者ともてはやされていたのに、最近スキャンダルめいた報道が多くなっていますね。

A　ザッカーバーグほど虚像と実像の差が大きい人間も珍しいでしょう。ソーシャルネットワーキングサービスを始めたきっかけは、ふたつありました。ひとつはハーバード在学中に、同窓の友人知人にメールアドレスを送ってくれと頼んで、このいかにも需要のありそうな大学在学者のメーリングリストを作ったことです。ほとんどの人がなんの疑問も持たずにOKしたそうで、ザッカーバーグは警戒心を持たずにアドレスを教えてくれた人たちのことを「Dumb Fucks（バカなクソ野郎ども）」とののしっていたそうです。

ふたつ目は、CIA系のベンチャーキャピタルがタネ銭を出してくれたことです。これがFBI系だったら、Federal Bureau of Investigation も Face Book Inc も頭文字は同じFBIという笑い話になったところですが、残念ながらCIA系でした。最近のザッカーバーグの釈明や弁解を読んでいて感ずるのは、彼は他人のプライバシーを食いものにすることについてまったく良心の呵責《かしゃく》を感じていないという〝事実〟です。

たとえば、当人は消したと思っていたエントリーがフェイスブックのホストコンピューターには延々と残っていた件に関しても、「消去をする手続きがわかりにくかった」と謝っただけです。実際にはわかりにくいどころか半永久的に加入者の側から消去するのは不可能な仕組みにしていたことには一言も触れていません。あるいは、明らかにプライバシーを侵害する情報収集をしていたことについても、「サービスの改善、拡充を急ぎすぎた」と釈明しただけなのです。

さらに、フェイスブックに掲載された顔写真の下に違う人のヌード写真を貼り付けて、当人のヌードであるかのようなエントリーが出回った事件が何件か続きました。この際の対応が、啞然《あぜん》とするようなものでした。その人のほんものの全身ヌード写真をフェイスブックの不正エントリー監視係に送ってもらえば、その人間が責任を持って見比べてニセヌード写真は排除するという掲示を出したのです。こういう卑劣なことをする人間なら、過去の恋人のほんもののヌードをばらまくかもしれないのですが、もしほんものであれば当人も不特定多数の人間に見られても仕方がないと我慢するだろうとでも思ったのでしょうか。

Q　マーク・ザッカーバーグという人は、スティーブ・ジョブスとは違った意味でかなり異常な人のよ

うですね。

A ユーバーの創業者トラビス・カラニックという人も、けっこう異常です。2017年夏に自分が創業したこの企業のCEOとしては不適格として、CEOの地位を降ろされました。このあとも、総株数の10パーセントを持ち続けていたのですが、2018年になってから自分が呼んだユーバーのドライバーと大げんかをしました。大富豪なのに、運賃が最初の約束と違うとか、チップを要求したとかで相手の運転手を口汚くののしって騒動となり、あとから涙を流して謝ってさらに情緒不安定なところを露呈してしまったのです。

Q ユーバーとは、自動車配車サービスのウーバーのことでしょうか？

A 日本ではユサイン・ボルトのことも最後までウサインと呼んでいましたから、これもウーバーという発音が定着してしまうのかもしれませんね。でも私はミス・ウニバースではちっとも美人に聞こえないので、ユーバーについてもユーバーで通させていただきます。

どうせ1日に1～2時間しか乗らない自動車というアメリカ最大の余剰設備をうまく使って副業にしたいという需要と、自分は運転しない車で正規運賃のタクシーより安く駐車場の心配もせずにどこへでも出かけたいという需要を、ウェブサイトで結びつける着想はすばらしいと思います。

アメリカの企業社会は、ほんとうにひとついいアイデアが当たるだけで大富豪になれます。けれども、その半面、何人部下を持つ身分になろうと「自分で創業もできないような無能な人間は徹底的に安月給でこき使ってやろう」という態度が露骨に出ている経営者も多いようです。

こうして資産を持たない経営で話題になっている4社を見比べると、それぞれ創業者の性格的な問題がつきまとっていることと、とにかくあまりボロが出ないうちに上場や店頭公開にともなう新株売り出しや、持ち株の放出で荒稼ぎして「あとは野となれ、山となれ」的な態度が共通している気がします。

Q　なぜ最近のアメリカ新興企業トップは変な人ばかりになってしまったのでしょうか？

A　一般論としては「鯛は頭から腐る」、つまり人でも国でも文明でも、衰えるときにはいちばん強いところから、劣化するということでしょう。アメリカの強みは儲かりそうなアイデアなら試してみる起業家精神の旺盛なことですが、そこからおかしくなっているわけです。

Q　そのへんを、一般論からもう一歩踏みこんでいただくと？

A　製造業全盛のころには、巨大化願望には実利がついてきました。大規模な施設は低コスト生産につながり、市場シェアの拡大や利益率の向上が見こめたわけです。

ところが、サービス業では大規模化は必ずしも利益率の向上を意味しません。世界最大のeコマース企業、アマゾンの本業での営業利益率はわずか1パーセント程度です。経営効率では正当化できない規模拡大を支えているのは、経営者個人の誇大妄想とか、肥大化したエゴしかないという状態になっているのでしょう。

Q　それだけに、企業を作らず、組織も作らず、やればかなりの資金を集められたかもしれないコイン売り出し的なこともせず、自分は一貫して後景に退いて、たった1本の論文だけで世の中を動かそうとしたサトシ・ナカモトのいさぎよさが、ますます際立って見えるというわけですね。

A　はい。そのとおりなのですが、中島真志さんは『After Bitcoin　アフター・ビットコイン――仮想通貨とブロックチェーンの次なる覇者』（2017年、新潮社）に、以下の文章を書いています。

現在のビットコインの大口保有者の多くは、発明者のナカモト氏を始めとして、ビットコインの導入初期からマイニングを行っていた採掘者だとされています。ちなみにナカモト氏は一度もビットコインを使っておらず、100万BTC（4800億円相当）を保有しているものと推測されています。いずれにしても、前述のような数字を見ると「みんなで平等に」という理念からはかけ離れて、「一握りの人による、一握りの人のためのビットコイン」になってしまっているという感が否めません（同書、71ページ）。

私の読んだかぎりでは、この一連の「疑惑」はまったく出典のない伝聞や憶測の寄せ集めでしかありません。しかも、「サトシ・ナカモトは自分の名前を冠した唯一の論文から想像するほど高潔でも理想主義的でもなさそうだ」という印象を広めようとする意図が見え透いた、伝聞であり憶測なのです。

当人（たち）は1本の論文というかたちでしか自分の主張を展開しようとせず、私生活についてはまったく言及していません。それなのに、なぜその論文のなかで確認できることだけについて批判なり賛同なりの態度表明をせず、私生活についてそこだけは妙に具体性のある4800億円の資産持ちという根拠のない「推測」、しかも誰が推測したのかも明らかにしない推測を広めようとするのでしょうか？

残念ながら、堂々と論駁《ろんばく》できない主張をそれでも否定したいので、搦《から》め手で「あいつはカネに汚い人間だ」という当てこすりをしているとしか考えられません。

Q　なるほどかなり露骨な当てこすりですね。たとえば、この約4800億円という金額は世界の大富豪たちの資産番付に割りこませるとすれば、どのへんに入ってくるのでしょうか？

A　おそらく20位前後だと思います。まあほぼ確実に複数の人たちで分割するのでしょうから、

1人当たりで見れば40位から60位ぐらいに何人かが登場することになるのでしょう。それにしても、そういう資産を溜め込んでいるという証拠を何ひとつ持ち出すことなく、世界でたった数十人という超の字がつく大富豪になっているはずなのに、いつまでも身を隠しているのはずるいという印象を与えるために、中島さんが最大限の努力をしていることは間違いありません。

中島さんの議論でもうひとつ深刻な問題なのは、明らかにサトシ・ナカモトが意図していない「理想」を勝手に押しつけておいて、その理想と現実は違っているじゃないかと主張していることです。「当初の設計思想では、多くの参加者がみんなでマイニングを行って、協力してビットコインの仕組みを支え、報酬としての新規コインを少しずつ平等に受け取っていこうというものであったはずです」（同書、74ページ）とか、「開発者のナカモト氏は、多くの利用者が取引の検証作業を薄く広く分担して、利用者がみんなでビットコインの仕組みを支えていくといった、ややユートピア的な世界をイメージしていたように思われます」（同書、101ページ）といった文章があちこちにちりばめられています。

どれも中島さんが解釈した理想であって、サトシ・ナカモトは作業を分担するとか、平等な分配をするとかはいっさい言っていません。彼がこだわったのは、「誰かひとりの人間、どこかひとつの組織が全体を監視し、検閲している世界ではほんとうに〝自由〟な取引は成立しない。これまでのテクノロジーでは、誰かが全体を監視することなく、取引や通信内容の改ざんや不正使用を防ぐ方法はなかった。つまり、検閲を受け入れるか、改ざんや不正使用を受け入れるかというふたつの〝悪〟のうち、被害の小さいほうを選ぶのがベストだった。しかし、ブロックチェーン技術によって、検閲も改ざん・不正使用もともに防ぐことができるはずだ」ということなのです。

Q　ただ、検閲からの自由という論点をあまり高く評価されず、むしろしっかりした権威が存在していたほうがもっと有効にブロックチェーン技術を実用化できると主張する中島さんの論調を私なりに推測しますと、「犯罪者にとっても検閲から逃れる自由を保障することになってしまうのはまずい」とお考えなのではないでしょうか？

A　はい。そのとおりだと思います。こうした画期的な技術が浸透すれば、ふつうの庶民より犯罪者のほうが有効にこの技術を活用するかもしれないし、いままでは犯罪に手を染めていなかった人たちのなかからも、摘発されなければＯＫと考えて犯罪者となる人が増えるだろうと懸念していらっしゃるのでしょう。

結局は、「捕まらなければ」とか「バレなければ」と考えて犯罪に走る人たちが多いか、捕まるか捕まらないかにかかわらず、悪いことはやりたくないと考える人が多いかという問題だと思います。私は日本国民の大半は後者に属していると思うのですが……。

Q　ところが、欧米はそうでもないと？

A　はい。じつは次章でお話しするように、いちばん切実にビットコインとブロックチェーン技術が必要とされているのは、情け容赦なく現金取引が排斥されている**欧米社会**なのです。日本は、インフレにさえ気をつけていればたいていの取引は現金で決済できるので、クレジットカード会社、大手金融機関、政府による金融情報独占の害はそれほど大きくありません。

しかし、欧米ではほんとうに消費者情報が丸裸にされているのが現状で、所得、資産、消費行動が筒抜けになっています。なんとか最小限のプライバシーを再確立するためにも、デジタル空間のなかでのビットコインのピア・トゥ・ピア決済が不可欠だと思います。

ここで問題になってくるのが、欧米はキリスト教文明圏だということです。キリスト教は「全能の神が厳罰で脅して監視し続けていなければ、人間は好き勝手に罪を犯すだろう」という世界観に立脚した宗教です。そして、人間は自分を取り巻く環境の期待に応える育ち方をする傾向があります。

すでにご説明した資産レスで急成長している企業の創業者たちも、金銭的、物質的には何ひとつ不自由のない生活をしていて、あれだけ**エゴマニアック**（自我肥大症）ぶりを発揮しているわけです。ビットコインが提供する無名性を悪用する人たちも多いかもしれません。

第4章

迫りくる監視社会の悪夢を阻止できるのは現金と暗号通貨だけ

警察国家の〝論理〟がキャッシュレス化を進める

Q　ここまでお話しいただいてきたのは、文明全体として性善説の日本ではビットコインをはじめとする暗号通貨が社会全体に広く受け入れられたとしても大きな弊害は感じられない一方、性悪説の欧米ではかなり脱税とか資金洗浄とかに悪用されるかもしれないということでした。にもかかわらず、暗号通貨は欧米社会でこそ切実に必要とされているとのことですが、その理由をお教えください。

A　最大の理由は、少なくとも金融経済におけるかぎり、欧米社会が中国と甲乙つけがたいほど**〝監視社会化〟**していることです。欧米諸国の国民はすでに現状で、政府、警察、大手金融機関、クレジットカード会社に監視されていることを常に意識しながら消費活動をしています。

もし民間の何の権威も権力も持たないビットコインのような、政府や中央銀行や大手金融機関のひも付きではない暗号通貨に対する監視がますます緻密《ちみつ》で網羅《もうら》的なものになるのを防ぐことができない世の中になったらどうなるのでしょうか？　消費者は自分の趣味や嗜好《しこう》によって何をいくらでどのくらい買うかを決めるのではなく、政府の経済政策や金融機関の経営戦略に従って決めなければならなくなります。

Q　先ほどご紹介いただいた未婚のお嬢さんの妊娠を父親よりクレジットカード会社のほうが先に察知してしまった例を知ると、たしかにその懸念は感じます。ただ、中国同様の監視社会化という表現までいってしまうと、やや大げさかなと思ってしまうのですが……。

A　いいえ、これはそのくらい深刻に憂慮すべき問題だととらえるべきです。資金出入りの首根っこを押さえられた取引は、正直な価格発見機能を消失してしまうからです。たとえば、憧れの異性と一緒にお買いものに行ったときに「あの人と一緒だから、趣味が悪いとか下品とか思われそうなものは買えない」というのは、ほほえましいと思います。

けれども、「政府や警察や税務署に見張られているから、申告している所得以外にも収入がありそうに見える高いものは買えない」とか、「クレジットカード会社や大手銀行に筒抜けだから、自分の趣味に合うものならこんなに高いモノまで買ってしまうことを知られたくない」といった理由で、すなおな商品選びができなくなってしまうとしたら、それはまっとうな市場とは言えないでしょう。

Q　現金からキャッシュレスへと主張する人たちのなかには「出所を押さえられない現金決済では脱税や資金洗浄を根絶できないから、社会全体としてキャッシュレス化すべきなのだ」というご意見もあるようです。

A それはもう、警察国家の〝論理〟というべきでしょう。警官が「道行く人の何人かは犯罪者だから、片っ端から職務質問する」というのと同じ発想だと思います。

そして、ビットコインが志向する「雑踏のなかの無名性」、つまり売り手も買い手も「何を、いくらで、いくつ売る」とか「買う」とかいう情報以外には何のバックグラウンドチェックも必要とせず取引が成立するからこそ、市場経済が世界中でいちばん効率的な〝**資源配分**〟をできているのだと思います。

Q ただ、キャッシュレス化が進展していないことによって、世界中でどのくらい税金の取りはぐれが起きていたり、銀行が顧客に支払う現金を準備することにコストをかけていたり、消費者も現金引き出しの移動のために費用や時間を使っていたり、危険に身をさらしていたりといったコストがかかっているのかを詳細に調べた研究があると聞きましたが、それについてはいかがですか？

A ああ、ハーバード大で教えている著名な経済学者、ケネス・ロゴフが行った「キャッシュレス化で最大の利益を享受するのはどこの国か？」という研究のことですね。177ページにその結論に当たるグラフがまとめてあります。日本は、もうキャッシュレス化するための制度的な基盤はしっかりできているのだから、もっとキャッシュレス化を進めればすぐ社会全体として大きな利益が出てくる国のひとつとされています。

キャッシュレス化で最大の利益を享受するのは どこの国か？
現金決済の絶対的コストとデジタル化進展度スコア

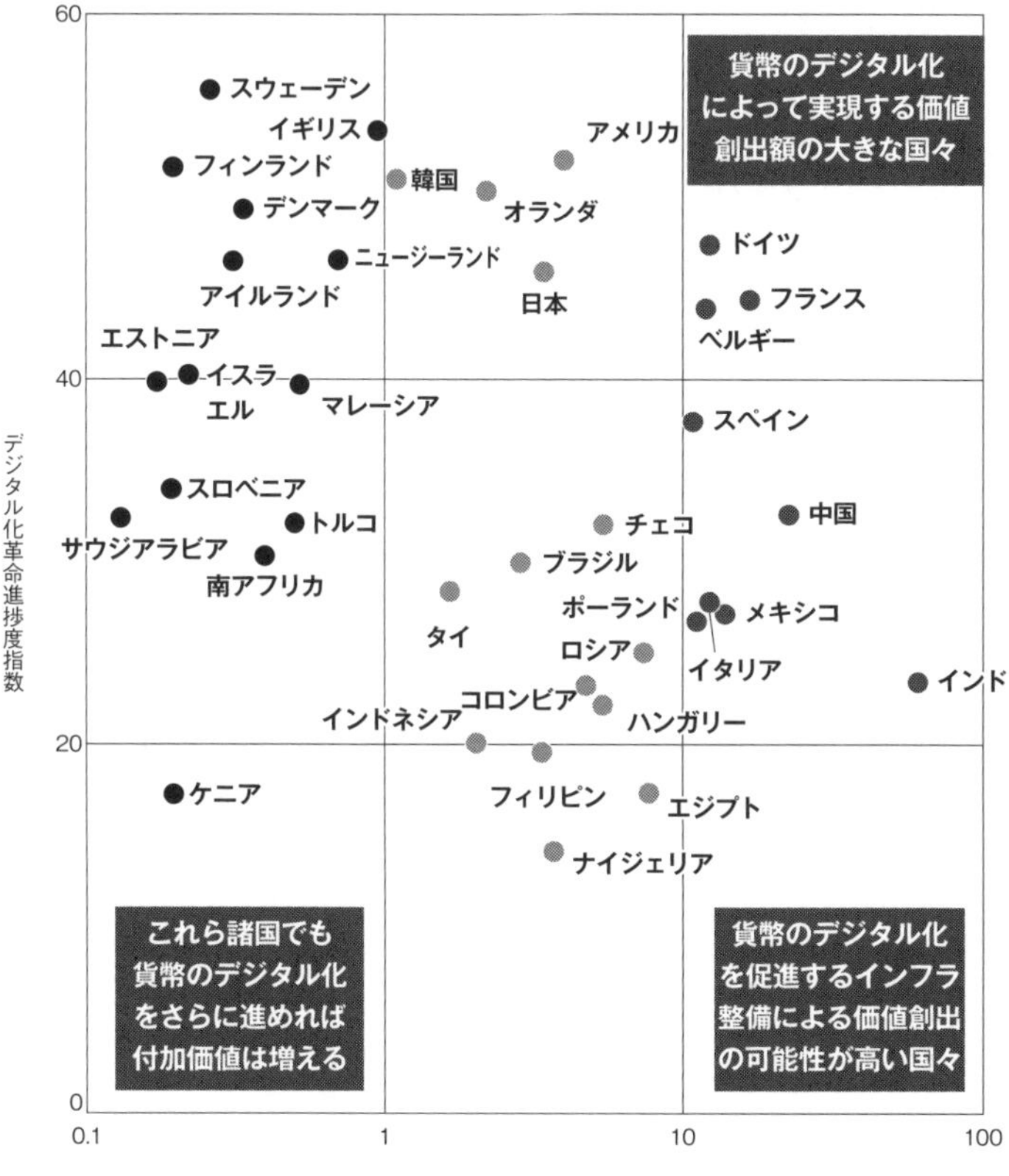

原資料：タフト大学フレッチャー・スクール、デジタル化革命進捗度指数
出所：ウェブサイト『HBR Webinar』、2016年7月5日のエントリーより引用

まずご注目いただきたいのは、このグラフに出てくる「デジタル化」というのは、すべて政府や大手銀行が完全に出入金の情報を掌握できるかたちでのデジタル化であって、ビットコインのように使用者が無名のままにとどまれるタイプの暗号通貨は初めから検討対象ではないということです。

その上で、いろいろコストが算出されているのですが、そのなかには私があきれたことも入っています。それは「世界中の銀行が預金者に現金を払い出すために運営しているATM機の導入と維持にかかるコストは現金を廃絶してあらゆる取引を口座決済やカード決済にすれば、大幅に節減できるから、これは現金を廃絶しきれていないことによるコストだ」と主張していることです。

Q　申し訳ありませんが、この主張のどこがおかしいのでしょうか？　銀行はだいたい営業中の支店網に合わせてATMを設置しているでしょうし、そのATMをなるべく故障がないように運営して、きちんと現金も払い出せるように維持しておくことには、かなりのコストがかかっていると思います。

A　銀行は預金者から預かったお金を預金者の要求に応じて払い戻すという商売をしているわけです。そして、預金者は自分にとっていちばん都合のいい方法で払い戻しを受ける〝**権利**〟があります。もちろん、ある銀行の口座から別の銀行の口座に入れてくれとか、クレジットカード会社からの支払いに応じてくれという預金者もいるでしょう。

でも、現金を受け取りたい預金者のために現金を払い出しやすくするためのATMを置いておくことは銀行の仕事そのものであって、預金者が「現金で受け取りたい」などと贅沢を言うからこんなことにまでカネを使わなければならないというのは、本末転倒です。一般商店が、消費者がみんなまとめ買いをしてくれれば販売のコストが低くて済むのに、少しずつ買う客がいるのは、店がその客のためにムダな費用を使っていると主張しているようなものです。

ロゴフは、さらに預金者にとっても、ATMにたどり着くための移動の費用ですとか、自分の番が来るまで並んで待っていることに使う時間コストといった項目も集計しています。そこには、口座払いやクレジットカード払いにもそれなりのコストがあって、預金者は双方を秤《はかり》にかけて、実際には現金を引き出すことを選んでいる基本的な事実を無視するという、経済学者失格とも言うべき重要な欠落があります。

もちろん、クレジットカード払いにすることのコストは、銀行のATMから現金を引き出すことほど見やすいものではありません。カード払いにするたびに、支払いを受け取る売り手はカード会社に売上の2～5パーセントの手数料を払っていて、その分だけ価格を上げなければ、現金払いだったころと同じ利益率は確保できません。このカード会社の手数料に当たる負担は、売り手と消費者とのあいだで分担することになります。この負担を売り手だけが一方的に吸収していると考えるのは非現実的でしょう。

それだけではありません。カード払いは、分割払いにすれば当月以外の分には年率20パーセント近い金利がかかりますし、もし一括のつもりだったのに引き落としの口座に必要な金額が入っていなければ、延滞金利とは別に延滞になったことに対するペナルティも払う必要があります。

また、消費者とモノやサービスの売り手とのあいだの取引があまりにも大きくクレジットカード決済に偏ることには、カードも、銀行口座も、定住している住所もない人たちには深刻な生活権の侵害になっている事実も見逃せません。スウェーデンをはじめとする北欧諸国は現金決済比率が10パーセント前後まで落ち込んでいて、ほんとうにごく少額の小銭しか使わないような取引にしか使われなくなっています。そのため、市中に出回っているお金の総額が、異常なほど少なくなってしまいました。181ページのグラフが示すとおりです。

1950年代初めにはGDPの10パーセント近くにのぼっていたスウェーデンで流通中の現金総額は、2016年の時点ですでにGDPの1パーセント強に過ぎず、2025年には0.2パーセントぐらいに減少してしまうと予測されています。北欧諸国では、この現金減少ですでに困っているのが、道を歩いている人たちからの投げ銭に頼って生活している大道芸人たち

スウェーデンでは流通中のキャッシュ残高が激減している
1950～2025年(予測)

2017から25年の推計値は、現金の利用が2010～16年の実績と同じペースで減少したと仮定して算出している。

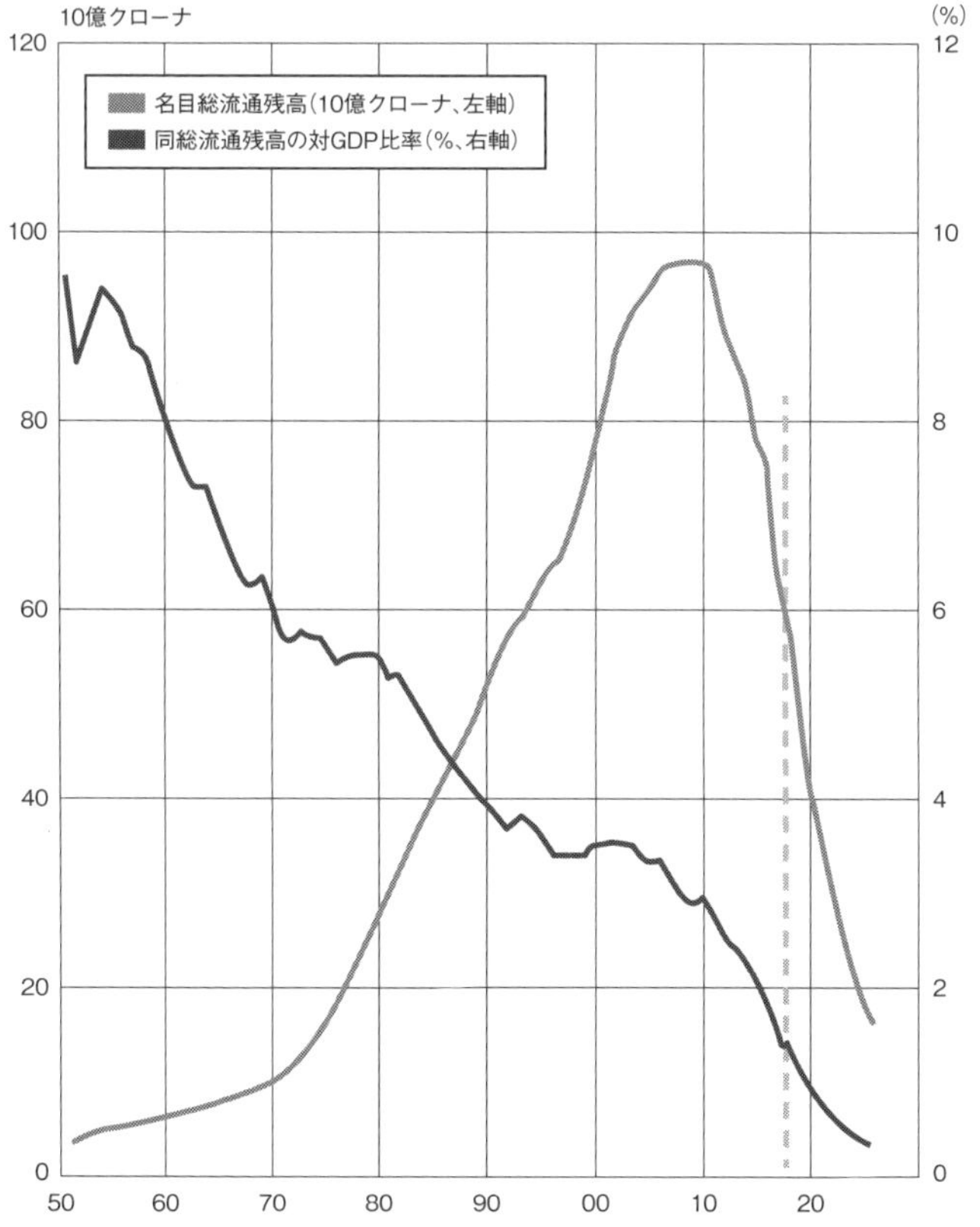

原資料:リクス銀行(スウェーデン中央銀行)、スウェーデン統計局金融市場統計・国民経済計算、(GDPは支出額ベース)
出所:ウェブサイト『Zero Hedge』、2018年4月6日のエントリーより引用

です。たとえ、通行人のほうでは投げ銭を出そうという気があっても、大道芸人には銀行口座もカードも住所もない人たちもいます。彼らは受け取り手段がないので、こうした人たちからの投げ銭をもらえなくなっているのです。

こうしたコストに加えて、カード会社に消費パターンに関する情報を握られて、その分だけカード会社にとっては効率的で、消費者にとっては割高な商品やサービスを買わされるというコストもあります。

Q　その点については、ちょうどこちらが「あれを買わなきゃ」とか「これもそろそろ買い換えどきかな」と思っているときに、タイミングよくそういう商品やサービスを紹介してくれるのは便利なので、多少割高になってもいいとお考えの方もいらっしゃるようですが……。

A　たしかに世はさまざまですから、別にそういう方のクレジットカード利用を抑制しようなどとは思いません。ご自分でカード払いにするか、現金払いにするかをお決めになればいいでしょう。ただ、キャッシュレス化を推進しようとしている人たちの多くは明らかに、カード会社や大手金融機関が少しでも大きな収益を上げられるようにする意図でこうした研究に励んでいることは、お忘れいただきたくないですね。ちなみに、このロゴフの研究の末尾には「(クレジットカード最大手の一角を形成する) マスターカード社による〝委託研究〟だ」とはっきり記載してあります。

Q　それはまた、あまりにも露骨で笑えますね。しかし、委託したほうとしては、初めから誰のためにやっている研究なのかバレていたら、効果が半減するとか、むしろ逆効果になるとか思わないのでしょうか？

A　一般の読者は、論文の末尾まで眼を通さないし、たとえ通したところでそれが何を意味するのかわからないだろうとタカをくっているのでしょう。近年「キャッシュレス社会化」が、経済・金融活動の効率化というプラスの価値で語られることが多くなった日本でも、金融機関の面々が一般大衆には自分たちの意図していることが見破れないだろうとタカをくっている点では、似たようなものだと思います。

キャッシュレス社会での金銭授受は、クレジットカード発行企業や預金通帳を掌握している銀行を通じて、消費者や個別企業のカネの出入りが金融業界や国家による検閲にさらされているということです。「この消費者はこういう商品をいくらぐらいの金額で買っている」というようなデータを持っていれば、効率のいいセールス活動ができます。

Q　銀行口座やクレジットカード決済では、税務署や警察にも資金の出入りは筒抜けということでしょ

うか？

A　いくらなんでもクレジットカード会社や銀行が、日常的に消費者の資金の出入りを税務署や警察に知らせているということはないでしょう。しかし、脱税や資金洗浄の疑惑のある人たちについて情報提供を求められれば、応じているでしょう。キャッシュレスは企業にとってとても効率よく稼げる分野ですし、それを守ってもらうためになるべく税務署や警察と仲良くしておくことは、彼らにとって当然の対応だと思います。

こうした情報がいかに企業にとっておいしいかは「キャッシュレス　打ち出の小づち？」という日本経済新聞の見出しが如実《にょじつ》に示しています。本文を読むと、某証券系研究所のリサーチ要員の「キャッシュレスでお金の流れをひも付けてデータを活用すれば、新しい小売りサービスが生まれ、社会全体が活性化される」（同紙、２０１８年1月15日付記事）というコメントが出ていました。

私なりの日本語に訳せば、「消費者のヒモになってカネの出入りを監視していれば、効率よく搾《しぼ》り取ることができる」ということになるでしょう。さすがに企業と金融業界のために存在している新聞は違うなと感心したのですが、それにしてもふつうの勤労者だって読んでいる新聞ですから、これはあまりにも不用心な書き方じゃないかなと思いました。

ところが、どうも最近の日本の金融・経済メディアでは、この「ひも付ける」とか「ひも付く」とかのどことなく品のない表現が、キャッシュレス化推進のための合いことばになっているようなのです。

ある週刊経済誌のオンライン版には「カード払いの徹底が資産増加につながるワケ」という見出しで、仰天するような内容の記事が出ていました。食費約4万3000円、そのほかのほぼ定常的な支出約4万6000円、家賃約10万円を全部カード払いにすれば、1か月になんと2000円分の支払いに使えるポイントが返ってくる。これはもう、立派な可処分所得であり、資産増加だという主張なのです。たしかに、5円だろうと1円だろうと自由に使えるカネが増えれば可処分所得の増加ですし、それを貯めておけば資産の増加です。

2018年（平成30年）1月15日（月曜日）

エコノフォーカス
ECONO FOCUS

キャッシュレス
打ち出の小づち？

訪日客のカード消費　喚起
人手不足の外食など救う

「都、経済効果2兆円も」

スマートフォン（スマホ）の普及率が7割を超え、電子マネーを持つ世帯が5割以上に広がってきた。外食や小売業での人手不足や、増える訪日外国人客がキャッシュレス化を後押しし、東京都だけで2兆円もの経済効果があるという試算もある。（竹内宏介）

日本のキャッシュレス決済の比率は2016年で20%で、5割を超える中国や韓国に及ばない。政府が今後10年で4割にする目標を掲げキャッシュレス化を急ぐのは、そこに宝が眠るからだ。

VISAが外部に委託した興味深い調査がある。東京都で企業間取引や政府による支払いも含めた「キャッシュレスレベル」が今より2割高まれば、現金を数えたり運んだりするコストを約5・4兆円減らせるとはじく。インフラ整備の費用を差し引いても、都だけで約2・2兆円の経済効果が見込まれるという。

キャッシュレスを進めるのはクレジットカードと電子マネー、けん引役としては訪日外国人観光客が期待される。観光庁が訪日客に困ったことを聞いたところ、言葉や通信環境に次いで「クレジ

電子マネーを持つ世帯は5割を超える

年	2008		10		12		14		16	17

（注）総務省の家計消費状況調査、17年は9月までの平均

「現金お断り」の店も登場した（東京都中央区のギャザリングテーブルパントリー馬喰町店）

2018年1月15日付日経新聞の記事

それにしても、新入社員のころから退職するまでずっとカード払いを徹底して、かなりの所得や支出の増加を見こんだとしても、せいぜい70~80万円分の「資産形成」でしょう。一生にその程度の金額を稼ぐために、自分の消費生活を全部カード会社に握られることを奨励する神経には恐れ入ります。

そして、この記事にも「現在の日本のキャッシュレスとは、独自の利便性に優れたクレジットカードにひも付くことで急速に推進させることが可能になっているのだ」というのです。誰が誰のヒモになって急速に推進させて得をするのかが判然としないところがミソということでしょう。

現金決済は無名のまま取引できるすばらしい仕組み

Q 日本の金融業者は、欧米諸国に対して、キャッシュレス化という分野でかなり立ち遅れているので、正直なところ論理などどうでもいいから、とにかくキャッシュレス化を早く進めて欧米に追いつきたいということなんでしょうね。それにしても、なぜ権利意識が高いはずの欧米で、キャッシュレス化がどんどん進み、現金決済ができない分野が増えているのでしょうか?

A 最大の理由は、社会がすさんでいて数百ドルの現金を持ち歩くことさえ危険だからだと思います。欧米で、庶民が諦めに似た心境でちょっとでも高額の取引はカードや預金口座で決済しているのは、暴力犯罪も財産犯罪も日本とは比較にならないほど発生率が高いからです。銀行やクレジットカード会社に収入や消費のパターンを握られれば、ほぼ確実にどこかの企業の営業活動に利用されます。それは、欧米の一般大衆だってわかっています。それではかなり高額の取引に現金を使うかというと、やはり安全性の点で二の足を踏む場合が多いのだと思います。

この点は、先進諸国のなかでも非常に犯罪発生率が低く、かなりの金額の現金を家に置いていたり、持ち歩いたりしても押し込み強盗やホールドアップに遭う危険が非常に低い日本ではあまり重要に見えません。

こうして見てくると、自分から目立とうとしないかぎり、無名のまま取引できる現金決済は、きわめてすばらしい〝仕組み〟だとわかります。日本ではいまでも不動産流通業者は、個人同士の1～2億円の決済では銀行渡りの小切手より現金を選んでいます。1枚の小切手のほうが、1万枚とか2万枚の1万円札より偽造しやすいし、払い手が口座を持っている銀行の支店で現金を下ろして即座に決済をすれば、強盗に襲われる危険など皆無に近いからです。

でも、アメリカやヨーロッパ主要国では次第に深刻な問題となっています。私がアメリカに留学していた1970年代末から80年代半ばでは、武装していない民間人が持ち歩ける現金の上限額は200ドル程度で、当時の為替レートでも約5万円、直近のレートなら2万円強という少額にとどまっていました。社会がさらにすさんできた現在なら、アメリカで丸腰の民間人が安心して持ち歩ける金額は100ドル程度に減少しているのではないでしょうか。

Q　1万1000円前後ということですよね。それはあまりにも少額で不自由すぎるように思えますが。

A　もちろん、不自由です。不自由だからこそ、アメリカでは多少とも金額の張る取引はほとんど全部銀行口座かクレジットカード決済になっているのです。そして、イギリス、フランスなどでもその方向に動きつつあります。

これはたんに強盗に遭う確率の高さだけの問題ではありません。たとえば、日本には通販で注文したモノを買うときにも実際に商品を持ってきてもらって、代金は商品と引き替え（代引き）という選択肢があります。

これは欧米ではまず不可能なシステムです。なぜなら、宅配便の運転手ひとりに代金回収を任せたら、確実にそのカネを着服する人間が多数出てくる問題があるからです。少なくとも、通販業者も運送会社の経営者もそう思っています。そして、すべてふたり1組で相互監視させながら宅配をすることになると、人件費がかかりすぎるでしょう。

また、これもやはり強盗事件の発生件数が日本よりずっと多いことの影響ですが、宅配業者に現金回収を任せたら、荷物をあらかた配り、代金回収も済んだころの宅配便トラックを狙った強盗事件も多発する懸念があります。そう言えば、アメリカに留学したばかりのころ、アメリカ中でコカコーラを飲食店やスーパーに配達して回るトラックの運転席のドアには、「Drivers Don't Carry Cash」と書いてあって、「これがアメリカン・プラグマティズムの神髄《しんずい》か」と感心したことを思い出しました。

トラック強盗が犯罪だと知らなかったから強盗をするという人は、めったにいません。強盗して手に入るであろう金額と、捕まる確率を天秤《てんびん》にかけて、やるか、やらないかを決めるわけです。そうなると代金は別のところで決済しているから、配達トラックの運転手は代金を持っていないと書いておくことが強盗の抑止に効果があるというわけです。

Q　なるほど、それはいかにもアメリカ的と言えば、アメリカ的な話ですね。

A　問題は、こうした「現実的な対応」が浸透するほど、それはある種の自己実現的な予言になってしまうことです。経営者がどうせ自分たちのことをチャンスさえあれば、預かっただけのカネを着服するような人間だと見ていると思えば、何か口実になるようなことが起きればそのチャンスを生かして実際に着服する人も増えるでしょう。

コカコーラが先駆になって始めたことなのかどうかは知りませんが、特定企業の商品を配達する運転手は配送した商品の代金回収は引き受けないという認識が高まれば、トラック強盗常習者たちはまだ運転手に代金回収をさせている企業の商品を配送しているトラックに群がるでしょう。そうすると、どんどん現金による代金回収が危険性を増していくわけです。

Q　ただ、日本のキャッシュレス化推進論者たちは、たんに欧米のほうが日本よりキャッシュレス化は進んでいるというだけで、まるでキャッシュレス化自体が〝立派〟なことのように主張していますね。つい先日、このままでは現金取引比率が先進諸国では突出して高い日本は、「世界の孤児」になるという記事を見かけました。

A　とにかく欧米と日本を比較して、違っているところがあれば、自動的に「欧米が進んでいて、日本は遅れている」と決めつける人が多いですからね。ただ、キャッシュレス化推進論者があまり論理的にまっとうな主張をしていないのは、世界的傾向でしょう。

先ほどご紹介したロゴフの研究にも、正直に数値を出してしまったために、キャッシュレス化しないことのコストがいかにささやかなものかを暴露してしまっているところもあります。

インドのニューデリーでは、現金を追い求めるための時間コストが、1100万人の預金者にとって年間7200万時間にものぼっているというのです。たしかに膨大な時間をたかが現金を引き出すためだけに使っていて、もったいないとお思いの方が多いでしょう。でも1人当たりにすれば年間6・5時間で、1月当たりにすれば32分50秒、1日1分強です。はたして、これが莫大な損失でしょうか。

「アメリカはクレジットカード利用の歴史が世界一長いにもかかわらず、いまだに消費者が店舗で支払いをする際に総額の約3分の1を現金で済ませている。そのために、連邦準備制度は紙幣や硬貨をアメリカ社会に流通させておくためのコストを、じつに年間2000億ドルも使っている。なんという資金の浪費か」とも書いてあります。

Q　2000億ドルですか。日本円に換算すると約22兆円というのは、たしかに一般庶民にとっては想像もつかないほどの莫大な金額ではないでしょうか？

A　はい、一般庶民にとっては、そんな大金は何がいくつ買えるかというようなイメージさえ浮かべにくい金額です。でも、192ページの2段組グラフもご覧ください。

上段には、アメリカの中央銀行である連邦準備制度が2008年から09年にかけて約1兆ドル、そして2009年〜15年にかけてさらに約2兆ドル、合わせて3兆ドルも資産を増やしてきたことがわかります。これは量的緩和と呼ばれる景気刺激策です。中央銀行が資産を増やすというのは、紙幣を増刷して、その紙幣で金融市場から国債や比較的安全性の高い社債を買ったりして、市中に流通している通貨の総額を増やすことです。そして、この莫大な増加額に比

先進国4大中央銀行の総資産は、国際金融危機後約4倍に
1999～2019年（予測）

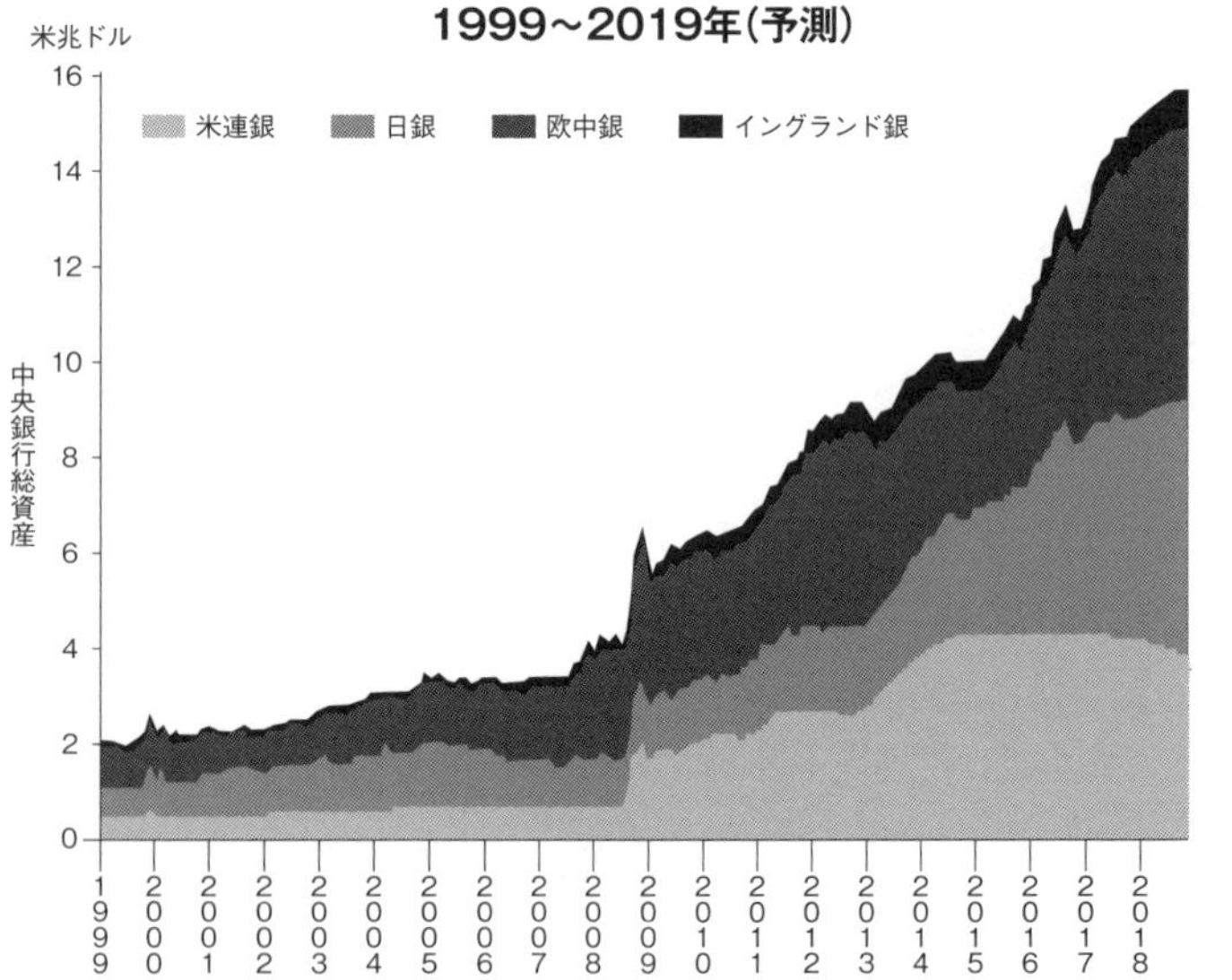

だが、インフレ率は2019年にかろうじて2.0%に到達する程度と予測
先進諸国のインフレ率、1999～2020年（予測）

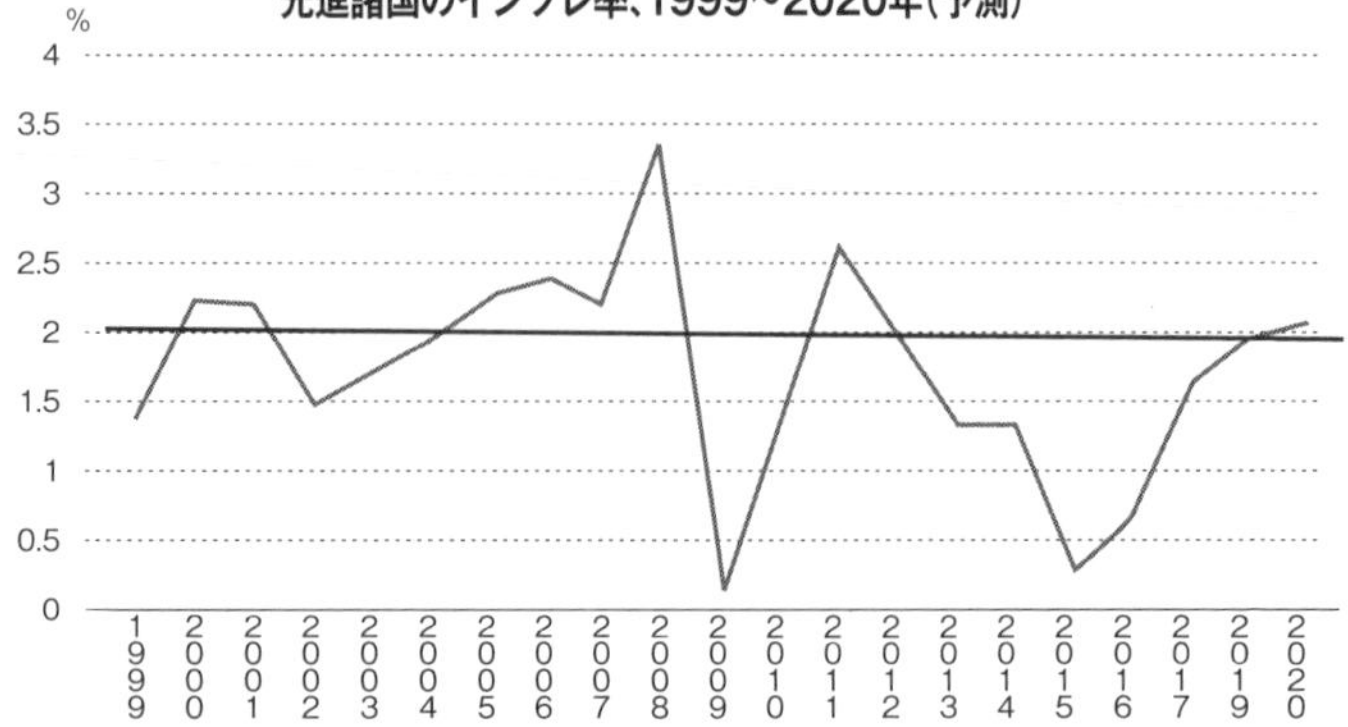

出所：（上）ウェブサイト『Grizzle.com』、2018年1月28日のエントリー、
（下）IMF Data Mapper、「世界各国のインフレ率」より引用

べると、消費者が現金決済を行うために使っている2000億ドルは、決してはしたガネではありませんが、それほど大きな金額でもないのです。

もっと重大な意味があるのは、それぞれの用途にどれくらい役立っているかということです。消費者の現金決済がスムーズにできるようにと出している2000億ドルは、たしかに紙幣や硬貨が不足していたために決済できなかったという不都合を防いでいます。しかし、アメリカだけではなく、先進諸国の中央銀行が軒並み実施した量的緩和という名の景気刺激策は、なんらかの効果を発揮しているのでしょうか。

量的緩和策の意図としては、市中に出回る通貨の量が増えれば、商品やサービスの量は同じなのに、その同じ量のモノやサービスを追いかけ回すお金の量だけは増えるので物価が上がる、つまりインフレ率が加速することです。そうなると、消費者や企業はなるべく早くモノやサービスを買っておいたほうが得だと思って、消費も投資も増え、景気はよくなるはずだというわけです。しかし、この思惑はほぼ完全に外れています。それを示しているのが、下段のグラフです。

ちょうどサブプライムローン・バブルがはじけ、国際金融危機が勃発し始めていた2008年に3・5パーセント弱まで上がっていた先進諸国のインフレ率は、2009年には0・2パーセントぐらいまで下がり、その後の各国中央銀行による必死の量的緩和策にもかかわらず、

中央銀行資産の増加は貨幣の流通速度を下げたが経済活性化には寄与せず

1998〜2017年

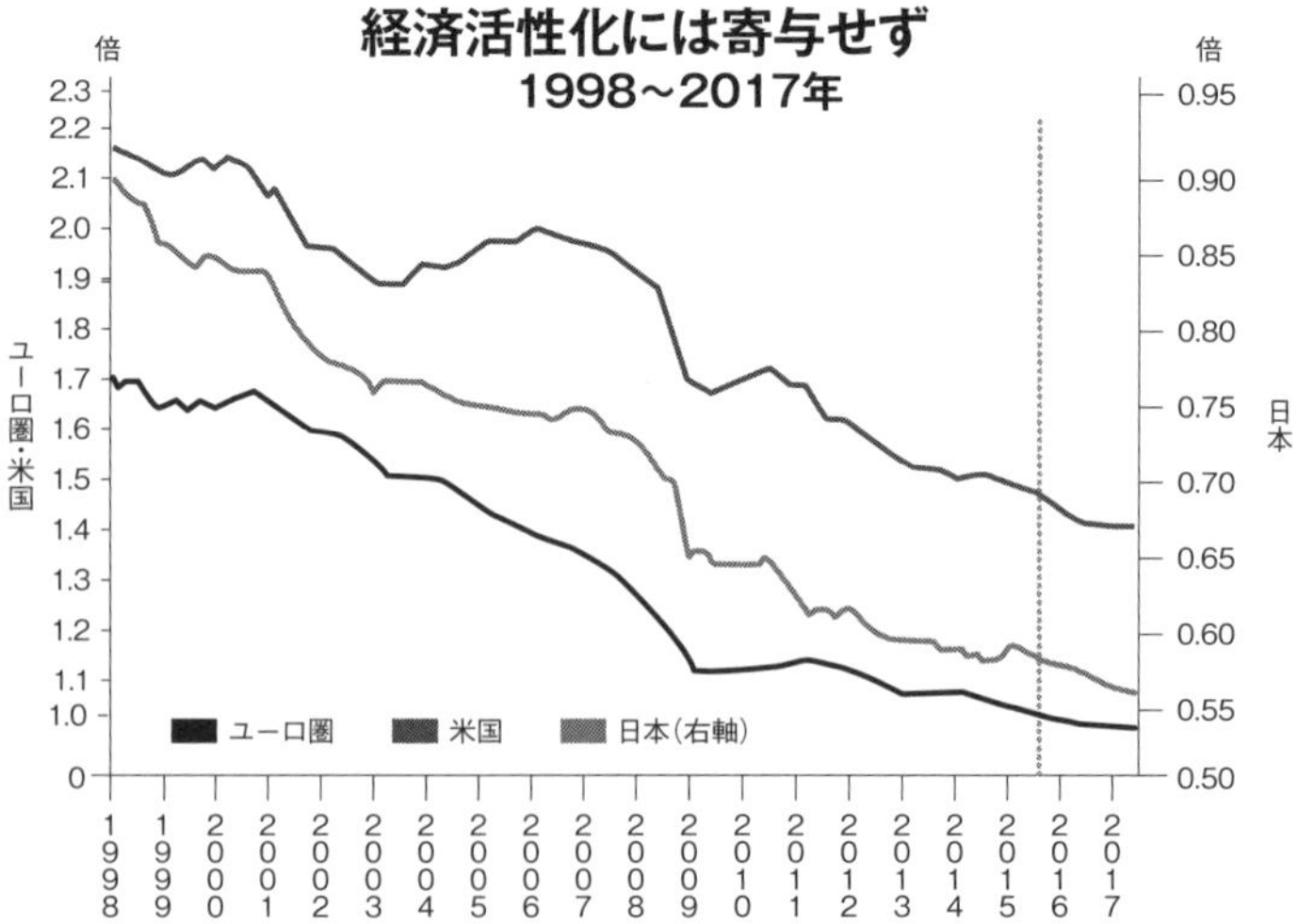

アメリカ政府債務の対GDP比率は第二次世界大戦中のピークを超えると懸念されている

1790〜2033年（予測）

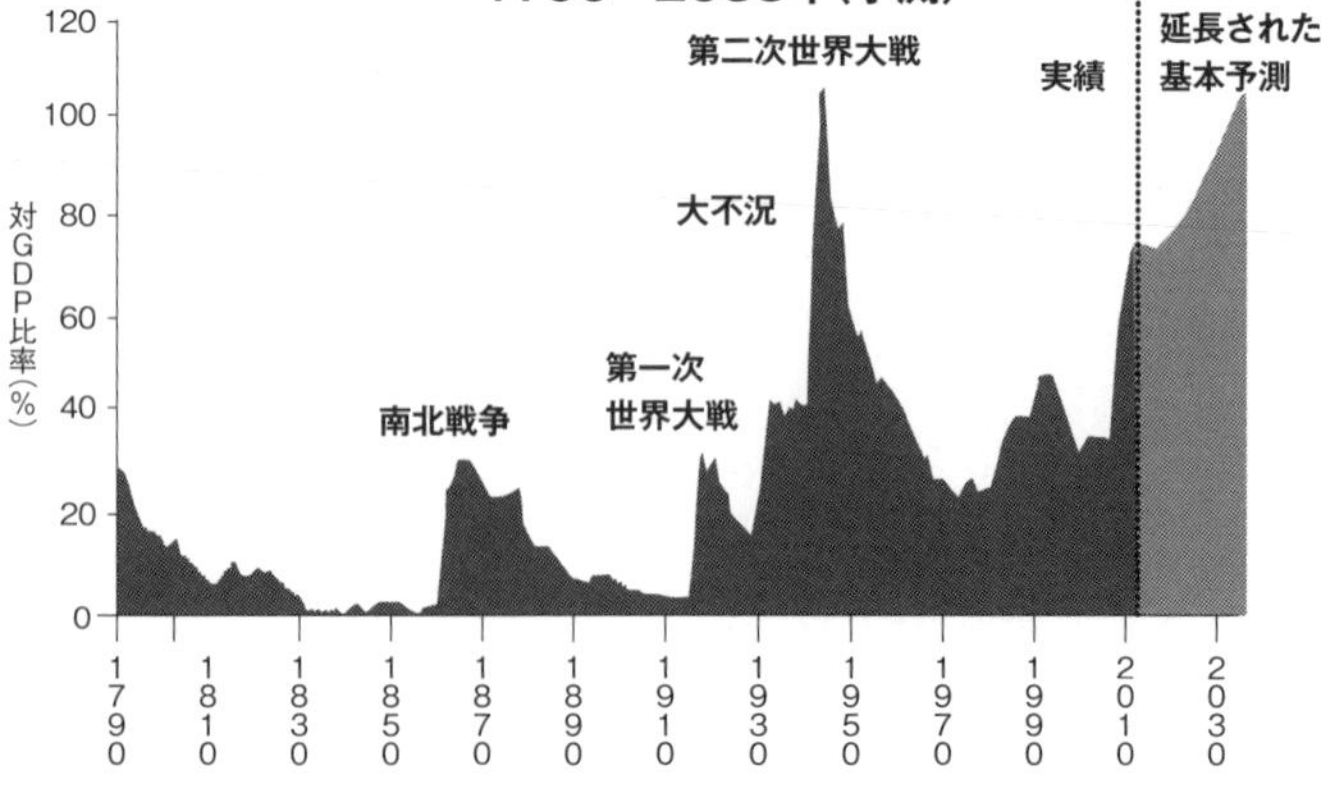

出所：ウェブサイト『Grizzle.com』、2018年1月28日のエントリーより引用

2011年に一過性で2・5パーセントを超えた以外はまったく目標の2パーセント台を達成できていません。

2018年の年初ぐらいまでは「トランプ景気で2019年には目標の2・0に到達するだろう」との観測もありましたが、実体経済は低迷続きなのに金融市場だけが潤っている現状ではそれもむずかしいでしょう。なぜかといえば、各国中央銀行が金融市場に注入するお金の量は激増していても、企業や消費者が「マネーの流通速度」と呼ばれる1年に何回現金が人や企業のあいだを移動しているかという数値が〝**劇的**〟に下がっているからです。194ページ上段のグラフをご覧ください。

政府や中央銀行が目指すのは通貨の単品管理

Q　右と左で縦軸の目盛りが違っていて、ちょっとわかりにくいグラフですね。

A　はい。先進諸国のなかでも日本だけはこのグラフの初年度に当たる1998年から流通速度が極端に低かったので、こういう読み取りにくいグラフになってしまいました。すみません。
その日本の場合、流通速度は0・87倍から0・56倍へと下がっています。つまり、もともと1年で1回未満しか移動していなかったものが、2017年には年に2分の1回転よりやや多いというところまで下がってしまったのです。欧米ではそこまで水準が低いわけではありませんが、アメリカは2・2倍から1・5倍へ、そしてユーロ圏は1・7倍からほぼ正確に1・0倍へとそれぞれ下がっています。

なぜこんなに流通速度が下がっているかといえば、企業は本来投資をして業容を拡大し、収益を増やしてこそ存在価値があるのに、あまりにも有望な投資先が少ないので手元現預金を増やしたり、増配や自社株買いに使ったりするだけで、積極的な投資をしていないことが最大の理由です。

消費者は消費者で、中央銀行の思惑どおりに物価が上がるとすればなるべく早く商品やサービスを買っておくべきなのですが、どうせインフレにはならないし、賃金があまり上がらないなかでインフレになったら自分たちが困るので、なるべく消費活動を〝**抑制**〟して物価が上がらないように心がけているからです。

そして、下段に目を転ずると、アメリカ連邦政府債務の対GDP比率は、すでに南北戦争や第一次世界大戦のころの水準を大きく超え、第二次世界大戦中以外には経験したこともなかったほどの水準に上がっていることがわかります。つまり国際金融危機が勃発して以来、延々と続いてきた量的緩和は、国家債務の増大には大いに役立っているのに、景気回復にはまったくと言っていいほど役立っていないのです。

ここで要注意なのが、ビットコインをはじめとする民間主導で普及してきた暗号通貨を、政府や中央銀行が管理する暗号通貨にしてしまえば、欧米で否応なく進行しているキャッシュレス化とあいまって政府・中央銀行の金融政策がもっと期待どおりの効果を発揮できるはずだという議論です。

Q　ちょっと脈絡がわかりかねるのですが……？

A　それは、「マイナス金利は実現可能な金融政策か」という論争と関わってきます。

昔から、金利を下げることによって、消費者や企業にもっと派手にカネを使ってもらって景気をよくしようとする政策には、「マイナス金利の壁」という障害があるとされていました。つまり、「預金の金利をマイナスにしてしまえば、消費者も企業も預金が目減りするのを傍観しているよりは積極的にカネを使うだろう。しかし、引き出して現金にしたまま持っていれば、インフレによる目減りはあっても、マイナス金利の目減りは防げる。だから、マイナス金利は有効ではない」という議論です。

この議論への反論として登場したのが、「マイナス金利をキャッシュレス化と組み合わせれば、企業も消費者もカネを現金のまま持っていることができないので、積極的に使わざるをえなくなる」という主張です。

キャッシュレス化「後進国」の日本では、「キャッシュレス化社会は、どこで買いものをするにも現金を持ち歩く必要のない便利な社会」という明るいイメージで考える人が多いようです。でも実情はまったく違います。現金を持たずにいつでも買いものができるというオプションが増えるのではなく、キャッシュレスということば自体が示すとおり、あらゆる企業や個人の資金出入りをクレジットカード会社や銀行を通じて、徴税機関や警察が〝**把握**〟するという意味なのです。

目的は大きく言って3つです。ひとつ目は、犯罪で得た資金の洗浄や脱税を極限まで抑制することです。ふたつ目は、その過程で現金を持ち歩く人間は、資金洗浄とか脱税とかの後ろめたい目的があるからこそ、現金で取引をしようとしているのだという社会通念を醸成することです。つまり、現金取引全体の「日陰者」化です。そして3つ目が、どんなに〝大幅〟なマイナス金利でも金融当局の思いどおりに実施できるようにすることなのです。

現在、各国中央銀行が小幅のマイナス金利を導入しても、ほとんど意図していたとおりに消費や投資を活性化できていません。預金にマイナス金利がついたら、現金にしたまま持っていれば価値の目減りを防げるからです。しかし、現金を持つこと自体が〝**違法**〟となり、通貨は預金のかたちでしか持てなくなれば、マイナス金利による預金価値の目減りがあまりにも大きいので、企業や個人をやりたくない投資や消費の拡大に追いこむことができます。

Q　かなり強引な手法ですね。

A　権力を握っている人たちは、他人に自分の思いどおりのことをさせようと誘導し、操縦することを**「政策」**と称して、まるで立派なことでもしているように振る舞います。そして、現在、日本ばかりではなく世界中で経済が低迷しているのは、投資が不足しているからではなく、もう投資が引っ張る製造業主導の経済ではなく、消費が引っ張るサービス業主導の経済に転換しているからなのに、そんな重要なことさえ気づかずに、どうすれば投資を拡大させることができるかばかり考えているのです。

さらに問題なのは、政府・中央銀行系の暗号通貨、それもプログラム追加型の暗号通貨が登場すれば、こうした方針は非常に強力に推進できてしまうのです。

Q　プログラム追加型というのは、イーサリアムやNEMのように資金のやり取りだけではなく、どういう目的でどういう条件をつけてこの金額を出すとか受け入れるかまで付け加えることができるタイプのことですね。

A　はい。まさにそのとおりです。

だからこそ、私は「暗号通貨の難点は発行体に権威も権限もないことだ。もし中央銀行が暗号通貨を発行すれば、すばらしい世の中になる」といった主張は絶対に承服できないのです。もし中央銀行が直接暗号通貨を発行できるようになれば、暗号通貨とは特定のアルファベットと数字の組み合わせ自体が通貨としての価値を持っているわけですから、中央銀行は1枚、1枚の紙幣を単品管理できるのと同じことになるからです。

Q　現在の紙幣や硬貨を使った貨幣制度では、中央銀行でも貨幣の単品管理はできないのでしょうか？

A　一応紙幣には1枚、1枚別の通し番号が印刷されています。だから、理屈では単品管理もできます。仮に個人や企業に「紙幣を受け取るたびに、誰から受け取ったのかと通し番号を記録し、払うときにも誰に何を買うために払ったのかを記録し、納税の時期に提出しろ」という規則を押しつけたら、紙幣の単品管理をしていることになります。しかし、こんなに面倒でうっとうしい規則を押しつけたりしたら、どんなに従順な国民の上に君臨している強固な独裁政権でも崩壊するでしょう。

現金で融資をしたり、金融機関から債券や株を買ったりしているかぎり、中央銀行は一度手元を離れた紙幣を追跡することはほぼ不可能です。しかし、中央銀行が発行する暗号通貨なら、こういうグロテスクな監視社会が大した悶着《もんちゃく》もなくかんたんに実現してしまいます。

Q　それは、かなり怖い状況ですね。

A　通貨の単品管理が実現すると、政府や中央銀行には自分たちの政策を押しつけるためにどんな手が使えるかというところが、問題です。

たとえば、現在の通貨制度のもとでは、一度中央銀行の手元を離れた紙幣は、糸の切れた凧《たこ》のようなものです。現金を使う融資では、金融政策に従う企業や穏健思想の持ち主といった「良い子」には大幅なマイナス金利で融資を実行し、金融政策に逆らう企業や危険思想の持ち主といった「悪い子」には高利で貸し付けようといった政策は、あっさり無力化されてしまいます。一度中央銀行の手元を離れてしまった紙幣は追跡できないので、よい子がちょっと利ざやを取って悪い子に又貸しする抜け穴があるからです。

でも、単品管理ができる中央銀行発行の暗号通貨なら、金利未定という**「付箋《ふせん》」**をつけた通貨を貸し出して、何度又貸しされても金利は未定のまま、最終的にモノやサービスや金融商品を買うときに払った企業や個人が良い子か悪い子かで、マイナス金利か高利かをあとから決めるというようなことさえ可能になるのです。

ここで、202ページの「中央銀行発行デジタル通貨の主な特徴」というタイトルの表をご覧ください。中央銀行の発行するデジタル通貨で文句なく、現在流通している現金と同じ利便性を発揮するだろうと予測されているのは、いちいち中央銀行職員が立ち会う必要がなく、通

中央銀行発行デジタル通貨の主な特徴

	既存の中央銀行通貨		中央銀行が発行するデジタル通貨		
			一般大衆向け		大口専用
	現金	銀行準備と決済勘定口座	トークン	口座	トークン
365日24時間利用	√	×	√	(√)	(√)
中央銀行に対する無名性	√	×	(√)	×	(√)
P-to-P移転の可否	√	×	(√)	×	(√)
金利が生ずるか？	×	(√)	(√)	(√)	(√)
利用限度額の設定	×	×	(√)	(√)	(√)

√＝すでに実現しているか、実現可能　(√)＝実現可能性あり　×＝典型的な事例ではなく、実現可能性も低い

出所：ウェブサイト『Zero Hedge』、2018年3月23日のエントリーより引用

年24時間利用できる一般企業や消費者向けのトークン（代用紙幣）だけです。

中央銀行に対する無名性やピア・トゥー・ピア（対等なもの同士）の交換は、現金と同じようにできるかもしれないという程度の位置づけです。さらに金利付加の可能性については、一見改善のように見えます。ところがじつは、すでにご説明したとおり、相手を選んで極端に金利差をつけて自分たちの政策が目指す方向に強引に社会を引っ張っていく道具にできるということなのです。

欧米とは様相が異なる日本が直面する通貨問題

Q　この無名性というのは、結局中央銀行や徴税機関に対する所得隠しや資産隠しができるかどうかに帰着すると考えると、中央銀行がそれを許すような暗号通貨の導入を目指すことは考えにくいですね。

A　はい。重要なポイントとして個人や企業の側から見て、この無名性は非常に横暴に徴税権を乱用しようとする政府に対する正当な〝**自衛権**〟の行使であるケースも見受けられることにご注目いただきたいと思います。

イタリアの総選挙をめぐる政局の混迷についてはいろいろいわれています。ですが、マスメディアなどでは「中道左派」と呼ばれていた政権が、自分たちの垂れ流した財政赤字をすさまじい重税で埋め合わせようとしていた事実は、あまり報道されていないような気がします。

たとえば、「銀行預金の残高に比べて金遣いの荒い人間は、所得隠しをしているから懲罰的な重税を課す」という方針を出していました。イタリアに居住している人すべてについて、申告所得より支出額の多い人に対しては、隠し所得があるものとの〝**前提**〟で重税を課していたのです。これは、イタリア政府が長年にわたって歳入からはとうてい正当化できないほどの歳出を続けてきたために、国家財政が危機に瀕《ひん》していることを考えると、非常に皮肉な論理です。

さらにイタリア政府はまったく逆に、居住者のあらゆる財務記録を調べ上げて、所得に比べて貯蓄が多すぎたり、銀行口座の利用頻度が低すぎたりすると、自動的に申告していない隠し所得があるものと決めつけて、これも重税の課税対象にしていました。ようするに、支出が多すぎても、支出が少なすぎても、隠し所得がある証拠と見て、重税を課すのです。こういう政府に対しては、領収書や支払い調書といった証拠が残らない所得をすべて隠すことは、〝最小限〟の自衛手段と言えるでしょう。

15世紀末から16世紀初めのイギリス王ヘンリー7世は、英仏百年戦争の痛手を克服するために腹心の部下だったカンタベリー大司教ジョン・モートンを大法官に任命して増税法を考えさせました。モートンの答えは、もし贅沢な暮らしをしている世帯を見たら、贅沢をするからには重税に耐えるとして増税し、節約している世帯を見たら重税に耐える貯蓄があるはずだとして増税するというものでした。

現代イタリア政府がまったく同じ論理で増税をしてきた事実は、政府は口実さえあれば増税を狙っており、国民はこの狙いに対して常に**〝対抗策〟**を用意しておくべきことを示唆しています。

Q　右端の大口専用というのは、どういう意味でしょうか？

A　大口専用とは、現行の金融制度のもとですでに中央銀行に口座を持っている大銀行、大手金融機関向けということです。こうした金融機関にとっては、ほんとうに使い勝手のいいすばらしい制度ということになるでしょう。そして、自分たちの責任で存立の危機に追いこまれたときにも尻ぬぐいをしてもらえる中央銀行に逆らう大手銀行などないでしょうから、中央銀行による政策誘導と大手金融機関による利潤追求は手に手を取って進むことになります。

つまり、すでにキャッシュレス化が進んでいる欧米諸国では、暗号通貨は誰でも発行できるという現状が維持されるか、暗号通貨の発行さえ中央銀行が**独占**するかで、社会全体が天と地ほども違うものになります。天下分け目の大合戦とさえ言えるでしょう。

Q　でも、日本ではそういう切羽詰まった状態は避けられるということでしょうか？

A はい。つい最近までは、日銀がいつまでもインフレ率2パーセントを達成できないことに業を煮やして、異次元緩和をさらに拡大しておいて、突然ハイパーインフレがやってきたらまったくなんの対応もできなかったというケース以外には深刻な金融問題は起きるはずがないと見ていました。ですから私は暗号通貨はもっと普及してもいいし、また普及しなくてもとくに問題はないと思っていました。

日本が直面している通貨問題は、かなり欧米の問題と様相が違います。相当高額の取引でも問題なく現金決済ができる日本で、通貨がらみで唯一の問題点は、「発行権を中央銀行に独占させておくと、慢性インフレに傾きがちだ」ということです。ただこの点は一般論としては、通貨発行権の自由化で確実に改善できます。現在、各国中央銀行が無責任な紙幣増刷競争をしているのは、国内に「代替現金決済手段」がないからです。

もし発行体の違う複数の紙幣が流通していれば、過剰な発行をしている金融機関には、その紙幣は価値が目減りしているはずだということで、他社の発行している紙幣との**両替請求**が集中します。この要求を断れば〝即取り付け〟が起きますし、受け入れれば自社発行紙幣の価値目減り分を丸ごと吸収する羽目になります。

だから、通貨を発行している企業は、発行枚数が多くなりすぎないように慎重になるでしょう。そして他社発行紙幣への両替請求が増えるといった事態に対応するために最適な準備として金《ゴールド》備蓄を自然に用意するようになるでしょう。さまざまな金融機関の発行している紙幣を各種取りそろえておくより、効率的だからです。それは、金融業界全体を保守的で紙幣の増発競争を回避する方向へと変えていくでしょう。

別に政府が、紙幣発行総額に対して持っていなければならない金準備の比率を法律で決めたり、金本位制という名の金の固定相場制を強制したりする必要はありません。通貨発行権自由化後の紙幣発行企業は自社にとって有利だからという理由で、自然に十分な量の金準備を用意するようになるでしょう。

そうすると、日本で暗号通貨が普及するかしないかは、交換手段、価値比較の尺度、価値蓄蔵手段としての通貨の種類がますます増えるか、あまり増えないか程度にとどまることになります。もし紙幣の発行権は自由化されたのに、暗号通貨発行権は中央銀行に独占される状態になったら、暗号通貨を決済に使う人はほとんどいなくなるでしょう。

Q　最近、何か新しい事態が生じてそこまで楽観論一点張りというわけにはいかないとお考えが変わったのでしょうか？

A　むしろ最近の黒田総裁の「2パーセント目標を撤回したわけではないが、いつまでと時間枠を設定するとそれまでに達成する公約のように誤解されるから、とくに日限を切っているわけではない」との発言を聞いて、ほんのわずかなハイパーインフレ懸念もこれで解消したと思っています。ようするに、インフレ率2パーセント目標は「無期延期」ということでしょう。

私は、日銀保有分の日本国債を全部無利子の永久債に借り換えれば、日本にはほとんど金融・財政面での問題はなくなると考えていました。しかし突然、無利子永久債への借り換えというニュースがセンセーショナルすぎると政府がお考えなら、黒田日銀総裁のひそみにならって、当初は2年債とか5年債とか年限を切っておいて、償還の時期になったら何度か期限を延長して、そのうちいつの間にか償還期限に関する文言が消えていたという、いかにも日本的なうやむやな「解決」もありだと思っています。

Q　しかし、欧米ではそうしたあいまいな解決策はありえないということでしょうか?

A　はい。欧米ではもう、口座決済やカード決済で消費者の金銭の出入りが非常に詳細に政府や大手金融機関に捕捉されてしまっていますから。

使用するコンピューターのビット数が多くなればなるほど、検閲、改ざん、不正使用に対する抵抗力が増すという暗号通貨の特徴は、とくに欧米諸国では絶対に生き残る価値のあるものです。暗号通貨はインターネット空間上に存在する記号であって、物理的な実体を持った硬貨や紙幣ではありません。したがって、暴力や脅迫によって強奪されることもありません。ただ、無知のせいでそれができると思って発生する強盗未遂事件は、今後もぱらぱら出てくるかもしれませんが。

ちょうどコインチェックでの大規模盗難事件が起きたころ、イギリスの暗号通貨取引所で小人数の武装集団による強盗未遂事件があったという小さな埋め草記事が出ました。犯人たちは暗号取引所に押し入って、職員にピストルを突きつけて「自分たちの口座に暗号通貨を振り込め」と要求し、取引完了の通知が入るまで待っているうちに駆けつけた警官に逮捕されたのか、その確認ができないうちに逃げていったのか、そんな事件でした。イギリスで強盗をする人たちの金融リテラシーはそうとう遅れているようです。

ただ、暗号通貨には深刻な〝**弱点**〟があります。アルファベットと数字の組み合わせからなる通貨で、ネット上に設定した財布や口座の名義、暗証番号を忘れたら、ほぼ確実に取り返すことができないという事実です。これは社会の高齢化とともに深刻な脅威になるでしょう。また、別に老人ぼけにはならなくても、人間は物忘れをする動物です。

暗号通貨を持っている人は手書きメモ、写メによるファイルなどを作って、ど忘れの危険に備える必要があります。しかし、こうした証拠を残せば残したで、漏洩《ろうえい》の危険が増えるので、今度は手書きメモや写メのファイルの保管にも鍵や認証番号やパスワードが必要になります。

その意味では、暗号通貨は暴力的略取には強いが、詐取には非常に弱いという難点があります。うっかり記号番号そのものを見せて気づかないうちに写し撮られ、それを先に使われていたらおしまいです。その点、現金は番号自体が通貨ではないので、チラッと見せた札束の通し番号を全部記録されてしまったとしても、あとで使おうとしたとき、「その番号はもう使われています」と拒絶されることはありません。

日本では、「おれおれ詐欺」とか「振り込め詐欺」とかは、気のいい日本の老人だけがカモにされる日本独特の現象という見方をしている人が多いようです。そんなことはまったくありません。欧米、とくに成人した子どもたちは親元を去ることがふつうであり、中高齢になっても離婚の多いアメリカでは、気のいいひとり暮らしの老人に取り入って、ことば巧みにATMを使うときの暗証番号を聞き出し、その老人の預金を全部引き出して逃げてしまうといった事件が深刻な社会問題になっています。

アメリカの預金口座には通帳はなく、月に1回前月の締めでの残高と、出納記録と今月の残高を書いた報告書を手紙かメールで送ってくるだけです。暗証番号を教えてしまったら、翌月の報告書が届くまで有り金すべて持ち逃げされていたことに気づかないこともあります。ようするに、欧米でいまさら現金決済を見直せない本当の要因は、金融市場そのものではなく、金融市場を取り巻く**社会環境**にあるのだと思います。

アメリカの不幸の元凶となった「ロビイング規制法」

Q　そういうお話をうかがうと、ますます不思議になってきます。なぜ日本では守ろうと思えば、まだ守り抜くことができる現金決済のすばらしさが、あまり認識されていないのでしょうか？

A　認識していないのは、「識者」とか「知識人」とか呼ばれる人たちだけで日本の一般国民はよく理解していると思いますよ。212ページの2段組グラフにはっきり出ています。

上段の7か国の中で、日本は突出して現金決済比率の高い国です。決済総額の約70パーセントを現金で行っています。先進諸国では第2位のドイツが30パーセント強ですから、2位の約2倍ということになり、類例のない高さです。一方、中国はこのグラフではまだ50パーセント強が現金決済となっていますが、近年急激にスマホ決済が拡大していて、直近の現金決済比率は20パーセント前後に下がっていると見られています。

下段の個人データ提供に不安を持つ人の比率は、フランスとスウェーデンが抜けて、韓国が入っているのでサンプルユニバースが上段とは違います。ただアメリカ、ドイツ、イギリスいずれも不安を持つ人が10パーセント台前半、中国にいたっては1桁のパーセンテージなのに対して、日本は25パーセント弱と非常に不安を感じている人が多いことがわかります。

日本人の現金好きには確固たる理由がある

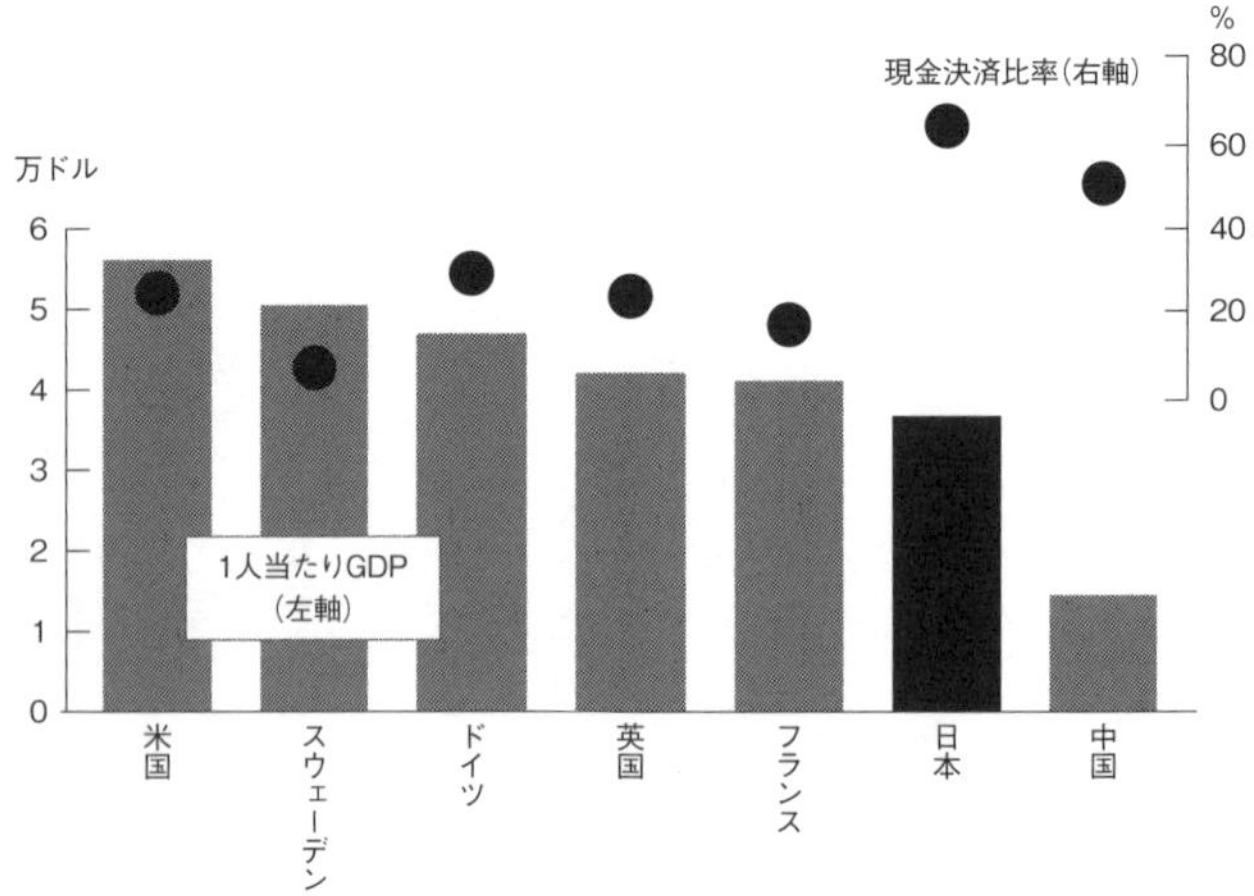

(注)ボストン・コンサルティング・グループの分析より

日本、個人データの提供に不安感強く
(総務省の16年度の調査、「とても不安を感じる」と答えた割合)

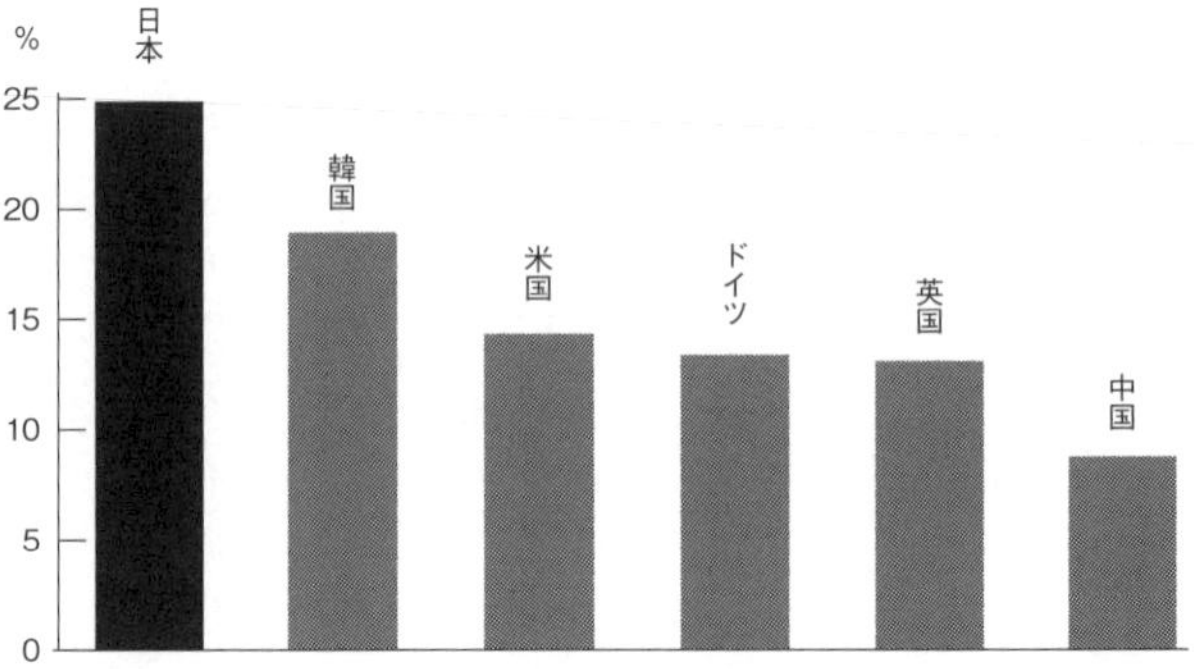

出所:日本経済新聞、(上)2017年12月25日付、(下)同年8月16日付記事より引用

先ほどからご説明してきましたが、欧米で個人データ提供に不安を持つ人が少ないのは、現金決済への不安がもっと強いからだと思います。また、私は以前あさはかにも、中国で個人データ提供に不安を持つ人が少ないのは、まだ監視社会の怖さを実感していない人が多いからだろうと思っていました。しかしながら、中国で暮らしている人たちのほうが日本人より監視社会の怖さを実感しているはずでしょう。

中国人がスマートフォン決済の個人情報悪用に無関心なのは、すでに警察監視国家が究極まで進んでいるからだと思います。とくに再開発が進む大都市などでは、街角ごとに顔面認証監視カメラが365日24時間稼働し、通行人は氏名、年齢、性別、所得水準、犯罪歴、思想傾向まで瞬時に照合されていると言われています。もちろん中国の警察当局は、こうして照合して出てきた情報を一般大衆に対して使うのは、その人を助けるときだけで、ふつうの生活をしている人はまったく不安を感ずる必要はないと言っているそうです。

たとえば、老人がふらふら歩道から車道に歩き出そうとした瞬間に、もよりのスピーカーから「劉さんちのおばあちゃん、迷子になっておうちがわからなくなったの？　危ないからそこにじっとしていてね。すぐおうちにつれていってあげる人がいきますからね」といった具合でしょう。

でも、同時に中国では**「社会信用点数制度」**というものを実験的に適用し始めたようです。

Q　アメリカ人が住宅ローンを借りるときに金融機関が使う信用点数制度と同じようなものでしょうか？

A　あの仕組みを社会生活全般に広げた制度と考えればいいでしょう。現状では、点数が高いとふつうはかなり高い預託金を取られるレンタカーが、ほとんど預託金なしで借りられるとか、パスポートの申請で優先レーンに並ばせてくれるとかの、ソフトムードの運用にとどまっているそうです。

しかし、たとえば新疆《しんきょう》ウイグル自治区のような民族紛争多発地帯では、すでにかなりコワモテの運用もやっているようです。どの程度イスラム教の戒律を忠実に守っているかなどをチェックしていて、許容限度を超えると突然「思想改造所までご同行いただきたい」ということになっているそうです。実際にウイグル語圏では有数のコーラン学者がそうやって連行されたまま、行方不明になった事例があると報道されています。

結局、中国の人たちはかなり詳細に日常生活を警察に捕捉されているので、いまさらカネの出入りだけを隠しておいても仕方がないという**諦め**の境地に達しているのではないでしょうか。

私がこの問題で非常におもしろく感じたのは、こうした一連の中国監視社会についての、アメリカのブログ論壇の論調です。

Q　いったいどういうふうに見ているのでしょうか？

A　「アメリカは自動車の完全自動運転化競争では、絶対に中国に勝てない。自動運転でいちばんむずかしいのは、低速で行方もはっきりしない歩行者を認知することだが、中国にはプライバシーも景観権もないから、車道と歩道のあいだに見苦しい衝立を建てることも、歩道から車道に近づく人間の気配を察知する自動昇降式のガードレールを作り付けることも、交差点のスピーカーから個人を名指しで注意することもできる。アメリカではそんなことはできない」というのです。

Q　でも、アメリカはそういう困難な障害を乗り越えて強くなってきた国ですよね。

A　私もそう思います。先住民のように克服すべき障壁にされてしまった人々にとっては、ひたすら悲惨ということも多かったわけですが……。しかし、当のアメリカ人たちは「自分たちにはもうそんな気力はない。アメリカ合衆国もそういう意欲的な人たちを呼び集めるほど魅力的な国ではなくなっている」と思い始めたようです。

Q　なぜ、そんなことになってしまったのでしょうか？

A　理由をはっきり示すことはむずかしいのですが、アメリカ文明が没落し始めた時期はかなり明確に指摘できると思います。それも国際金融危機とか、ハイテク・バブルとか、ベトナム戦争への介入とかよりもっと早く、第二次世界大戦直後の１９４６年です。

Q　**その年に何があったのでしょうか？**

A　第2章で少しだけ触れましたが、**「ロビイング規制法」**という名のロビイング奨励法が制定されて、連邦議会に登録して四半期ごとに財務諸表を公開しているロビイストグループを通じてなら、財界人、企業と政治家のあいだの贈収賄が、〝合法的〟な政治活動と認められたのです。その結果、大統領や連邦議会議員に誰が当選しようとまったく関係なく、保有資産で上から10パーセントの人たちが通過してほしいと願っている法案はほとんど可決され、下から半分の人たちの願いは20～30パーセントしか叶わない政治が定着したのです。

Q　**どうしてそんなバカな法律が通ってしまったのでしょうか？**

A　コカコーラの配送トラックに「運転手は現金を運んでいません」と書くのとほぼ同じ発想でしょう。どうせ根絶できないことなら、根絶に向けてムダな努力をせずに、なんとか被害を最小にするための努力をするという。ただ、コカコーラ配送トラックではトラック強盗の被害

オピオイド（アヘン類似薬物）中毒の深刻さ
1999～2015年

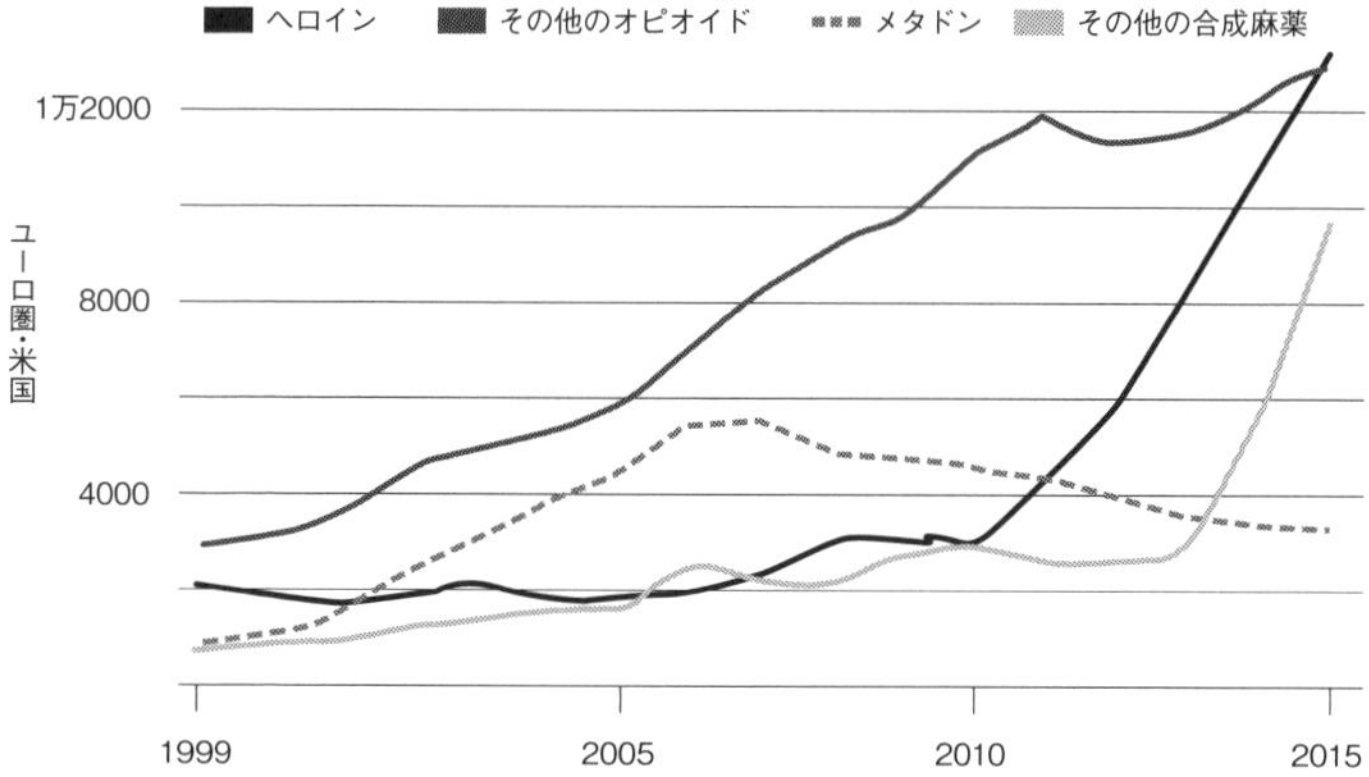

そしてついにヘロインによる中毒死者数が
銃撃殺人犠牲者数を抜く
1999～2015年

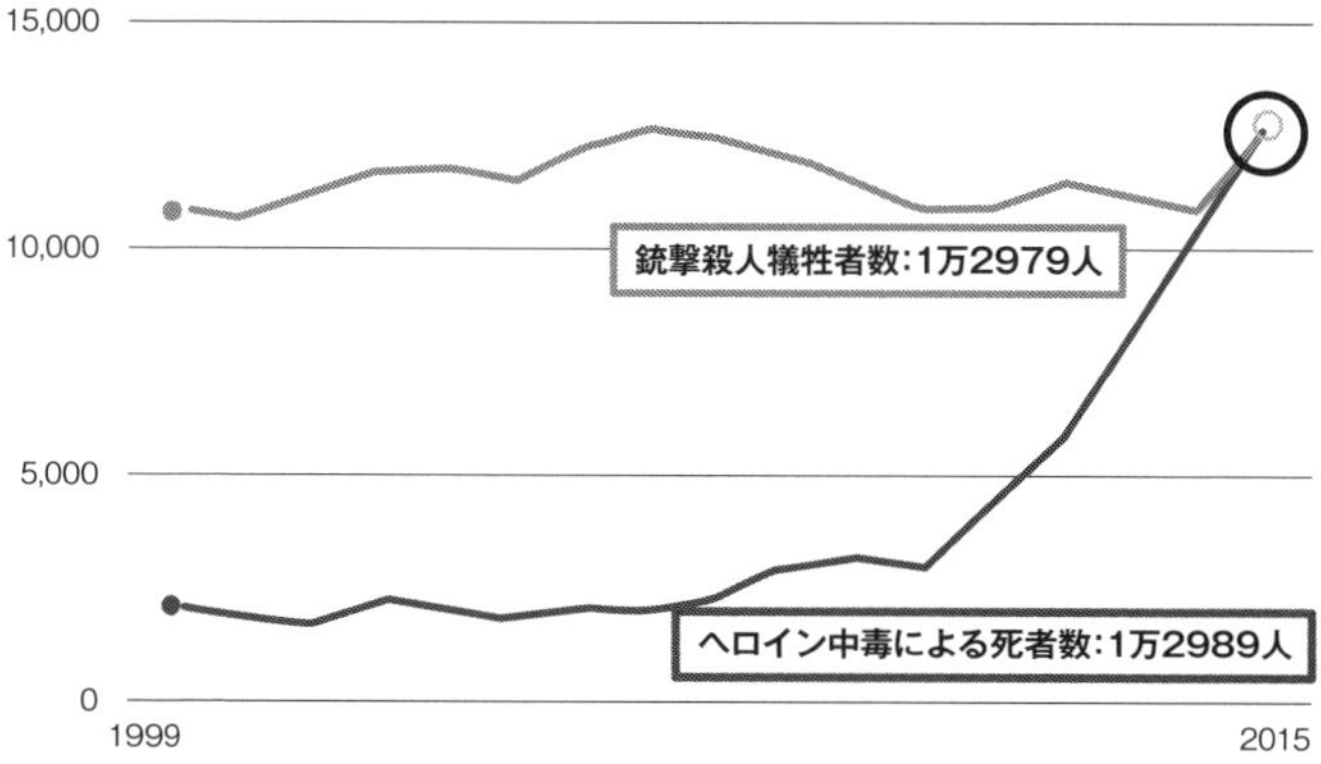

原資料:米連邦政府疾病予防管理センター
出所:ウェブサイト『OF Two Minds』、2018年1月25日のエントリーより引用

を抑制することに成功したけれども、ロビイング規制法は政治家がロビイストを統制するのではなく、ロビイストとその背景にいる利権集団が政治家を統制することに成功してしまったわけです。

このとんでもない法律がどんな世界を生み出したかを鮮明に描き出しているのが、217ページの2段組グラフです。上段はオピオイド（アヘン類似薬物）による中毒死が、全体として急激に伸びているなかで、2010年ごろまで低迷していた本家のアヘンから精製されたヘロインによる中毒死が最近激増していること、そして下段はついにヘロイン中毒の死者数が銃撃の犠牲者数を上回ったことを示しています。

アヘン系の薬物はかなり長期にわたって依存症形成が低調に推移していました。ところが、1996年にパデューファーマという製薬会社がアヘンと同様の苦痛軽減効果がありながら、依存症形成率はアヘンより低いという触れ込みでオクシコンティンと名付けた製品を新発売したころから激増に転じました。上段の「その他のオピオイド」の急成長は大部分がこの薬です。

そこには、アメリカの医師会と製薬業協会がロビイスト活動をフルに利用して作り上げた、医療をできるだけ高収益の事業にする工夫が大いに影響しています。

①薬品の製法特許がほかの特許より長期間にわたるので収益性が高いこと、②とくに依存症形成率の高い薬品を医師の処方で買えるようにすると莫大な儲けが得られること、③アメリカ

の医師法には〝苦痛〟も対処しなければならない独立の症状と規定されているが、とくに身体的異常がなくても苦痛を訴える患者には安易に麻薬系の鎮痛剤が処方されがちなこと、④患者が何度も処方を受けに通わなくてもいいように長期分の処方を出す医者が薬剤師にも患者にも歓迎されること、⑤そして薬物中毒の治療には依存症を形成してしまった患者を完全に薬物から遮断し治療をできるだけ苦痛に満ちたものにすることなど、一度捕まえたカモは絶対逃がさないあの手この手の仕掛けがあるのです。

Q　そんなことがほんとうにアメリカでは法律で許されているのでしょうか？

A　これは掛け値のない真実です。そしてアメリカでは自殺、アルコール・薬物の急性中毒死、長期依存症とその合併症による死を合わせて**絶望死**と呼んでいますが、最近の特徴として45～54歳という働き盛りの年齢層の白人、とくに高校卒業以下の学歴で低所得の白人層でこの絶望死が激増しています。その結果、45～54歳層の白人全体の平均余命が低下しています。先進国で乳幼児期を生き延びた人たちの平均余命が低下するというのは、非常に珍しい現象ですが、アメリカではそれが過去少なくとも4～5年は続いています。

アルコール・薬物への長期依存症による死は、はっきり死を決意しないでできる自殺とも考えられます。つまり、「死のう」という決意を固めることなく、ずるずると依存症を引きずりながら、いつの間にか致死量を超える量を摂取してしまったという自殺です。

eコマースを捨て、クラウドに特化すべきアマゾン

Q　それはたしかに悲惨な事態ですね。

A　そして私はアメリカ文明自体も、この決意なき自殺にずるずるなだれ込んでいると見ています。その証拠が、アマゾンという〝**超低収益**〟のネット通販企業が一応はアマゾンより高い収益を上げている実売店舗経営企業を続々と破綻に追いこんでいる事実です。

Q　そうか、アマゾンは低収益企業でしたね。ああ、株価収益率で言えば絶対に買えない水準に株価が上がったままだというお話をうかがいました。

A　はい。アマゾンの収益が今後横ばいを続けるとしたら、利益を全部配当に回しても、買ったときに出した金額を回収するのに250年かかるほどの低収益です。eコマース（ネット通販）業界が実売店舗を押しまくっている小売分野が4つあるのですが、その合計と各分野の売上推移の比較が222〜223ページの4枚組グラフに出ています。

左上がeコマースによる浸食の激しい4分野の売上合計がほぼ横ばいで、あと2年もすれば

急成長しているeコマースに追い抜かれそうな形成だということを示しています。そして、下段の3分野、デパート、家電機器、スポーツ品・趣味・書籍・音楽・玩具・ゲームについては、私にもなんの驚きもありません。

しかし、右上の衣料品・靴・アクセサリーという分野が、2012年ごろ完全にeコマースに逆転されてしまい、その後もどんどん差が開いているという事実には、最初どうしてこういうことが起きているのか、まったく意味がわかりませんでした。服や靴はたとえサイズが同じでも、微妙に体に合っているか、合っていないかで快適さが違うものです。アメリカ国民は体に合った服を着なくなってしまったのかとわが目を疑いました。

そして、224ページの2枚組写真を見て、実際にアメリカ国民はかなり裕福な人でさえも、自分の体型に合った服や靴を買う習慣を捨て去ったことを確認しました。上は19世紀末のヨーロッパの美女です。モノクロでは色調はおわかりいただけないでしょうが、ベロア的な光沢がある焦げ茶色の七分袖のブラウスから、淡いクリーム色の濃淡のスカートまで、見事にコーディネートされています。下は21世紀初頭のアメリカの金持ちです。これまた配色をお見せできないのが残念ですが、上は薄緑色のTシャツ、下はけばけばしい緋色のバーミューダショーツです。どちらも4～5キロ体重が増減してもまったく支障なく着られそうです。

しているのか、2000〜17年
四半期売上高による比較

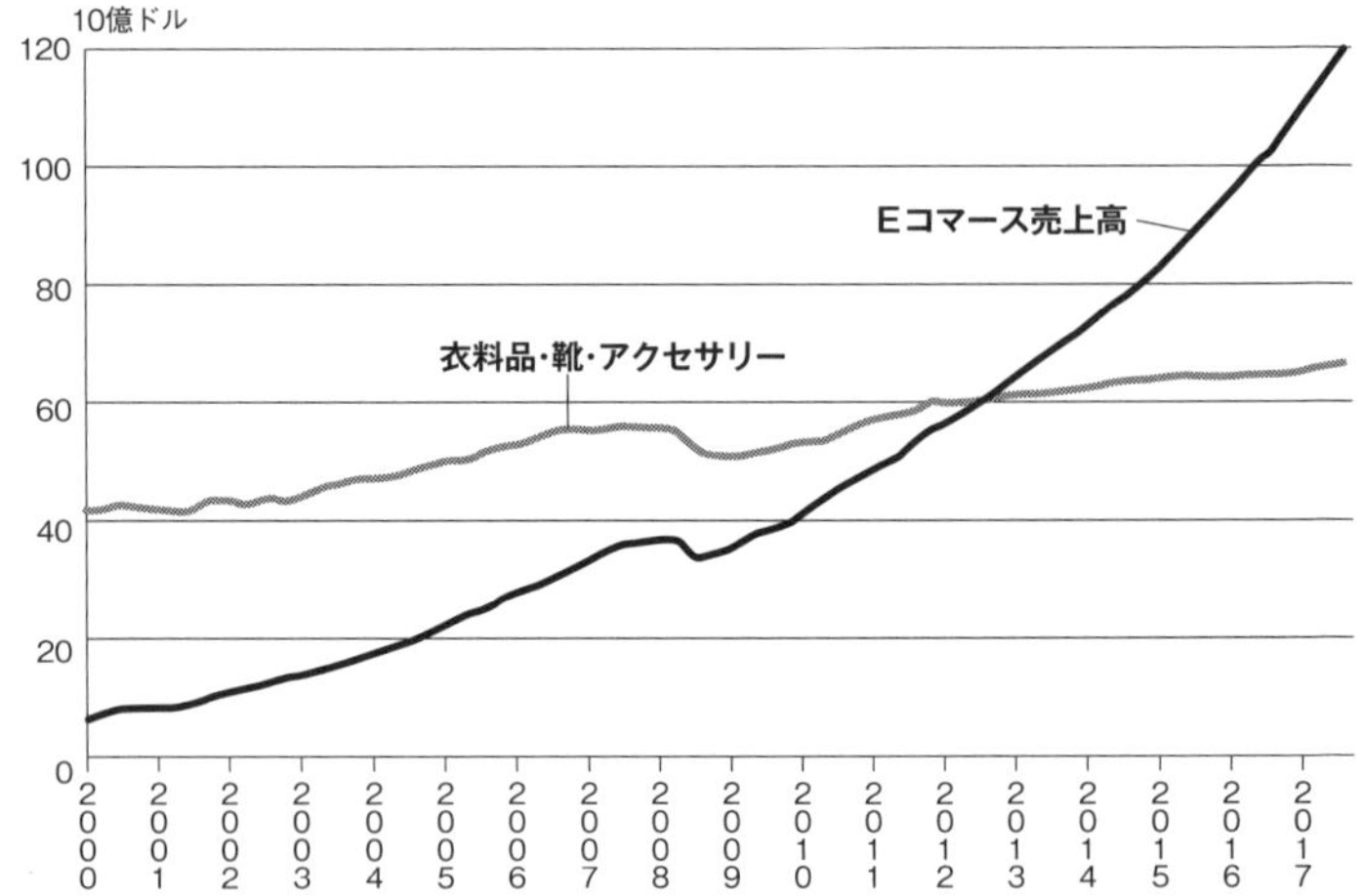

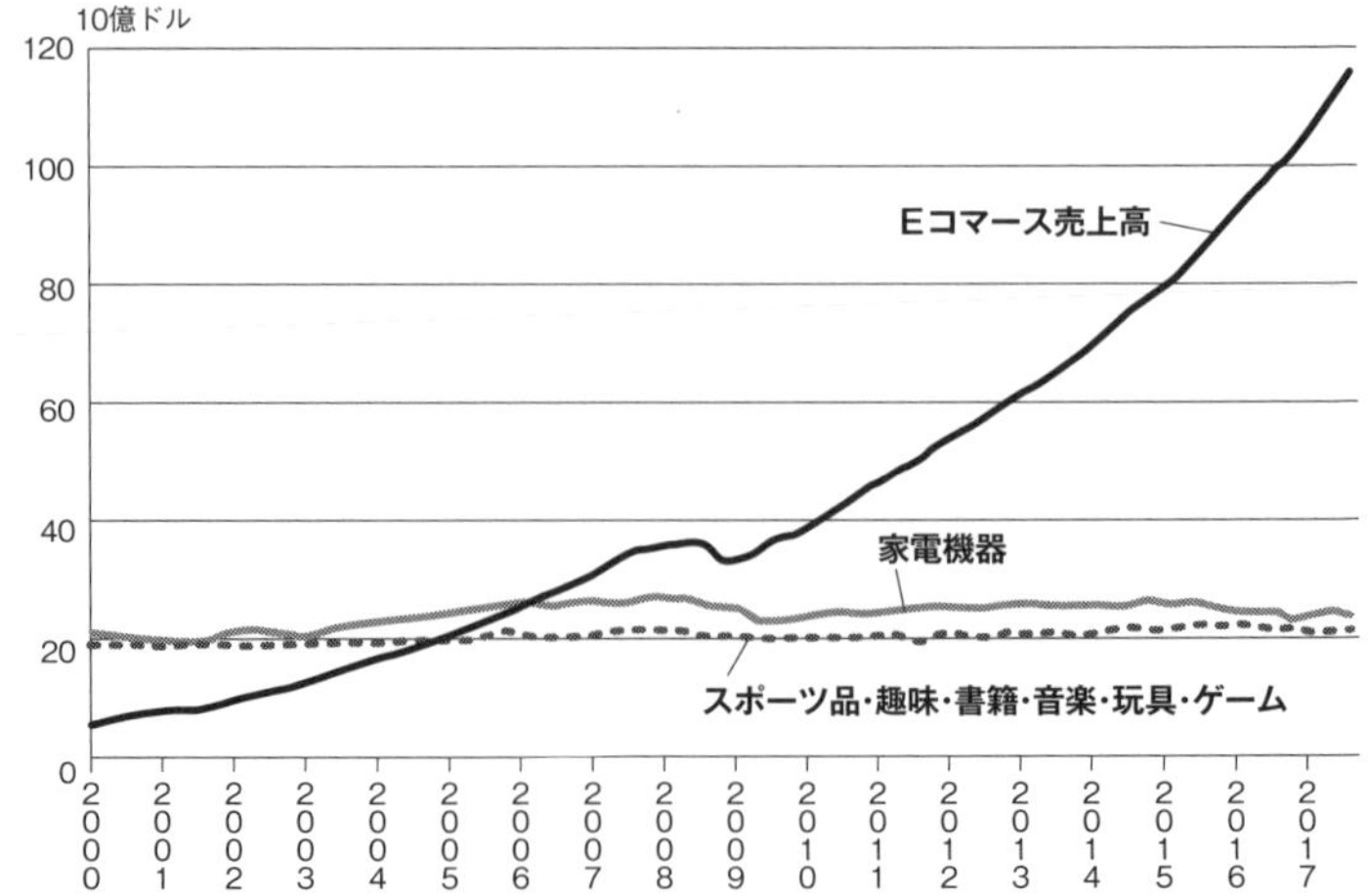

どんな商品の実売店が苦戦
4グラフとも季節調整済み

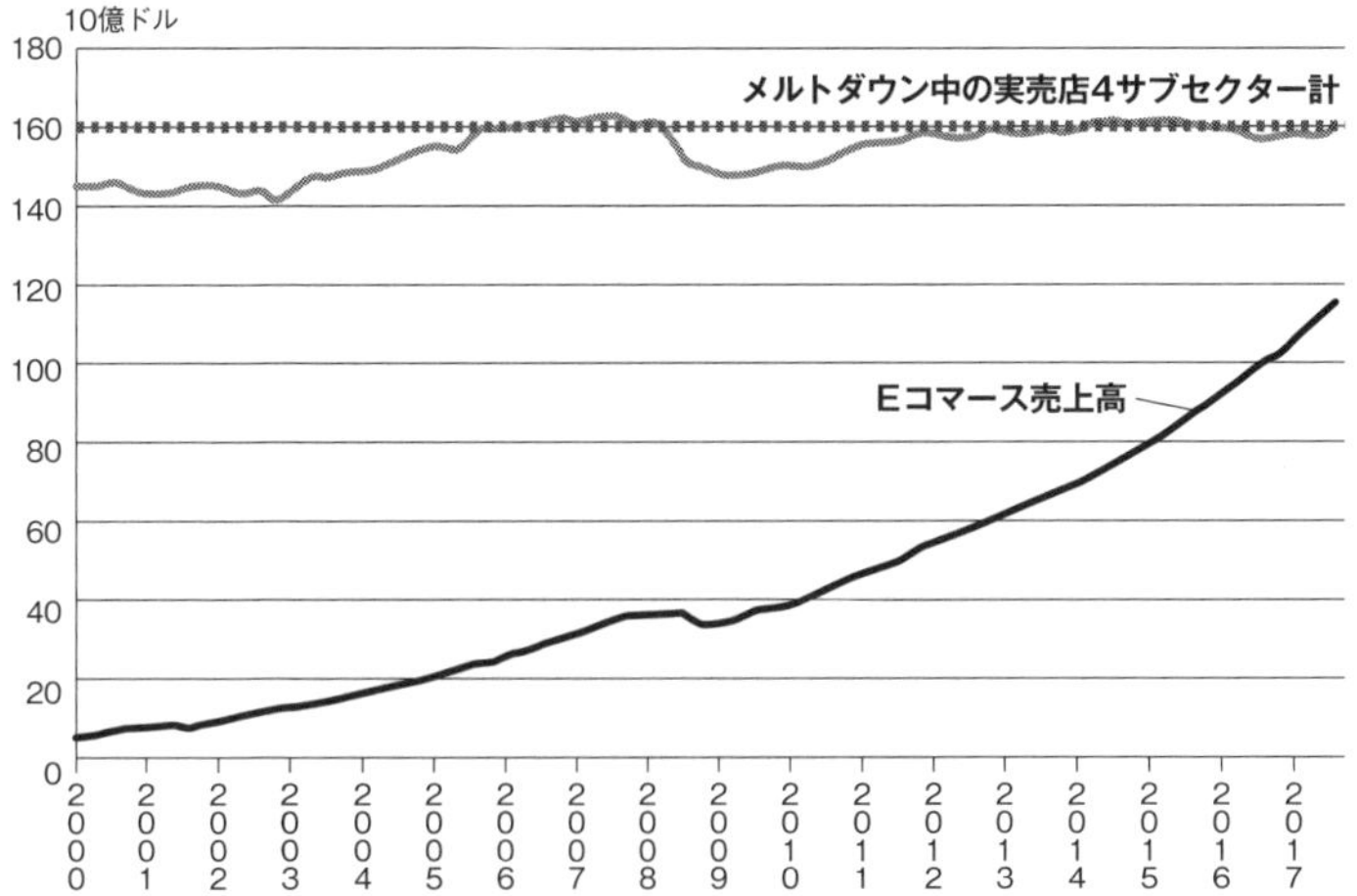

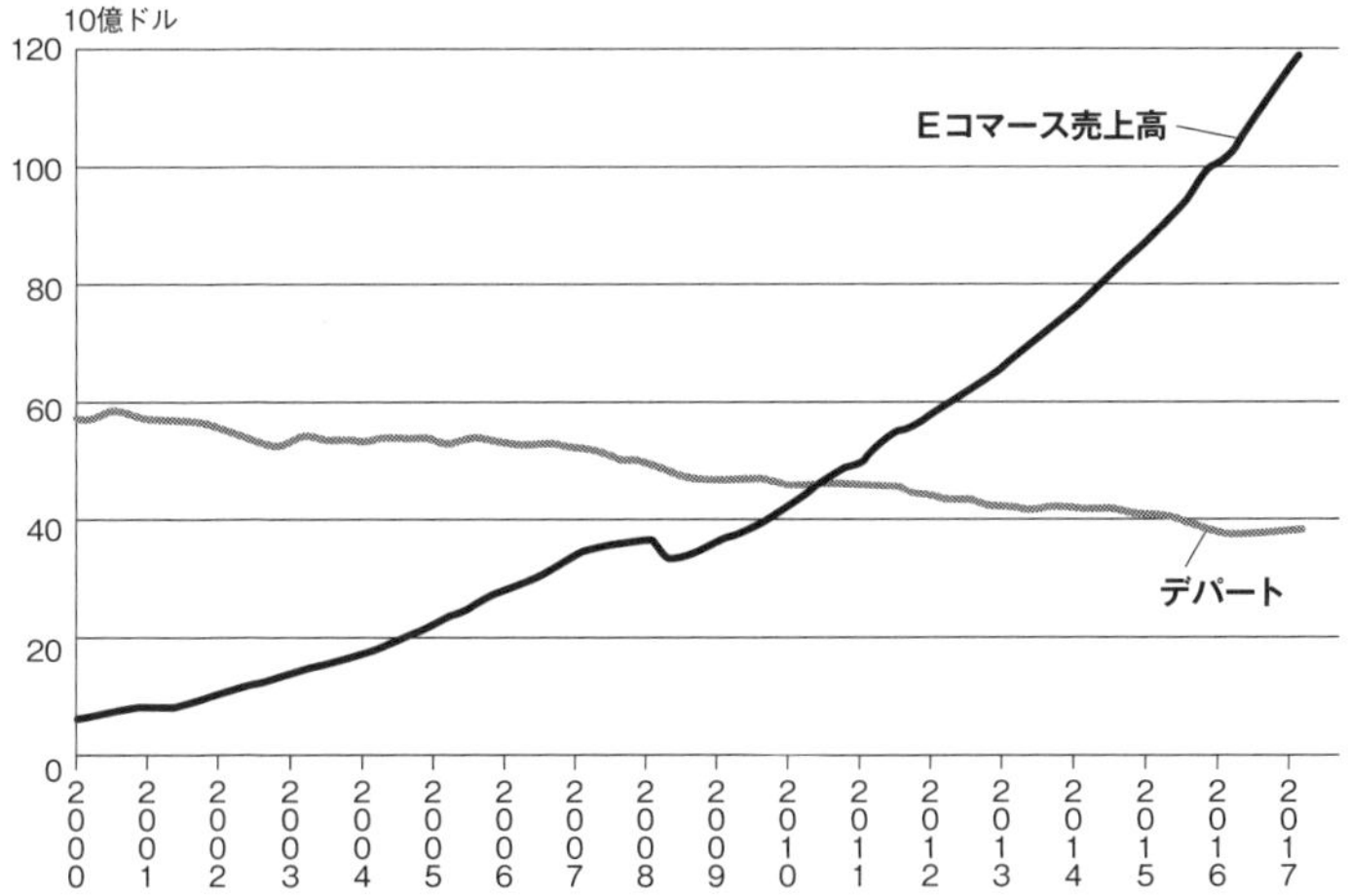

原資料:米連邦商務省国勢調査局とセントルイス連銀調査部のデータをWolf Streetが作図
出所:ウェブサイト『Wolf Street』、2018年2月22日のエントリーより引用

アメリカ文明の本質的な欠陥の象徴
19世紀末ヨーロッパの美女と21世紀初頭アメリカの金持ち

出所:ウェブサイト『New World Economics』、2017年12月31日のエントリーより引用

Q　なるほど、ここまでだぶだぶならまったく試着という観念は関係なくネット上のカタログで注文して着られますね。

A　そして、ここまで売ることの手間を省いて大量仕入れ、大量頒布《はんぷ》ができそうなアマゾンが、4〜6階建ての在庫センターでは作業員に腕時計型のGPS（グローバル・ポジショニング・システム）発信器をつけて集配作業をさせ、ちょっとでも時間が遅れると叱責《しっせき》されるので、集配係はペットボトルで小用を足しながら時間に追いまくられている状態だそうです。そこまで過酷な労働をさせた成果もほとんど全部低価格化につぎ込み、自社の業績は低空飛行でも株主には喜ばれるので、実売店チェーンを次々に潰しています。

最近では、アマゾンの収益性も多少上向いてきましたが、eコマース部門の収益性が上がっているわけではありません。この主力部門は直近2018年第1四半期の収益でも、495億ドルの売上に対し、営業利益は5億3000万ドルとわずか1・1パーセントの低収益でした。

一方、新規事業であるクラウド部門は54億4000万ドルの売上に対して14億ドルの営業利益を上げ、営業利益率も25・8パーセントで、全社営業利益の73パーセントをはじき出していました。クラウドとは、既存の設備を利用して初期投資が少なくて済むコンピューター利用法で、アマゾンはこの分野で独占に近い圧倒的な高いシェアを確保しています。

Q　具体的には、どんなことをする事業なのでしょうか？

A　eコマースの先駆者としてアマゾンが築いてきたコンピューターインフラは常時フル稼働しているわけではなく、他社に機能を切り売りして貸し出せば、借りた側は初期投資と固定費を省いて、変動費だけでサービスを受けられ、アマゾンとしても既存設備の稼働率を高めることができるというサービスです。エアビーアンドビーやユーバーが「他人の褌《ふんどし》で相撲を取る事業」とすれば、クラウドは「自分の褌を他人に貸して相撲を取らせてサービス料を取る」事業と言えるでしょう。

Q　その事業が、これだけ高い収益性を確保しているわけですね。

A　はい。しかも、227ページのグラフでご覧いただけるように、2006年春に創業してからわずか12年で年商200億ドル級の大部門に育つとともに、高い利益率を維持しているわけです。もし創業者ジェフ・ベゾスの経営目標が収益最大化だったとしたら、アマゾンはすぐにもeコマース部門を捨てて、クラウドに特化すべきでしょう。そうすれば、eコマース在庫センターの職場環境に関する**ホラー・ストーリー**のようなスキャンダルとも縁が切れます。

ところが、どうもそういう気配はない。かといって、eコマースは特殊なノウハウを必要とする事業でもないので、競合をほぼ壊滅させてからいっせい値上げでもすれば、かんたんに利

アマゾン収益の大部分はクラウド事業に依存
2014年第1四半期～2018年第1四半期

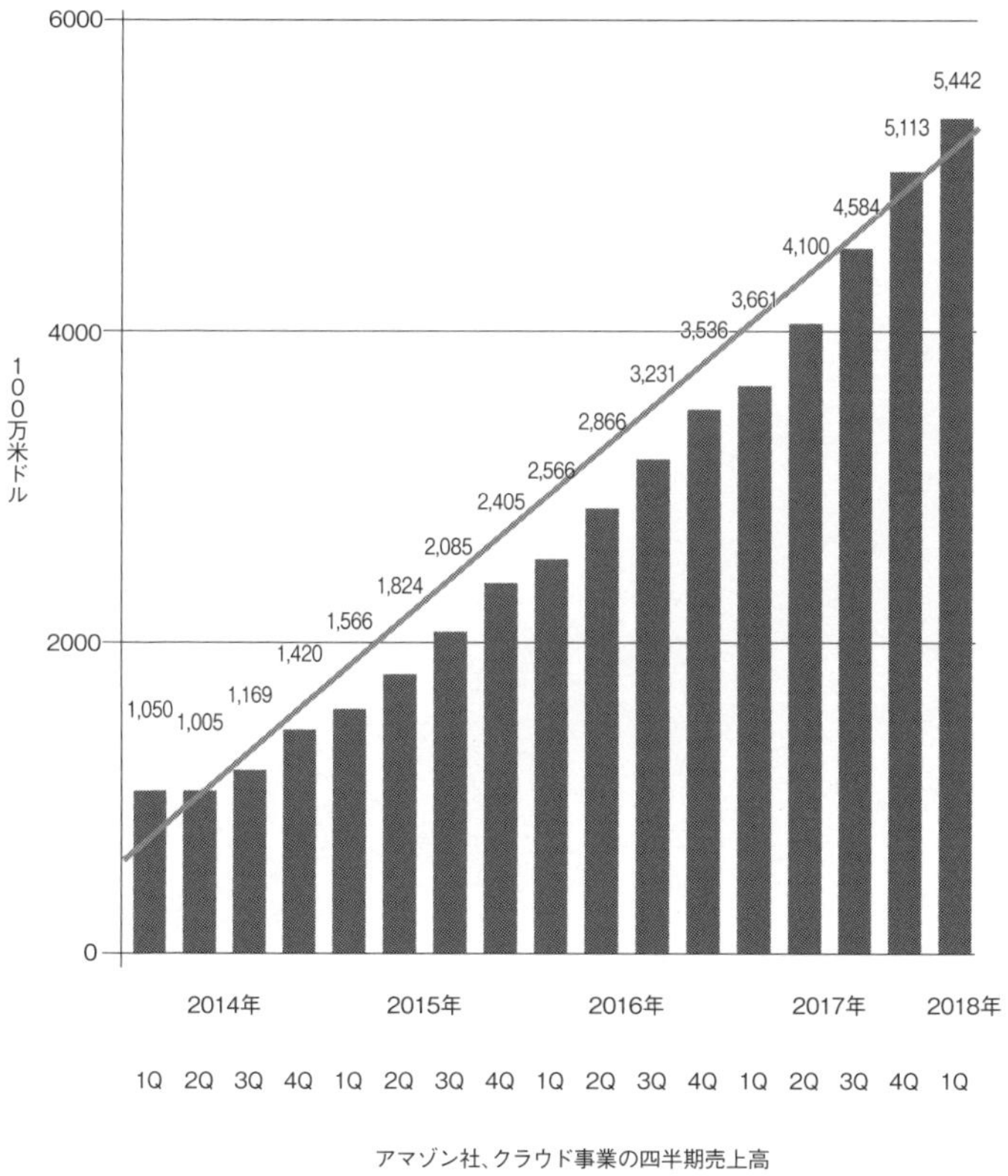

出所：ウェブ版『CNBCニュース　企業面』、2018年4月26日のエントリーより引用

益率を急上昇させられる部門でもありません。

どうもジェフ・ベゾスはアメリカ中の小売実売店舗網をずたずたに寸断し、修復できないほど痛めつけること自体を目標に薄利多売のｅコマース部門を維持しているとしか思えません。そしてこの低収益事業を維持し続けるアマゾンをアメリカの株式市場は大歓迎し、アップルに次いで世界第2位の時価総額に評価しているのです。このへんも、私がアメリカ株市場はもう閉店セールに入っているし、アメリカ文明は**自己破壊衝動**に駆られていると判断する要因のひとつです。

株式市場以外の回答者からの「あなたはどの会社について10年後にはマイナスの影響のほうが大きかったと評価されていると思いますか?」というアンケート調査結果が229ページに出ています。アマゾンは第2位にランクインしたとは言うものの、11パーセントがマイナスのほうが大きいとしているだけで、首位フェイスブックの59パーセントに比べれば、はるかに憎まれていない企業なのです。

これから10年後、あなたはどの会社について「マイナスの影響のほうがプラスより大きいと評価されているだろう」と思いますか？

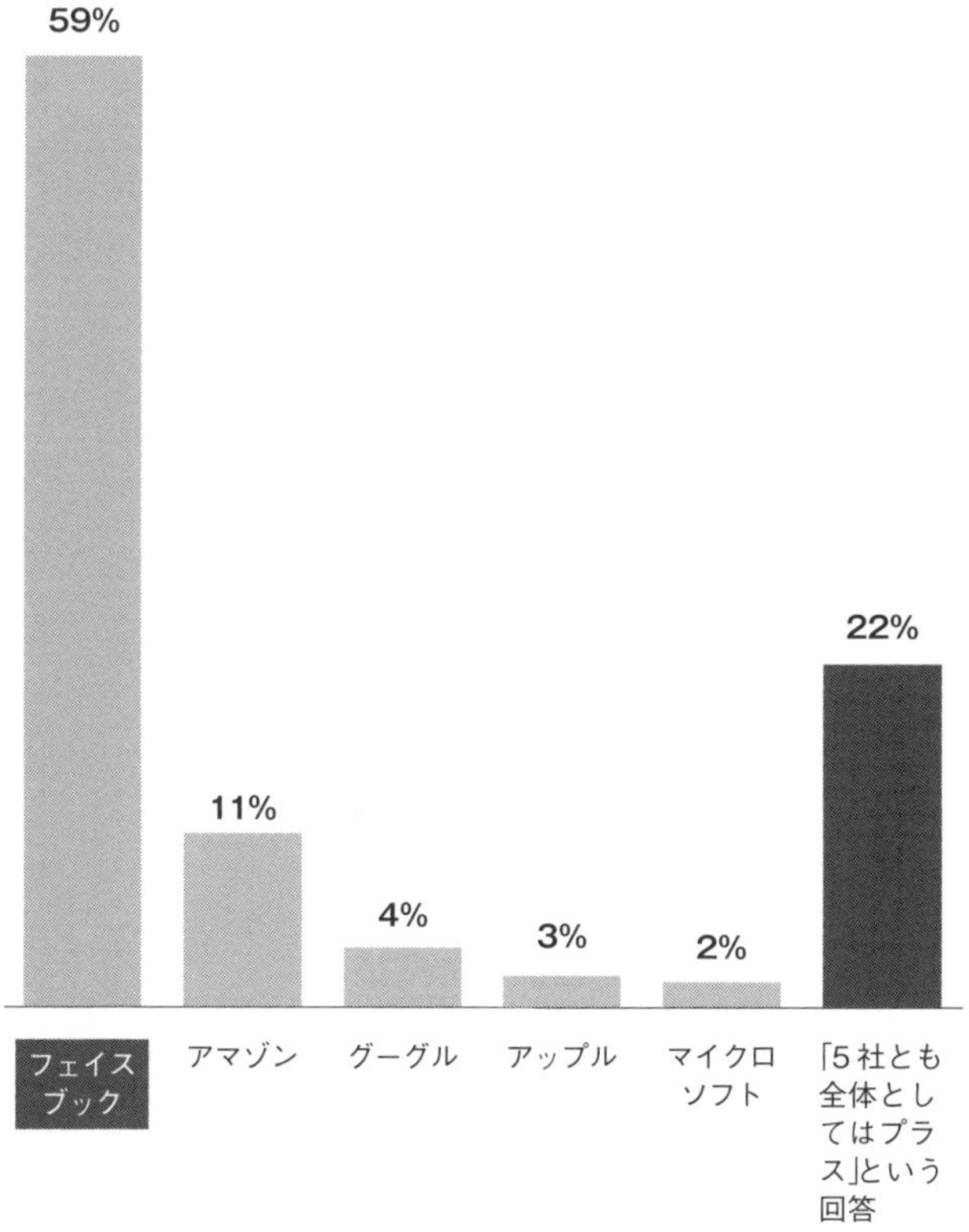

注：2017年12月時点で、新興企業とベンチャーキャピタルを結ぶ情報会社、CB Insight社が4217人の回答者に対してウェブサイトで行った世論調査結果。
原資料：CB Insight社データをStatistaが作図
出所：ウェブサイト『Statista』、2018年3月21日のエントリーより引用

長期ブル相場に敢然と売り向かった賢明なる日本の個人投資家

Q　こうして自己破壊衝動をあらわにしているアメリカ経済に比べれば、日本経済ははるかに健全だということですね？

A　はい。いまにして考えれば、日本の不動産・株価バブルは、金融市場が先進諸国の経済は製造業主導からサービス業主導に転換している事実をとらえきれずに起きた金融危機の先駆けだったのでしょう。そして日本の個人投資家は、1989年末の大天井からの長い下落過程のなかで、ほぼ完璧にこの教訓を学んだと思います。

「製造業からサービス業へ」、そして「資源から労働へ」という変化は、もともと労働以外に付加価値をつける分野がなかった資源貧乏国、日本にとっては、競争条件が着実に**改善**し続けることを意味します。そして今後、資源が慢性的な過剰状態となることは、決して日本がこれまで営々と続けてきた省エネ・省資源努力の価値を下げはしません。資源国による安売り競争で安く買える金属・エネルギー資源に、より高い付加価値をつける余地を〝**拡大**〟するというだけのことです。

世界で初めて「製造業・金融業全盛期」の終わりを悟ったのは、日本の個人投資家でした。

第二次世界大戦直後の約7割から株式保有シェアを下げ続けてきた個人投資家は、バブル期だけ外人買いに釣られて高値づかみをしてしまいました。しかし、その後は一貫して、外人買いには売り向かっているので、ほぼ毎年売り越しながら保有シェアは微減に保っています。そして、「投資から貯蓄へ」を貫いたからこそ、個人世帯金融資産はほとんどへこみもなく着実に増え続けているのです。

一方、日本の金融機関は外人買いの後追いで高値づかみをするので、かなりの買い越し超過なのに保有シェアを激減させています。製造業主導からサービス業主導に経済が転換したので、製造業の成長にかつては必要不可欠な資金調達を有利にしてきた株式市場の役割も、低下しています。

Q　遅まきながら、日経平均株価もついに2018年春に、バブル崩壊以後の大底までの下げ幅の半値戻しを達成しましたが、この回復についてどう見ていらっしゃいますか？

A　2大要因は、2016年年央まで売りに傾斜していた外国人投資家がふたたび買いに転じたことと、そのガイジン買いを誘った日銀の「異次元緩和」、すなわちETF経由の日本株大量購入だったと思います。いまや日本株ETFの約4分の3を日銀が保有し、保有株の株価が平均で3分の1下がれば、日銀は自己資本を失って債務超過になるところまで買い進んでいる

日本の個人投資家は売り越しを続けても
保有比率を微減にとどめた

日本の株式保有比率

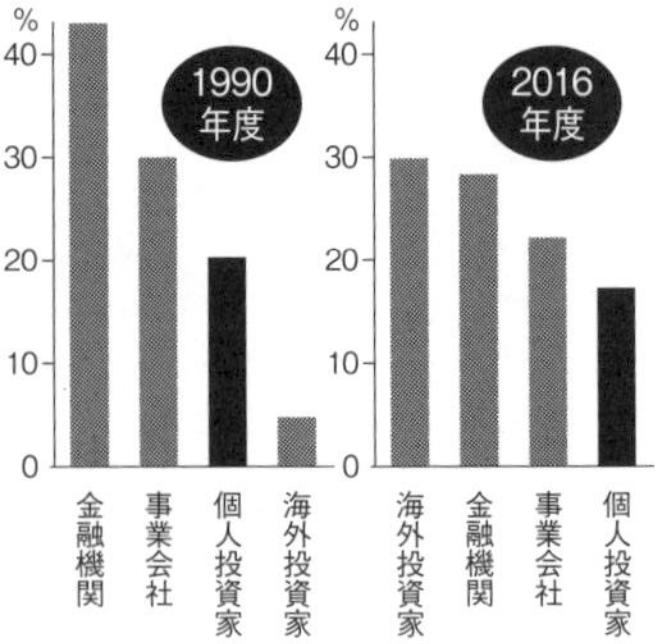

家計の金融資産

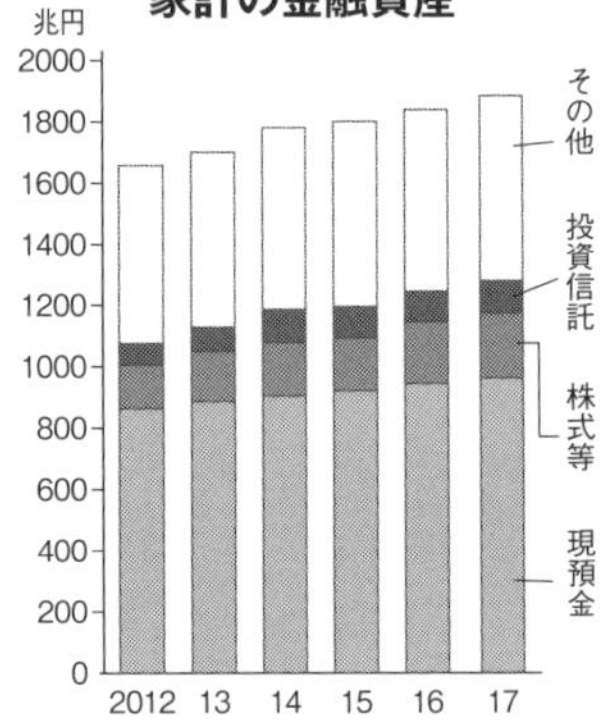

(注)年度末の残高、直近のみ9月末時点

投資主体別日本株売買動向
2007〜2016年

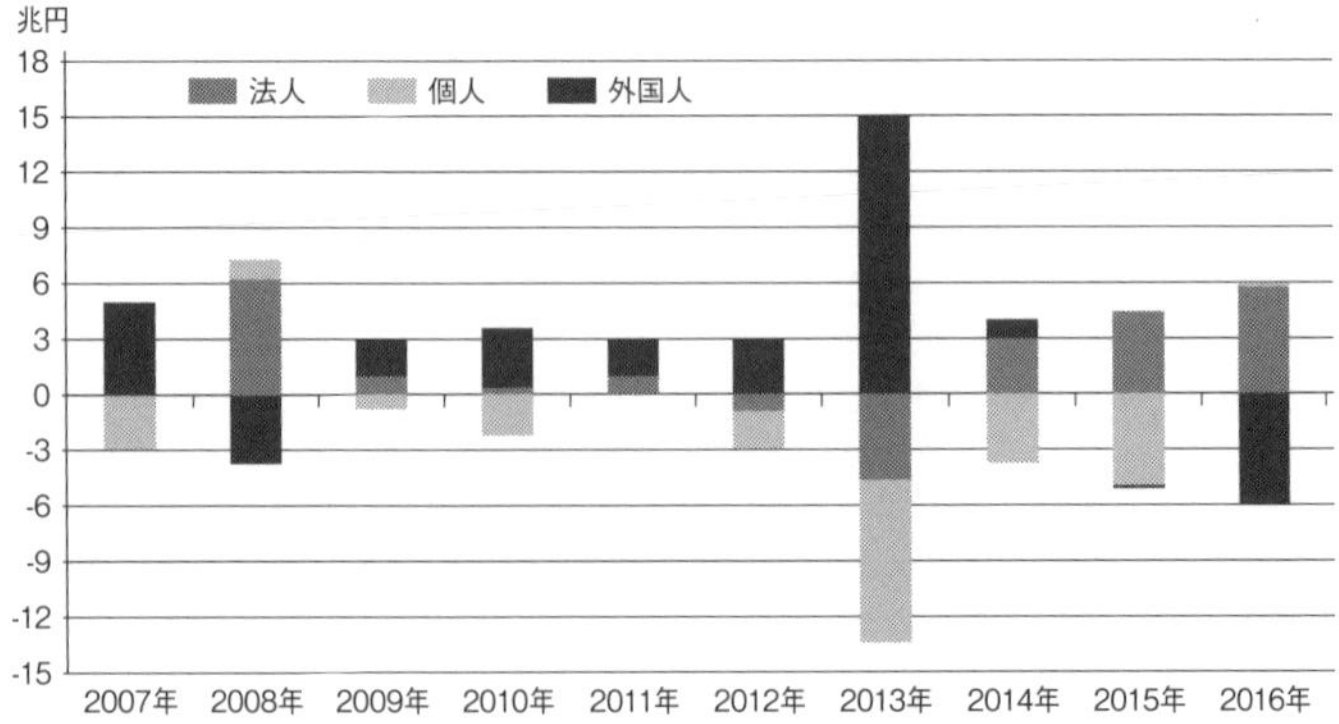

注:2016年は日経平均については10月7日まで、投資主体別売買状況は1〜9月の累計
出所:(上)日本経済新聞、2017年12月20日付記事より引用、
(下)日本取引所グループ『投資部門別売買状況』データより著者作成

のです。

しかし賢明な日本の個人投資家は、この長期ブル相場にも敢然と売り向かっています。個人投資家の判断の〝的確〟さは、232ページの3枚組グラフに表れています。下段のグラフでは2007年以降しか出ていませんが、日本の個人投資家はバブル崩壊以降ほぼ一貫して売り越しを続けながら、左上のグラフでおわかりいただけるように、株式保有シェアは20パーセント前後を安定して保っています。つまり、吹き値（急騰）をした株を売り、まだ過大評価されていない株を持ち続けてきたのです。

2017～18年にも、バブル崩壊後の新高値を付けた10月から11月前半、日本の個人投資家は大量に日本株を売り、11月後半の反落期に少しだけ買い戻している。日本よりずっとパフォーマンスの良かったアメリカ株市場では、株価上昇の約半分が配当でも純資産増加でもなく、評価の変化によってもたらされたものでした。それは将来の収益成長を評価する市場から、なるべく早く蓄積してきた解散価値を〝前払い〟してくれることを評価する市場への変化でした。

この変化は、資本主義の心臓＝株式市場の維持発展という観点からは自殺に等しい自傷行為です。それでも資本・資源の慢性的な過剰に直面した個々の投資家にとって合理的な選択でもあったのです。

一方、1986～90年のバブル期にほぼ正確に25兆円という異常に巨額の新株発行増資を主体とする資金調達をした日本企業群は、２０００年単年で22兆円の株価下落による特別損失を計上し、ほぼ完全にバブル期に行った資産膨張の影響を一掃しました。そして株も不動産も買わなかった日本国民の大半は、これだけ大きな資産膨張と収縮からまったく被害を受けていません。

その事実を示すのが、１９９０年以降もほとんど落ち込みなく増加し続けた日本の個人家計の金融資産残高です。右上のグラフにおいては、２０１２年以降もほぼ半分が預貯金という手堅い構成で漸増を続けていることがわかります。

Q　１９８９年から約30年を隔てて、アメリカの機関投資家も日本の個人投資家と同じ教訓を学びつつあるということでしょうか？

A　はい、まさにそのとおりだと思います。

１９８９年のバブル崩壊で製造業主導からサービス業主導へという変化を悟った日本の個人投資家の次にこの変化を察知したのは、解散価値の前払いを催促する大ブル相場を演出したアメリカの「受け身型」機関投資家でした。受け身型とは、たとえばＳＰ５００株価指数のような著名な株価指数の全銘柄を、指数とまったく同じウェイトで売り買いする投資家のことで、個別銘柄の株価の割高感・割安感や成長展望の有無などはまったく無視した機械的な投資手法

延々と資金流出の続いた積極型ファンドが、今年はやや挽回？
2008～18年(予測)

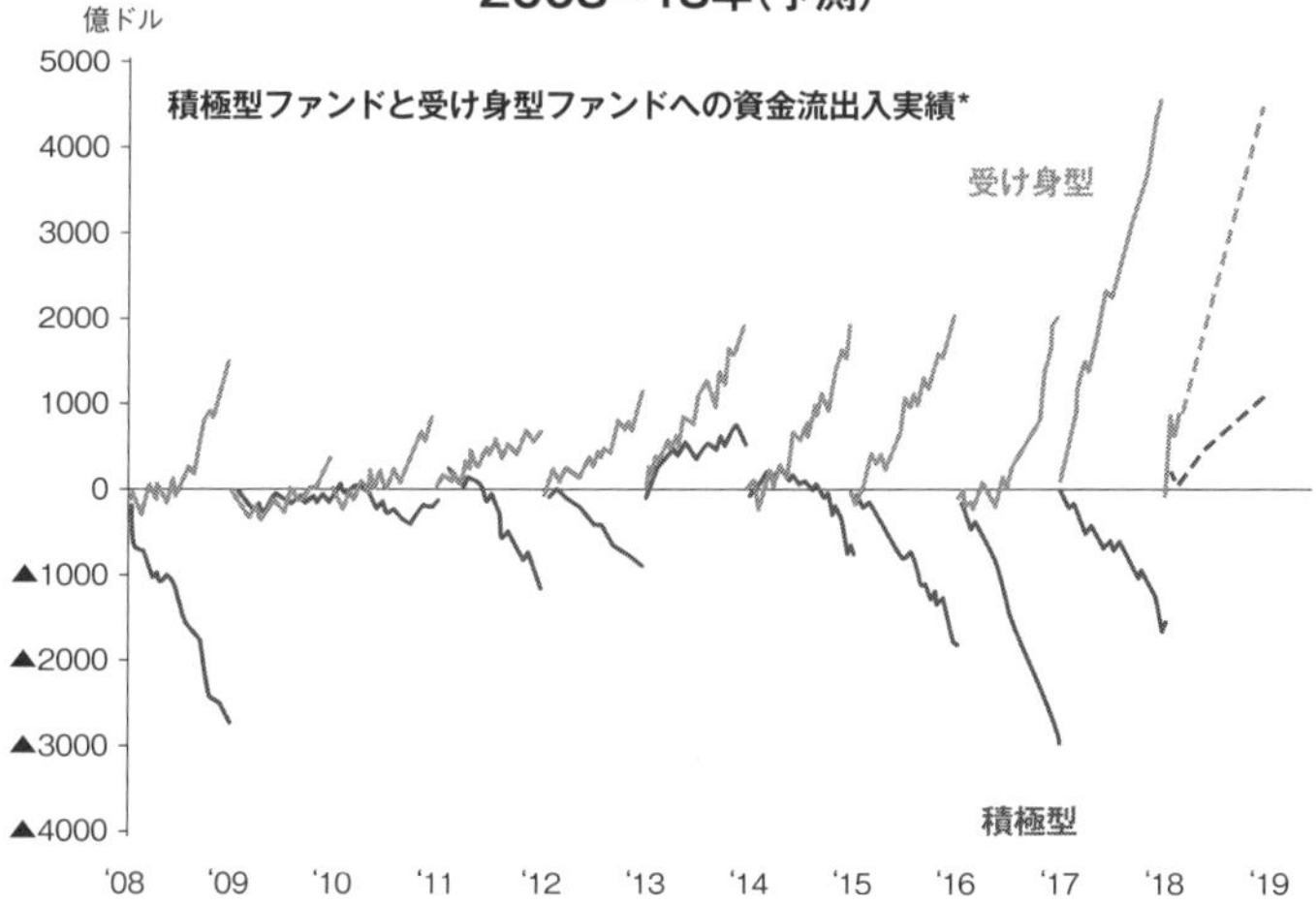

*)2018年については、1～2月の実績を年間ベースに延長して算出。
原資料:BoAメリルリンチ社グローバル投資戦略部、EPFRゴールド社

金融取引の主役はアルゴリズムに
2012～16年

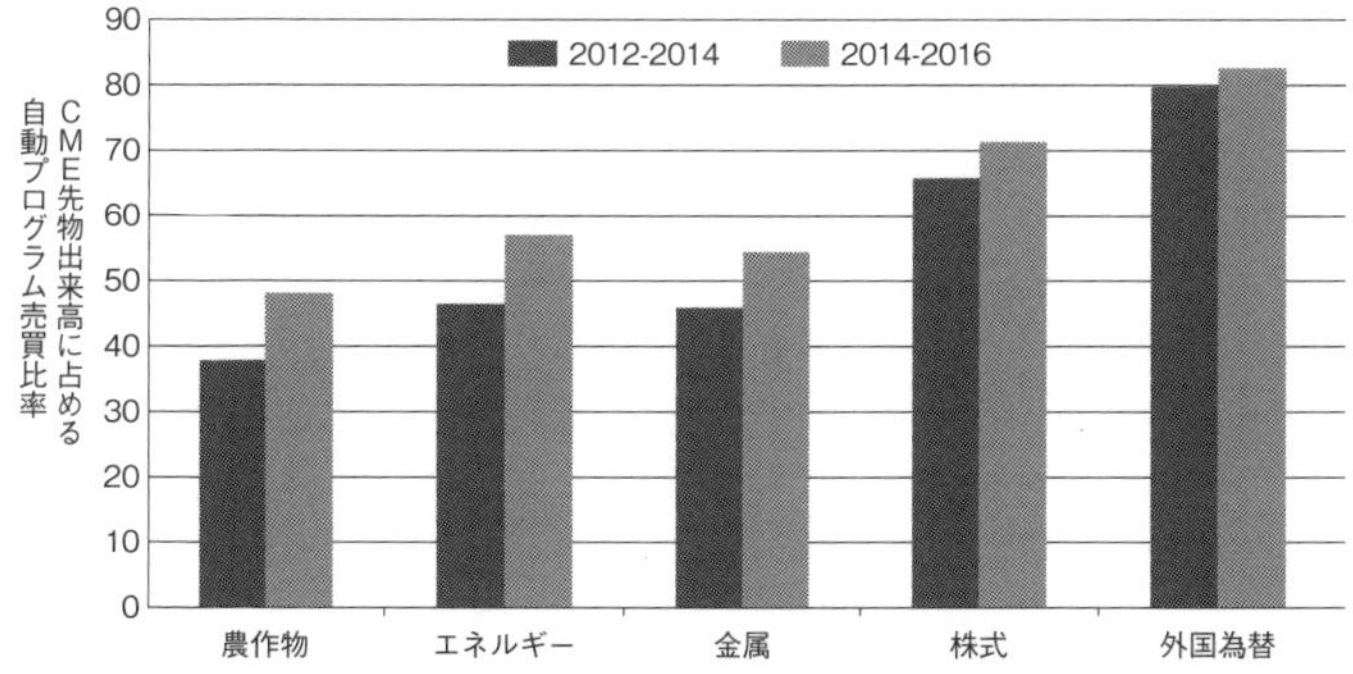

原資料:米連邦商品先物委員会のデータをトムソンロイターが作図
出所:ウェブサイト『Zero Hedge』、(上)2018年3月9日、(下)同年2月15日のエントリーより引用

です。

235ページ上段のグラフでご覧いただけるように、2008年以降毎年受け身型ファンドに資金流入が続いているのに対して、積極型（つまり、銘柄ごとの強弱を判断する投資）ファンドにはたまに若干の流入はあるのですが、ほぼ一貫して流出が続いています。

なぜ受け身型ファンドのほうが実績がいいかと言いますと、くり返しになりますが、「もうアメリカの株式市場は将来の収益を予測する場ではなく、過去の蓄積を解散価値の前払いとして分配する場に変わっている」からにほかなりません。日本の個人投資家とアメリカの機関投資家は、この現実を理解して対応していますが、日本の「知識人」とアメリカの一般大衆は、いまだにこの現実を理解できず **〝カモられ〟** 続けているのです。

さらに、下段にはアメリカ最大の先物取引市場でも、株式指数商品でいえば受け身型ファンドに当たるアルゴリズム売買（かんたんな公式にデータを当てはめて機械的に売り買いの発注をする取引）のシェアがどんどん高まっています。個別作物の作柄が天候などによって大きく変動する農作物を唯一の例外として、エネルギー、金属、株式、外国為替の全分野で、アルゴリズム売買が取引額の過半数を占めています。

この傾向にはふたつの理由があります。ひとつには、中国による原材料輸入の商品市場に及ぼす影響が非常に大きくなったため、あまり個別要因に左右されず、中国の貿易統計のみに依存する取引をしていたほうがパフォーマンスは良くなっていることです。もうひとつは、高速取引では反射神経の勝負となり、さまざまな要因の影響を総合的に判断するより、ニュースの見出しひとつをたよりに少しでも速く動いたほうが有利になっていることです。

プロのファンドマネジャーや証券アナリストは、金融市場ＡＩ化による失業の〝**有力候補**〟です。とくに業績悪化が確実な企業の株を狙い撃ちでカラ売りしているヘッジファンドは、現在アメリカ株市場でほぼ壊滅状態となっています。経験豊富なトレーダーや、ファンドマネジャーにとって、先物市況はもっとひどいかもしれません。個別商品について該博な知識を持ち、世界中の気象条件から農産物の作柄まで熟知している投資家が連戦連敗しています。「中国の輸入増加率が高ければ買い、安定成長なら中立、横ばいやマイナスなら売り」という稚拙なアルゴリズム売買のほうが、実績はいいのです。いまや外国為替の先物市場では、8割超が機械的なアルゴリズム売買、たった2割弱が外国為替市場の専門家による分析にもとづく売買になっています。

そして、主要株価指数でも先物でも機械的な売買のほうが主観的判断を重視する投資スタンスより実績がいいという事実は、今後のビットコイン取引が多くのトレーダーやファンドマネジャーにとって、生き残りの主戦場となるかもしれないことを示唆しています。

私の推測が正しければ、ビットコインはおそらく今後も常に混雑と渋滞につきまとわれる取引が続くでしょう。取引が無事執行されたという認証はほぼ10分、しかしそれより長い待ち時間のことも、短い待ち時間のこともあるというかたちで進むでしょう。こうした市場では、やみくもに速さを重視する取引スタンスは、あまり好業績を確保できないでしょう。

一方、条件反射のようなスピードを要求されない市場でなら、ベテラントレーダーやファンドマネジャーの総合的な判断力が生かせるかもしれません。

第5章

大企業や政治家が没落し、真正大衆社会の時代がやってくる

むしろ大きな利点となる日本の政治家のだらしなさ

Q 「すべての仲介業務は中間搾取である」というリバタリアン的な信条はあまりにも底が浅いという一般的な観察にも、ひとつだけ例外があるという見解をお持ちだとうかがいましたが、ご説明いただけますか。

A はい。政治家という仲介業だけは、あってもなくてもいいどころか、ないほうがずっといい業種だと思っています。

サトシ・ナカモトが２００８年に公表した論文でブロックチェーン技術を提唱するまで、ネット空間には、投票権の正当な行使の確認と、投票の秘密を両立させる仕組みが開発されていなかったのです。投票権が正当に行使されたかどうかを確かめるには、個別有権者を特定する必要があり、そうすると誰が誰に投票したかがわかってしまうという問題がありました。

しかし、ブロックチェーン技術を応用すれば、特定の議案ごとの箱に入るための個別鍵をひとつずつ有権者に渡し、開票をするときのマスターキーでは特定の議案に関する選択肢ごとの得票数はわかるけれども、誰がどの選択肢に投票したかまではわからない仕組みを構築できます。

その際、マスターキーで箱を開けて票読みに入る前に、投票者の性別、年齢層、居住地などの大まかな属性は分類して集計したほうがいいか、いっさい秘匿して純粋にどの選択肢に何票としたほうがいいかなどという制度設計をはじめ、すべて全有権者による投票で決定すべきであり、抜き取りサンプルによるアンケート調査としてはやらないことが大切だと思います。

Q　それはサンプリングバイアスの問題を避けるためでしょうか？

A　いいえ、サンプリングがまったく偏りなく行われても、回答者は質問者が望んでいる答えを推察して、それに迎合する傾向があるからです。

あるいは、有権者の持つ票はすべて1票とするのか。たとえば過疎地に住んでいる人の票を1・5票、地方都市在住者を1・3票、大都市圏居住者を1・0票にするようなハンディキャップをつけるべきかなども、全有権者に諮《はか》って国民投票で解決すべき問題だと思います。国民投票にすれば、アンケート調査の対象となった人々がその問題についてどんな回答が期待されているかを忖度《そんたく》して、その方向に意見をすり寄せる可能性が非常に低くなるからです。

ちなみにこの傾向は、「未開・野蛮」などと呼ばれる部族に属する人たちを対象に草創期の文化人類学者がフィールドワークをやって確認されていることです。

当時ヨーロッパ人たちによる先住民の人命や生活文化に対する破壊行為を後ろめたく思って

いた文化人類学者たちが、「こういう人たち相手なら残虐行為も仕方がなかったと思いたがっている」と察知した先住民族の回答者たちは、酸鼻《さんび》を極める人肉食の慣習などの作り話で文化人類学者たちを歓待しました。

Q　何やら昨今新聞紙上をにぎわしている「忖度」問題と似たような話になってきましたね。

A　似たようなと言うより、**忖度**そのものです。そして、ことばによって共通理解や共感にいたることができる人間にとって、ことばに出さないうちから相手がどんなことを聞きたがっているのかを推測し、その聞きたがっているであろうことを聞かれないうちに自分から言ってあげるのは、秘境に住む未開・野蛮と思われていた人たちでさえやっていた、人間にとって第二の天性とも言うべき特徴なのです。

Q　なるほど、けっこう奥の深そうな話ですね。

A　それと同じことがいたるところで起きています。人口稠密《ちゅうみつ》な駅前再開発計画などでアンケート調査をすると、ほぼ確実に「公園の設置・築造」を望む声が上位にくるのも忖度です。公園が日常生活に必要だと感じている人は少ないのですが、地方自治体や開発主体は、公園の設置によりほぼ確実に、長期にわたる仕事が入ってくる園芸業者の支持をプロジェクトに対して取り付けることができます。こうしたことから、長期にわたって利益の一致する仲間を引き込みたがり、その意向を察知した世論調査回答者は公園設置に好意的な回答をしがちです。

大手新聞による世論調査では決まって、朝日、毎日が左寄り、産経、読売、日経が右寄りの回答が出ます。ところが調査会社が偏ったサンプリングをしたなどということはなく、どの新聞社の調査かと言われると、ほとんど無意識にそこで期待されている回答に自分の回答を**〝すり寄せる〟**からでしょう。

Q　だからこそ、財務官僚、経産官僚の大物たちが、次々と忖度疑惑でマスコミのやり玉に挙げられるのも無理のない現象なのだということでしょうか。

A　ご注目いただきたいのは、こうして忖度が取りざたされているような官僚たちは、もう出世競争はあと1段か、2段でおしまい、いまさら官邸のご機嫌をうかがっても大して得にならないような身分になっているのに、もし問題になったら全部自分でドロをかぶらなければならないような忖度をしていることです。

秘境の先住民から、何かにつけて一家言を持ち、「ちょっと××新聞社のアンケート調査にご協力を」と言われると喜んで応ずる人たち、そして日本最強の官庁の高級官僚に至るまで、忖度はこの世に満ちています。

ついでながら、『生活意識に関するアンケート調査』が日銀による調査であることを周知した上で行われているにもかかわらず、ほぼ毎回「物価上昇は困ったことだ」という回答が約80パーセントを占め、「物価下落は好ましいことだ」という回答が45〜55パーセントを占めています。この事実は、経済学者たちの大宣伝にもかかわらず、日本国民がいかに〝健全〟な物価観を持っているかを示しています。国民の大部分がほとんど忖度の影響を感じさせないほど、物価が上がるのは悪いこと、物価が下がるのはいいことという信念を持っているのでしょう。

Q　つまり、インフレ問題のようなごく限られた例外を除けば、忖度を政治の世界から追放することはできないというご意見でしょうか？　何やら、贈収賄を根絶することはできないからきびしく監視する方向に舵を切ったアメリカ政治の二の舞を奨励していらっしゃるような気がしてきましたが。

A　いいえ、私は特定の性格や趣味嗜好、生い立ちを持った生身の人間が権力を掌握しているかぎり、忖度を政治から追放することはできない。だからこそ、国民投票で賛成が4300万票、反対が3700万票なら、その議案を実施するために官僚は全精力を傾注し、誰がどういう理由で賛成に回ったのかという忖度をする余地をなくすべきだと主張しているのです。

抽象的な数字でしかない票数には、性格も趣味も生い立ちもありませんから、忖度のしようがないでしょう。

Q　政治の場面では政治家という仲介業は不要とおっしゃる根拠として、日本の政治があまりにもだらしないことなどがあるのでしょうか？

A　いいえ、むしろ日本の政治のだらしなさは、大きな〝利点〟だと思っています。ほんとうに悪辣《あくらつ》な政治が支配している国々、たとえばアメリカや中国では、表面的な有権者や全国人民代表大会出席者とは違う「真の選挙人たち」が存在し、彼らが実質的な支配者となっています。246ページの模式図のとおりです。

たとえば、アメリカで真の選挙人たちを構成しているのは、巨大産業団体、一流企業、大手金融機関、ロビイストおよびロビイストと結託した政治家たちです。アメリカでは、黒人やヒスパニックも一応は政治・社会的市民権を持っていますが、経済的には二流の市民権しか持っていません。

同じように中国でも、真の選挙人は5年に1回行われる全国人民代表大会に出席する人たちを選ぶ集団が形成しています。そして中国でも都市に住み都市戸籍を持っている3～4億人、農村に住み農村戸籍を持っている約7億人の下に、都市に住みながら都市戸籍を持たない極度に身分の不安定な約3～4億人が存在しています。

日本の政治家たちには、こういう建前とは違う権力の実態を作り上げ、常にこの真の選挙人

暗号通貨は金融業界の「真の選挙人たち」*への
有力な対抗勢力(Countervailing Power)となりうる

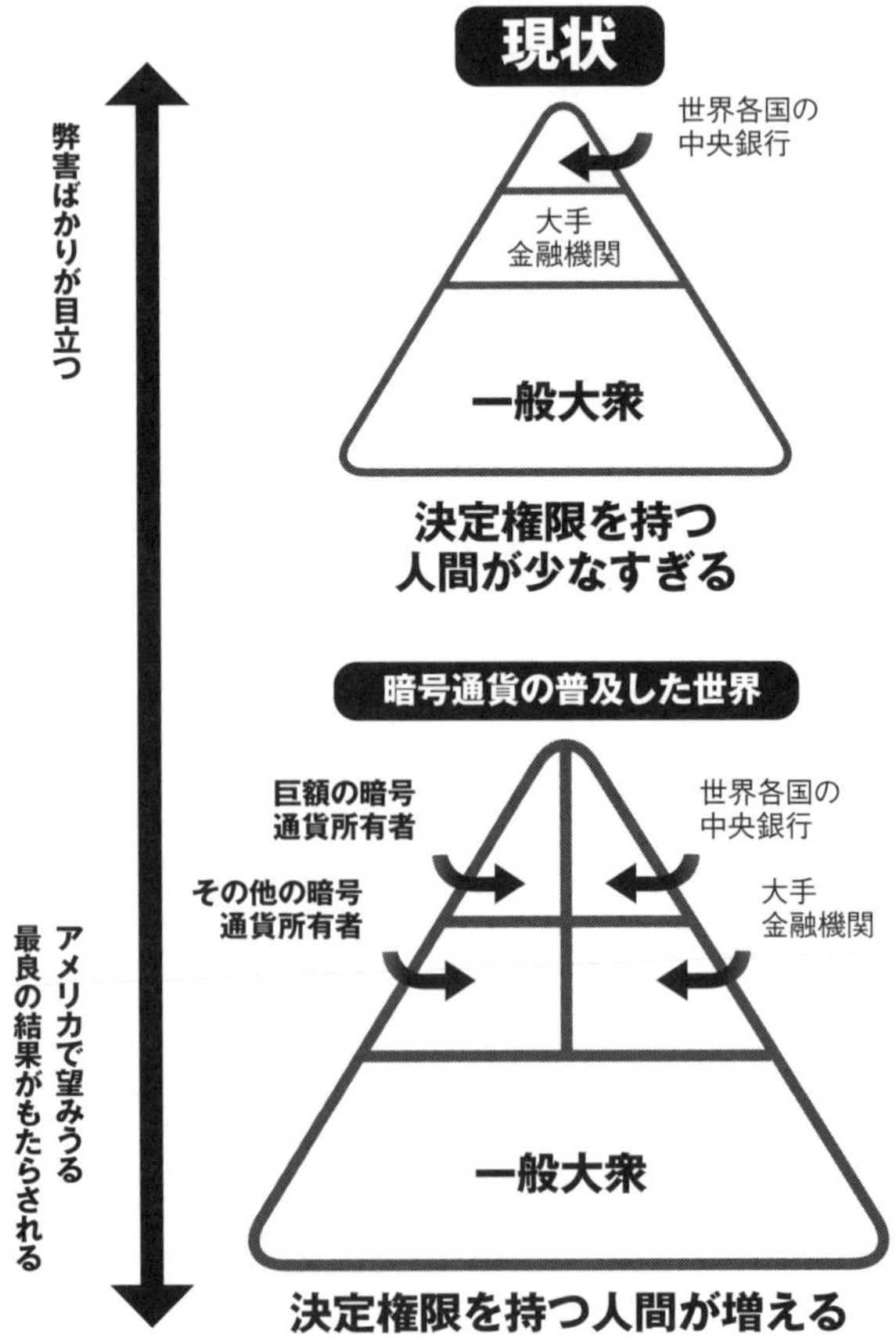

*)「真の選挙人たち」とは、形式的な代議制民主主義のもとで、実際に政策決定に影響を及ぼす限られた人数の有力者、あるいは有力な組織・団体、つまり基幹産業の大手企業とロビイストからなる利権複合体のような存在を指す。
出所:ウェブサイト『Hackernoon』、2018年1月16日のエントリーより引用

たちの〝**意向**〟に沿って政治を取り仕切りながら、表面的にはまっとうな政治が行われているかのような幻想を振りまくといった高度な知的能力はありません。

Q　制度設計から国民投票一本で構築した政治制度では、職業的政治家の存在は不要となるとおっしゃるのでしょうか？

A　はい。あらゆる案件について、なるべく広い選択肢を提示した上で、国民投票を行うことにすれば、政治家や政党は無用の長物となるでしょう。ただ、「選択肢の文言で似たようなものが2～3あったときに、どうすり合わせれば票を取りやすいのか」といった問題についてのアドバイスをする専門家は必要だと思います。

とはいうものの、その役割は政治的な指導ではなく、あくまでも特定の選択肢を提唱する人たちが最大の得票を取るためのコンサルティングです。業態としても世論誘導業とか、世論形成業とかではなく、選択肢すり合わせ業といった、政治的野心を感じさせないものにしたほうがいいと思います。

そして元職業政治家で、カネや地位ほしさではなく、ほんとうにさまざまな人たちのあいだで合意を形成していく作業が好きだという人は、当然こういう仕事をすべきだと思います。

Q　国家元首などの役割も不要ということになるのでしょうか？

A　いいえ、条約や協定に署名するのが、ＡＩそのものだったり、ＡＩが操縦するロボットだったりでは味気ないので、そういう役割に特化した、象徴天皇、象徴大統領、象徴首相、象徴国家主席、といった役職は必要でしょう。しかし、その役職に就いていただいているあいだは投票権を返上していただき、象徴すれども君臨も統治もせずという労多くして功少ない仕事なので、終身こんな窮屈なご身分にとどまっていただきたいとお願いできることは滅多にないでしょう。

上位企業がえげつないことをするアメリカでは不可欠な「寡占集中排除法」

Q　国民投票が職業的な政治家に取って代わった場合に、具体的にこういう議案をぜひとも提出したいというアイデアをお持ちですか？

A　ふたつあります。ひとつは税制上の緊急提案で、もうひとつは産業構造に関する長期的な提案です。

Q　まず、税制についてお願いします。

A　政府の注力しているプロジェクトで全損が生じたら、翌年の申告ではその損失を納税者人口で割った分を誰でも「控除申請できる」という制度を導入すべきです。あるいは全損案件に限定せず、大きな損失が出れば適用可能な乱費監視制度とでも名付けるべきかもしれません。

また、予算については侃々諤々《かんかんがくがく》の議論をしても決算はあまり重視しない風潮を改めるために、決算書を丹念に調べてこうした損失を発見した人には、納税者人口で割った損失額の20人分とか、30人分の控除を認めるべきかもしれません。

Q　全損とか、投下資金の大部分が失われたプロジェクトについて、納税者が「あれは自分が納めた税金でやったことにしてくれ」とあとから控除を申請するわけですね。ただ、納税人口で頭割りにすれば、大した金額にはならないのではありませんか。

A　いえ、けっこう実質的に意味のある数字になるはずです。産業革新機構は約2兆円を拠出する予定で出発して、2017年夏の時点で約半数が拠出済み、約半数が今後拠出できる金額となっていました。拠出済みのうち、6割強が「全損」、出した資金がすっかり消えています。まったく新しいプロジェクトのタネ銭として出したベンチャービジネス向けの分です。あとの3割も「すでに破綻」とか、「損失発生」とかになっていて、出した資金を全額回収できたプロジェクトは1割にも満たないという惨状を呈しています。
また、クールジャパン構想を推進する「海外需要開拓推進機構」なる組織が拠出した資金も大部分が損失を出して撤退とか、規模を縮小してかろうじて継続中になっています。

Q　たしかに現状では苦戦が続いています。しかし損を出せばその分、翌年度の税収が減少するという税制を確立してしまうと、官僚の政策提言力を萎縮させる弊害はありませんか？

A　それは弊害ではなくメリットだと思います。そもそも一流大学を優秀な成績で卒業してエリート官僚になったような人間がひねり出すプロジェクトは、こんなすばらしい構想がなぜいままで実現していなかったのだろうと思うようなものばかりでしょう。

ましてや優秀な官僚たちが何人も寄り集まって打ち出した企画ともなれば、当初は成功間違いなしに見える。そんなプロジェクトが実現していなかったのは、やってみれば予想外の障害にぶつかるからに決まっています。官僚はそういうムダなことに頭を使わず、昔から自分の省庁の役割だったことを時代に合わせて微調整しながら、続けているだけでいいのです。

まあ、国民投票による政治が定着すれば、素っ頓狂《とんきょう》な人間がダメ元で提案したことが意外にも採択されたというようなプロジェクトしか相手にされなくなるでしょうから、この税法はせいぜい5〜6年で不要になるでしょうが。

Q　産業構造に関する法律は？

A　はい。寡占集中排除法といって、いかなる産業でも首位企業が30パーセント以上、首位と2位の合計が45パーセント以上、3位までの合計が55パーセント以上、4位までの合計が62パーセント以上、5位までの合計が67パーセント以上になってはならず、この条件に抵触しているかぎり首位から順に2等分していくという法律です。

Q　その数値は、マジシャンがシルクハットからウサギでも出すようにどこからともなく……？

A　と言えればかっこいいのでしょうが、実際には特定産業の特定の2社を、どうしても2社とも分割したいという下心から逆算した数値です。

Q　どんな産業のどの2社でしょうか？

A　デジタル広告業界のグーグルとフェイスブックです。

Q　その件については、某大手経済紙で「ふつう独占の弊害は価格が高くなり、供給量が減ることにあるとされているが、グーグルやフェイスブックはタダで消費者にサービスを提供しているので、問題は

ない」という論説記事を見たことがありますが。

A あの新聞の記者が経済のケの字もわからずに論説記事を書くのは、いまに始まったことではありません。それにしても、グーグルやフェイスブックの利用者があのサービスの消費者だというのは、とんでもない事実誤認ですね。この件に関しては、なかなか卓抜な警句を考えついたデジタルメディア評論家がいます。

「世の中にタダでもらえるモノやサービスなど存在しない。もしあなたが、わっ、こんなに便利なサービスをタダでもらえちゃった。ラッキー！と思ったら、そのときあなたはこのサービスの消費者ではなく、ほんものの消費者をおびき寄せるための撒き餌に使われていると自覚しなければいけない」

つまりグーグルやフェイスブックは、自分たちの提供しているサービスの広告スペースをなるべく高く売りつけるために、検索やソーシャルネットワークを〝タダ〟で利用者に提供しているのです。

２０１８年の最新数値では、グーグルが37・2パーセントなので、まずここでグーグルを2分割する必要が出てきます。さらにフェイスブックが19・6パーセントでしたから、2分割後の元グーグル2社とフェイスブックのシェアを足すと56・8パーセントになりますが、もうグーグルは1度分割してあるので、フェイスブックを2分割ということになります。したがって、元グーグルが18・6パーセントの2社、元フェイスブックが9・8パーセントの2社となります。4社の合計は62パーセントに達していないので、それ以上分割する必要はないというわけです。

Q　しかし、まったく日本の産業構造を考慮せずにこの法律を制定してみたら、ビール業界もモバイル業界も相当深刻な業界再編が必要になってしまうのでは、ちょっとまずくありませんか？

A　モバイル業界の場合は、親会社の下に安売り専門の子会社がぶら下がっているなどという不自然な業態を、本気で高価格帯と安売りに分けて真剣勝負させることになれば、好影響が出てくるのではないでしょうか。

ビールについてはちょっとかわいそうな気もしますが、上位4社がそろって高いシェアを持っているので、少なくとも4社すべてが2等分になりますから、あまり不公平感は出てこないでしょう。

ただ、この法律は上位企業がほんとうにえげつないことをするアメリカでは切実に必要とされるでしょうが、日本のあまりきびしくない競争環境のなかでは、首位企業のシェアが45パーセント未満、首位と2位の合計が70パーセント未満、3位までの合計が85パーセント未満、4位までの合計が95パーセント未満ならＯＫというように、規制の敷居を低く設定するべきかもしれません。あるいは日本のように大手企業のトップが露骨な下位企業いじめをしない企業風土では寡占集中排除法自体、あまり必要性は高くないのかもしれませんね。

大衆のほうが知的能力の高い日本人の未来

Q　こうしてお話をうかがってくると、たしかに欧米の大企業というのは建前の美辞麗句と実際にやっていることとの落差が激しすぎるから、なんらかの規制が必要だという議論に賛成したくなる半面、日本の政治経済状況を「あんなふうになってほしくない」という願望から美化なさっていらっしゃるのではないかという気もしてくるのですが。

A　いいえ、日本の現状を美化しているというご心配は無用だと思います。私も、日本の政治家や企業経営者が欧米の同類ほど強欲ではないなどという、非現実的なことを主張しているわけではありません。しかし、欧米の政治家や経営者は自分の強欲さを報酬・地位・名声の向上につなげるずる賢さを持ち合わせているのに対して、日本の政治家や経営者にはそのずる賢さが決定的に不足しています。

この点は、欧米と日本の大企業のスキャンダルを比較すれば、すぐにわかります。欧米で噴出しているのは「あんなにきれいごとを並べていた一流企業が、陰ではこんな悪辣《あくらつ》なことをやって儲けていたんだ」というスキャンダルです。日本で露呈しているのは「ちっとも儲かっていないのに儲かっているふりをするために帳簿を操作したり、もっと大きな損失を抱えた海外企業を買収したりしていたんだ！　なんと無能な経営陣か」とあきれかえるスキャンダルです。

具体例を出しましょうか。ある日本有数の総合電機メーカーは、長年にわたって「自主申告した目標なんだから、たとえ帳簿をごまかしてでも達成したことにしろ」というとんでもない業務慣行を続けてきました。そして帳簿上の利益と現実に出ている利益との落差が隠しようもないほど積み重なると、アメリカ最大の原発部門を持つ企業から原発部門だけを買収することで一挙に挽回しようとしたのです。

「わが国には地震も津波もないから、安全対策は無用だ」と称して平然と原発を建て続けているフランスを除けば、欧米の原発新設や既存原発の建替え計画は全面廃棄されています。延期や規模縮小ではなく、廃棄です。あの放射能汚染に無神経なアメリカでさえそうです。事故の際の汚染コストや廃炉の天文学的なコストを勘定に入れずに、通常運転のコストだけで比較しても、原発より天然ガス火力のほうが割安になっているからです。

そこでアメリカ中に多数の原発プロジェクトを持っていて、仕掛かり中物件は全額減損処理をしなければならなかったウェスティングハウス社は、この部門を売りに出しました。当初の心づもりでは、減損費用を分け合うかたちで折り合いがつけば上々と思っていたのでしょう。

ところが、カネを払ってこの巨額損失のかたまりを買う**間抜け**な企業が出てきてくれて大助かりというわけです。

国有独占事業だったころからちっとも経営姿勢が変わっていない某郵便事業会社グループも、まったく同じような間違いで巨額損失を出しています。オーストラリアという国は掘って売れば儲かる資源があり余っていたために、資源産業とその資源を輸出先まで搬出する運輸業以外ではまっとうな大企業が1社も育たなかった国です。それほど有利な環境にある運輸産業の大手企業が、全社丸ごと身売りするということになれば、隠しおおせないほどの損失が溜まっている以外の理由は考えられません。そして買収直後に表面化した巨額損失を埋め合わせるために、この**〝民営化した元独占企業〟**は平然と郵便はがき代を52円から62円に値上げしたのです。

Q　なるほど、日本の政治家や経営者に幻想を抱いていらっしゃるわけではないことは、よくわかりました。しかし、そこまで無能な政治家や経営者に牛耳られている日本が、はるかに狡猾な政治家や経営者がうようよしている欧米に太刀打ちできるとは思えないので、そちらのほうが心配になってきましたが。

A　2020年代半ばごろから、世界は確実に欧米型エリート社会から真正大衆社会に変わります。経済は規模の大きな製造業や金融業が力を失い、数え切れないほど多くの中小零細サービス業が牽引するようになります。時期的にはもう少し遅れるでしょうが、政治は専業の政治家が有権者の意思を代行するのではなく、国民投票で行われる世の中になるのです。

そうなったとき有利なのは、知的エリートと大衆のあいだに目もくらむほどの知的能力格差が存在する欧米諸国ではなく、知的エリートと大衆のあいだに知的能力格差はほとんど存在しない、それどころか**大衆のほうが知的エリートより知的能力が高い日本**だと確信しています。

おわりに

「ビットコインに関してどんな本を読めばいいでしょうか」というご質問をときどきいただきます。日本語で書かれたものでは、本文のなかでご紹介した2冊に尽きると言ってもいいでしょう。

中島真志さんの『アフター・ビットコイン』は、「暗号通貨の発行も中央銀行が独占しなければいけない。そうすれば、中央銀行の金融政策はもっと効果的に遂行できる」というご主張です。これだけ中央銀行による金融資産の肥大化が大問題となり、それにしてはちっともインフレ政策が実効をあげていないなかで、それでも金融政策は有効だという妄想の域に達しつつある確信を全面展開される論旨の一貫性には頭が下がります。

吉田繁治さんの『仮想通貨――金融革命の未来透視図』は、日本語文献のなかで数学的な背景や、暗号通貨の技術的可能性について、もっとも広範でしかも専門性もある議論をしています。とくにタックスヘイブン化を政策的に追求する国が米ドルとかユーロとかとペッグ（固定相場化）した暗号通貨を発行したら、国際的な資金流通やその国の国民所得の向上にどんな効果がありそうかといった考察は刺激的です。限られた紙面を有効活用するというご趣旨なのでしょうが、カタカナ単語に漢字仮名交じりのふりがなをつける書き方はちょっと読みにくくて損をしているのではないかなと思います。

ひんぱんにチェックする必要がありそうなウェブサイトは、残念ながら英語圏のものに限られてしまいます。なかでもhackernoon.comはビットコインをはじめとする暗号通貨とブロックチェーン技術についての、総合フォーラム（討論会場）とでも言うべきサイトで、ぜひたびたび訪ねてみることをお勧めします。

次いでおもしろいのがgoldtelegraph.comで、主宰者がカナダ人であるせいか伝統的な貴金属採掘事業と暗号通貨分野の架け橋となることを意図している気配が見られます。似たような名称のcointelegraph.comは主要暗号通貨の値動きチャートを常時掲載していること、日本語版も見られることの2大利点があるのですが、ときおり「中国政府がビットコイン採掘場を閉鎖しようとしている」といった論理性を欠いた情報を、根拠となるデータもなく掲載するという難点があります。

メディアという複数名詞の単数形であるメディアムを名乗っているMedium.comも、以前はおもしろいサイトでしたが、アメリカの大手メディアグループに買収されてから、論調がめっきり丸くなってしまった感があります。アメリカの主要な金融情報ウェブサイトのなかで、はっきりとビットコイン擁護派を自任しているのはsovereignman.comぐらいではないでしょうか。このへんからも、アメリカはもう滅び行く経済大国なのだなあという印象がぬぐえません。

2か月に1度開催しているごく私的な勉強会でビットコインをテーマにしたとき、熱心に討論に参加してくださった方々、また「ビットコインはバブル崩壊過程にある」という部分の初稿を2018年3月号に掲載してくださった「月刊Ｖｏｉｃｅ」誌編集部に心からお礼を申し上げます。

増田悦佐

現存する世界最古の中央銀行、スウェーデン・リクス銀行創業の1668年から350年、
シュペングラー著『西洋の没落』が刊行された1918年から100年、
米ドル安懸念から執拗な金買いラッシュが起きた1968年から50年、
ロシア国債危機でＬＴＣＭが破綻した1998年から20年、
サトシ・ナカモトがビットコイン論文を公表した2008年から10年、
2018年5月末の吉き日に

［略歴］

増田　悦佐（ますだ・えつすけ）
1949年東京都生まれ。一橋大学大学院経済学研究科修了後、ジョンズ・ホプキンス大学大学院で歴史学・経済学の博士課程修了。ニューヨーク州立大学助教授を経て帰国、HSBC証券、JPモルガン等の外資系証券会社で建設・住宅・不動産担当アナリストなどを務める。現在、経済アナリスト・文明評論家として活躍中。
著書に『最強の資産は円である！』『米中地獄の道行き 大国主義の悲惨な末路』（以上、ビジネス社）、『2020年、経済史上初の恐怖の三重底が世界を襲う‼』（電波社）、『戦争と平和の経済学』（ＰＨＰ研究所）など多数ある。

これからおもしろくなる世界経済

2018年7月1日　　第1刷発行

著　者　増田 悦佐
発行者　唐津 隆
発行所　株式会社ビジネス社
〒162-0805　東京都新宿区矢来町114番地 神楽坂高橋ビル5F
電話　03(5227)1602　FAX　03(5227)1603
http://www.business-sha.co.jp

〈カバーデザイン〉大谷昌稔
〈本文組版〉茂呂田剛（エムアンドケイ）
〈印刷・製本〉中央精版印刷株式会社
〈編集担当〉本田朋子　〈営業担当〉山口健志

ISBN978-4-8284-2025-7